世界を読み解くリテラシー

井上 健・山本史華・中井洋史 ● 編

萌書房

はじめに

　「教養」の大切さを否定する人はいません。けれども，「教養とは何か」となると議論百出。「では，どうすれば……」にまでなかなか至らないのが常です。
　言うまでもなく，大学は学問を深く研究するとともに，広く教養を身につけるための場所でもあります。少し前まで，卒業に必要な教養科目の単位が人文・社会・自然の3分野からそれぞれ何単位と決められていました。また，大学生の必読書というものがあって，それを読んでいないと恥ずかしいという感覚もありました。つまり，私たち（本書の執筆者）が大学生の頃は，教養についての共通理解がそれなりにあった時代でした。
　ところが，いわゆる1991年の大学設置基準の大綱化で教養科目に関するしばりがなくなり，各大学で自由に教養教育ができるようになりました。そうした制度変更には，教養科目を専門科目と同じように重視するというねらいがあったとされますが，現実には，多くの大学で教養教育の衰退を招いてしまいました。時代や社会の大きな変化の中で，「教養」が自明ではなくなっていることも，そうした状況に拍車を掛けています。
　本書の執筆者である私たちは，大学で専門科目とともに，教養科目を担当している比較的若い教員です。正直に告白すれば，私たち自身，明快な答えを持っているわけではありません。でも，教養教育はこれでよいのか？　という思いから，様々な本を読み，仲間とディスカッションを重ねてきました。本書は，大学での教養教育をよりよいものとするために，私たちが踏み出したささやかな一歩であります。
　私たちはまず，自分が専攻してきた学問の魅力や意義を，それを専門とはしない人たちにどうすれば分かってもらえるかを，実際に担当している講義をイメージしながら考えてみました。その際，キーワードにしたのが，近年，注目を集めている「リテラシー（literacy）」です。

手元の『広辞苑』（岩波書店，第6版，2008年）で「リテラシー」を引いてみると，「読み書きの能力。識字。転じて，ある分野に関する知識・能力。コンピューター・──」とあります。この辞書の定義に即して本書の出発点を述べるならば，学問の基本的なものの見方や考え方，あるいは，その学問を学ぶことで磨かれるリテラシーに関して，連続講義のような形で提示できれば，自分を取り巻く世界への新しい視野が広がり，生き方を考えるヒントになるのではないか，と考えたのです。

　試みに，ネットで「リテラシー」を検索すれば，コンピュータ・リテラシー，情報リテラシー，メディア・リテラシーは言うに及ばず，科学リテラシー，環境リテラシー，金融リテラシー，政治リテラシーなど，様々な分野のリテラシーがヒットします。

　このようにリテラシーは多義的な概念ですが，私なりに整理すれば，そのベースには①「読み書き能力」があり，それが②「社会生活を営む上で必要な知識や技能」へと広げられ，最近ではさらに③「社会について批判的に考え，よりよい社会へと変革していく能力」として提起されているようです。そうした枠組みを大学の教養教育に援用するならば，①は「〇〇学における読み書き能力」を，②は「〇〇学と社会との関係」や「〇〇学で見えてくる世界」を，そして，③は「〇〇学での学びをよく生きることや社会参加へとつなげていくこと」を，再考することに他なりません。

　本書では，上のようなリテラシーの多義性を念頭に置きながらも，執筆者それぞれのアンテナがキャッチしたリテラシー観に基づいて，専攻する学問のエッセンスを自由に語ってもらいました。そのため，各章の「リテラシーへの切り口」は同じではありません。それは本書の欠点なのですが，読者の皆さんには，むしろ，面白さとして読んでいただければ幸いです。

　ところで，英語の"literacy"には，そもそもどんな意味があるのでしょうか。語義や用例に詳しい『オックスフォード英語辞典』（OED）で確認すると，literacyという言葉は「literateである特性あるいは状態」（2nd ed., 1989. vol. 8, p. 1026）と説明されています。そこで，literateを引いてみると，「lettersやliteratureによって獲得されたもの；教育され，教授され，学ばれたもの」

(*Ibid.*, p. 1028) とありました。

　今日では一般的に，literature は「文学」という訳語を当てますが，ラテン語の littera が英語に入ってきた14世紀頃の literature は「読書を通じた上流ならではの優雅な教養」のことであり，文学者や文筆家を意味する man of literature は「今でいうところの『博覧強記の人』とでも呼ぶべき人をさしていた」とされます（R. ウィリアムズ著，椎名美智他訳『完訳　キーワード事典』平凡社，2002年，181ページ）。ここで詳しく論じることはできませんが，literature と深い関わりのある literacy は，19世紀末に「読み書き能力」という新しい意味を伴って広まるのですが，その根っこに「読書を通じた学識」や「豊かな教養」があることからすれば，リテラシーの視点から教養教育を見直すという私たちのスタンスも，あながち的外れではなさそうです。

＊

　本書の第Ⅰ部には「人文社会系」として，教育学・語学・文学・芸術学・倫理学・心理学・情報学の7講，そして，第Ⅱ部は「自然科学系」として，科学論・数学（代数学）・数学（幾何学）・物理学・化学・環境学・地学の7講，計14の講義を収録しました。どの講義も，普段の教室の雰囲気そのままに，それぞれが専攻する学問のリテラシーを熱く，あるいはクールに論じていきます。自分が文系だと思っている人は食わず嫌いをせずに自然科学系を，文系なんて大嫌いのあなたも騙されたと思って人文社会系を，パラパラとめくってみてください。きっと，あなたにとって，新しい世界との出会いがあるはずです。

　実は，文系／理系を区別して，あたかも別世界の住人のように扱うのは日本人だけだと思っていたのですが，どうやらそうでもないようです。literacy に関連して numeracy（基礎的な計算能力）という言葉を調べていたら，次のような用例と出会いました。

　「ある科学者を教養がない（illiterate）と言う時，それは人文学的な教育を受けた人と十分に意思疎通が図れるほどには書物が読めないことを意味している。他方で，ある歴史学者や言語学者を数式に弱い（innumerate）と言う時，それは科学者や数学者が何について話をしているのかさえ理解できないことを

意味している」(OED. vol. 10, p. 595)。

　限られた学問分野・領域ではありますが，この本でいわゆる人文社会系と自然科学系の両方の内容を取り上げたのは，これからの時代を生きる皆さんにはぜひとも，illiterate と innumerate の壁を突き崩してほしいと願っているからです。

　本書が皆さんのリテラシーを考え直すきっかけとなれば，執筆者一同，これに勝る喜びはありません。どうぞ，お好きな講義から読み始め，新たな視点で世界を読み解いていってください。

　　　2010年3月

　　　　　　　　　　　　　　　　　　　　　　　編者を代表して　井上　　健

目　次

はじめに

第Ⅰ部　人文社会系

第1講　教育学──リテラシーの見取り図を描くために……………5
1　はじめに………………………………………………………………5
2　「文字の文化」としてのリテラシー…………………………………6
　　オングの問題提起（6）　　「声の文化」と「文字の文化」（7）　　サンダースの警告（10）
3　読み書き能力としてのリテラシーとその変容……………………12
　　識字の問題（12）　　識字から機能的識字へ（13）　　文化リテラシー（15）　　PISAのリテラシー（17）　　DeSeCoのコンピテンシーとリテラシー（19）
4　おわりに……………………………………………………………20

第2講　語学──「英語を学ぶ」を再考する………………………22
1　英語との接点は何ですか？…………………………………………22
2　「みんなの英語」という発想の転換…………………………………23
　　学校英語と世界の英語（23）　　「日本流英語」肯定論（25）
3　英語は時が解決する…………………………………………………27
4　英語は最難関外国語？………………………………………………28
5　英語は身近な存在ですか？…………………………………………29
　　便利が英語を無用にする（29）　　つながること，続けること（30）　　英語の意識が原動力（31）
6　外来語は害来語？……………………………………………………33
7　英語リテラシーとしての論理的思考………………………………34

コミュニケーション・ギャップの背景（34）　「英語ができる人」は論理的思考ができる人（36）
- 8　おわりに……………………………………………………………………38

第 3 講　文学——文学と映画を通して考察するアメリカの1950年代 ………39
- 1　「状況」を意識するアメリカ文学……………………………………………39
  - アメリカの1950年代の特徴（40）　「アメリカの時代」とは（40）
- 2　バーナード・マラマッド「最初の 7 年間」…………………………………41
  - ヨーロッパから希望を胸にアメリカに移民する人々（41）　アメリカ社会に大量に移住してきた東欧系の移民（43）　夢の国アメリカで父親の思う願い（43）
- 3　ジョン・チーヴァー「非常識なラジオ」……………………………………44
  - 中流家族にとってラジオのある暮らし（44）　ラジオから突然聞こえてくる声（45）　人々が都市に集中する1950年代（47）
- 4　ジョン・アップダイク「A&P」……………………………………………48
  - 消費社会が映し出す郊外のスーパーマーケット（48）　A&Pに現れた女の子たちを観察するサミー（49）　消費社会の中のスーパーマーケット（51）
- 5　ニコラス・レイ監督（Nicholas Ray, 1911-79）『理由なき反抗』…………51
  - 男らしさの追求と想像の中の家族（51）　社会にあふれ出すティーンエージャーたち（52）　疾走する乗用車（53）　理想的な家族の中の父親（53）　孤独を恐れるプレイトー（54）　父親に愛されたいジュディ（54）　冷戦を象徴する原子時代（55）
- 6　何を見るのか？　文学の「発見力」を養成する …………………………55

第 4 講　芸術学——'ジャポニスム'で読み解く視覚芸術 …………………57
- 1　はじめに………………………………………………………………………57
- 2　ジャポニスムとは何か………………………………………………………58
- 3　欧米における日本文化の受容………………………………………………60
- 4　ジャポニスムの諸相…………………………………………………………63
  - 印象主義 impressionnisme（63）　アール・ヌーヴォー Art

Nouveau（66）　　ウィーン分離派（68）　　アール・デコ Art Deco（70）　　バウハウス Bauhaus（72）
  5　おわりに……………………………………………………………………74

第5講　倫理学――私とは何か……………………………………………76
  1　倫理学が対象にすることとしないこと……………………………76
      倫理学って，善いことを探究する学問なの？（76）　　人間学としての倫理学（77）　　語源から考える（78）
  2　世界で最も確実な「考える私」……………………………………79
      最も確実なことは何か（79）　　デカルトの方法的懐疑（80）　　我思う，ゆえに我あり（81）
  3　私があることと私であること………………………………………82
      谷川俊太郎と寺山修司の問い（82）　　存在と本質（83）　　小林秀雄の驚き（84）　　サルトルの考える実存と本質（84）
  4　世界の中心はどこか…………………………………………………85
      ①自己としての私（85）　　②固有名としての私（86）　　③世界の唯一の中心としてのこの私（87）
  5　はたして，私はあるのか，ないのか………………………………88
      ④世界の現れとしてのこの私（88）　　⑤広がりを欠いた点としてのこの私？（89）
  6　終わりの手前で………………………………………………………91

第6講　心理学――こころと行動…………………………………………93
  1　心理学とは……………………………………………………………93
      心理学の研究対象（93）　　行動の法則性（95）　　人と環境の相互作用（97）
  2　行動を規定している要因の考察……………………………………98
      行動に影響する人の内的条件（98）　　心理的環境と物理的環境（98）　　仮現運動・逆さメガネ（99）
  3　今後の問題点の徒然なる考察……………………………………101
      人の内的条件と心理的環境との関係（101）　　意識と無意識（102）

　　　　人間には自由意志があるのか（103）

第7講　情報学——現代社会のキーワード「情報」……………………… 106
　1　情報学ってどんな学問 …………………………………………………… 106
　　　　文系から理系まで（106）　　情報学の誕生（107）
　2　情報とは何か ……………………………………………………………… 109
　　　　情報という語の定義（109）　　情報学における情報（110）　　情報
　　　　とデータ，知識の違い（111）
　3　情報学リテラシー ………………………………………………………… 112
　　　　情報学におけるリテラシー（112）　　コンピュータリテラシー
　　　　（112）　　メディアリテラシー（115）　　情報科学リテラシー（117）
　4　情報学を学ぶために ……………………………………………………… 119

第Ⅱ部　自然科学系

第1講　科学論——科学とオカルトのあいだで ……………………………… 123
　1　科学の周辺 ………………………………………………………………… 123
　　　　大人の科学（123）　　科学と技術（124）　　科学の座標軸（124）
　2　疑似科学の世界 …………………………………………………………… 126
　　　　研究室日記（126）　　マイナスイオン（127）　　水商売（129）
　　　　健康用品（130）
　3　疑似科学の背景 …………………………………………………………… 131
　　　　業者の言い分（131）　　騙される幸せ（132）　　科学者の悲哀（133）
　　　　偽薬効果（134）
　4　科学と社会 ………………………………………………………………… 135
　　　　科学の論理（135）　　科学の哲学（136）　　科学思想の現代史（137）
　5　おわりに …………………………………………………………………… 139

第2講　数学(代数学)——婚姻の数理 ………………………………………… 141
　1　世界を読み解く数学 ……………………………………………………… 141
　2　婚姻規則 …………………………………………………………………… 141

レビラート婚の話（141）　婚姻型（142）　禁忌（143）　集合と写像の記号（143）
- 3 集合と写像 ……………………………………………………………… 144
集合（144）　部分集合（145）　順序（145）　和と交わり（146）　写像（146）　全射・単射（146）　写像の合成（147）　恒等写像（148）　置換（148）
- 4 群 ……………………………………………………………………… 149
群（149）　部分群（150）
- 5 婚姻規則と群 …………………………………………………………… 150
婚姻型の置換（150）　婚姻規則の群（151）　MBD婚（151）　MBD婚とアーベル群（151）　巡回置換と互換（152）　巡回型の婚姻規則と南北朝（152）　婚姻規則の分類（153）
- 6 五行説とマチウ群 ……………………………………………………… 154
五行説（154）　グラフ（154）　マチウ群（155）

第3講　数学（幾何学）——次元の高い図形の見方 ……………… 157
- 1 はじめに（位相幾何学概観） ………………………………………… 157
- 2 古典的な定理達 ………………………………………………………… 158
- 3 数学的な諸概念 ………………………………………………………… 160
図形の基本構成要素（n次元単体）（161）　「同じ」とはどういうことか？（同値関係の概念）（162）　高次元のモノを観測する装置（位相不変量）（163）
- 4 多様体の分類問題（地球や宇宙の形の見つけ方） ………………… 164
2次元の場合（地球の形）（164）　縮まらない輪（基本群の考え方）（165）　曲面の分類定理（166）　3次元の場合（宇宙の形）（167）
- 5 おわりに ………………………………………………………………… 169

第4講　物理学——時空と宇宙 …………………………………… 171
- 1 ニュートンが考えた宇宙 ……………………………………………… 171
はじめに（171）　16-17世紀までの宇宙観（172）　コペルニクス

の「回転」（172）　　ニュートンの自然観（173）　　ニュートンの宇宙観（175）
  2　アインシュタインが考えた時空 ………………………………………… 176
    絶対時間と絶対空間の概念の打破（176）　　運動方程式とその変換性（177）　　相対性（179）　　特殊相対性理論（181）
  3　アインシュタインが考えた宇宙 ………………………………………… 182
    一般相対性理論（182）　　等価原理（183）　　光が重力で落ちる？（183）　　曲がった時空を「まっすぐ」進む光（186）　　アインシュタインの宇宙像（187）　　暗黒エネルギーの謎（187）
  4　おわりに ……………………………………………………………………… 188

第5講　化学——生活の中にあふれる化学 ……………………………… 190
  1　化学が苦手な方へ …………………………………………………………… 190
  2　自然科学としての化学 …………………………………………………… 191
    学問から技術へ（191）　　技術から科学へ（192）　　原子論のリバイバル（193）　　化学の役割（193）　　想像力が必要不可欠（195）
  3　原子と分子の違いとは？ ………………………………………………… 195
    はじめに（195）　　水を分ける（196）　　水をどこまで分けるか？（197）　　酸素の場合（198）　　細分化したら同じものだった！（199）　　やはり万物は元素からできている（200）
  4　原子や分子を数えてみる ………………………………………………… 201
    はじめに（201）　　1円玉の中には……（201）　　同じ数の粒子を集める（202）
  5　いざ大学の化学の世界へ ………………………………………………… 204
    まずは化学の世界へ（204）　　そして大学の化学へ（205）

第6講　環境学——地球環境と生物の未来 ……………………………… 207
  1　誰のための「環境」なのか ……………………………………………… 207
    「環境問題」って何？（207）　　生物学者としての視点（208）　　市民としての視点（209）　　では，どう生きるのか？（209）
  2　「現在の環境」に適応した生物たち …………………………………… 210

生物の多様性（210）　　こうして形成された生物多様性（211）　　「生
　　　物多様性」の3段階（212）　　生物多様性を維持する意味（214）
　3　生物界で今起きていること ……………………………………………… 215
　　　様々な破壊（215）　　事例(1)――ボルネオのプランテーション（216）
　　　事例(2)――ニューカレドニアのニッケル鉱山（217）　　事例(3)――外来種
　　　問題（218）
　4　生物の未来 ……………………………………………………………… 219
　　　絶滅のスパイラル（219）　　種の保全・遺伝子の保全・生態系の保
　　　全（220）　　生物多様性問題の難しさ（222）　　未来のために個人
　　　ができること（222）

第7講　地学――土地の成り立ちを読む ………………………………… 224
　1　地球が球であること …………………………………………………… 225
　　　地球の層構造（225）　　山脈のでき方（226）
　2　山から海へ ……………………………………………………………… 227
　3　平らな地形は水が作る ………………………………………………… 228
　　　海を作る平坦面（228）　　川が作る平坦面（229）　　河口にできる
　　　土地（229）
　4　東京の地形の成り立ち ………………………………………………… 230
　　　等々力渓谷で大地の断面を見る（232）　　武蔵野台地の3層構造（232）
　　　地層と段丘形成の歴史（234）　　湧き水と大地を刻む谷（235）
　5　おわりに ………………………………………………………………… 237

　　　　　　　　　　　　　　　　＊

読書案内　　239
おわりに　　251

世界を読み解くリテラシー

第Ⅰ部 人文社会系

■第Ⅰ部は，人文社会系（Human & Social Studies）です。
　「世界」という意味のフランス語「ル・モンド（le monde）」には「人々」という意味もあります。世界とは，国際情勢のことではない。政治的な概念でも，地理的な概念でもない。ましてや人間の向こうにある物質的対象でもない。人間そのものがまさしく世界なのだ。名曲「We Are The World」にも通じるこの考え方が，本書の人文社会系の基調です。以上を念頭に各講義を読んでみてください。
　第1講「教育学」では，本書のキーワード「リテラシー」が意味する多様な内容を概観します。概念の意味は社会や歴史の文脈によって異なります。本講では，リテラシーがどのような文脈でどういう意味で使われてきたのかが明快にまとめられています。今，なぜ教育の現場でリテラシーが注目されているのかを考えてみてください。
　第2講は「語学」です。語学は世界を読み解くための基礎体力です。世の中には英語が苦手な人も得意な人もいるでしょう。どちらのタイプであれ，大切なのは，なぜ英語を学ぶのかという目的意識です。少しだけ立ち止まって，英語学習の意義についてもう一度考えてみましょう。たったそれだけでも世界は変わってきます。
　文脈を精読することの大切さと楽しさを第3講の「文学」は教えてくれます。舞台は1950年代のアメリカ。人口が爆発的に増加し，経済的な繁栄がもたらされた，古き良きアメリカの時代です。その状況を小説や映画はどのように描き出したのでしょうか。テキストを読みながら，その向こうにある世界を見通してみましょう。
　日本にいると意外と日本文化のことは見えてこないものです。文化を知るには比較の視点が必要です。そういったことを具体的に学べるのが第4講「芸術学」です。日本文化が欧米に影響を与えたジャポニスムついて振り返りながら，日本的なものとは何か，芸術とは何かを考えてみてください。
　第5講は「倫理学」です。私とは何か。誰もが一度は疑問に思う問いです。でも結局よく分からないので，その疑問に蓋をしてしまった，そんな経験はありませんか。本講をきっかけにして，私と世界の関係性を問い直してみましょう。当たり前のことを当たり前とせずに，本当にそれは当たり前かと疑うことで見えてくる世界があります。
　「こころ」は難しい概念です。心理学を学ぶと「こころ」のスペシャリストになれるのでしょうか。第6講「心理学」では現代の心理学がどのように「こころ」にアプローチするかが解説されています。意識と無意識，自由意志とは何か，といったことも考えながら読んでみてください。
　最後は第7講「情報学」です。情報学はとても新しい学問ですが，現代では誰にとっても無縁ではいられない学問になりました。情報リテラシーはすべての人に必要とされます。本書では人文社会系のカテゴリーに入れましたが，本来は自然科学系の内容も含み持つ，実に，幅の広い学問なのです。
　人文社会系の講義を通して，よりよく生きるためのリテラシーを身につけていきましょう。

（山本史華）

第1講
教育学——リテラシーの見取り図を描くために

1 はじめに

　リテラシー（literacy）をどのようなものと定義し，何を論じていくかは論者によって異なります。ただ，その元来の意味をひとまず「文字の読み書きができること」と押さえて論を展開する点は，おおむね共通しているようです。

　「文字の読み書きができること」は，私たちが知識や技術を学び，文化を継承し，社会を発展させるために重要な能力です。だからこそ，公教育制度はすべての人に文字の読み書きを習得させることを基本的な課題とし，識字率は国や社会の教育や近代化のレベルを測る指標とされてきました。また，黒板・教科書・ノート・テストのような教具や教材の存在は，学校という制度やそこで身につけるべき学力が文字の読み書きと密接に結びつくものであることを雄弁に物語っています。

　加えて，産業構造の変化や社会の情報化・国際化などによって，求められる読み書きの能力（＝リテラシー）の内容が変化してきています。例えば，わが国の学習指導要領が改訂され，小学校から高等学校の教育課程に「情報リテラシー」に関わる学習が導入されたのは，その分かりやすい例でしょう。また，OECD（経済協力開発機構）のPISA（生徒の学習到達度調査）が提唱した「読解リテラシー」「数学的リテラシー」「科学的リテラシー」は，人々のリテ

ラシーへの関心を一気に高めました。

　こうしてみると，子どもたちにどんなリテラシーをどのように身につけさせるのか，あるいは，そもそもリテラシーとは何かを考えることは，教育（学）の重要なテーマであることに改めて気づかされます。

　そこで本講では，まず，文字の読み書きができることとはどのようなことを意味するのかを「声の文化」と対比しながら考え，次いで，いわゆる識字問題を整理し，時代や社会の変化に伴って，リテラシーに関する議論がスキルから機能や内容あるいは能力へと深まっていく様子を検討します。そうすることで，読者の皆さんがリテラシーを考えるための大きな見取り図を描くことができれば，著者としてこれに勝る喜びはありません。

2　「文字の文化」としてのリテラシー

　リテラシーを最も広く捉えると，書かれた文字を媒介とする「文字の文化」と考えることができます。そして，その対極には，文字というものがない「声の文化」（口承の文化）が位置づけられます。

　そうした視点から両者を対比し，それぞれの文化における社会のあり方や人々の心性の違いを論じた研究者としては，W. J. オングや B. サンダースが有名です。

オングの問題提起

　まず，オングの話に耳を傾けてみましょう。彼の主著『声の文化と文字の文化』（*Orality and Literacy*）は，次のような書き出しで始まります。

> 　この何年かのあいだにわかってきたのは，一次的な声の文化 primary oral culture（つまり，まったく書くことを知らない文化）と，書くことによって深く影響されている文化とのあいだには，知識がどのように取り扱われ，またどのようにことばに表わされるかという点で，ある基本的な違いがある，ということです。この新しい発見からひきだされる帰結は驚くべきも

のです。つまり、文学や哲学や科学の思考と表現において当然のものと思われてきた特徴の多くは、あるいはまた、口頭での話しであっても、それが文字に慣れた〔読み書きができる〕者たち literates のあいだで行われるときに、そこで当然のものと思われてきた特徴の多くは、けっして人間存在自体に生まれつき直接に備わっているものでなくて、書くという技術が人間の意識にもたらした手段によって生みだされたものだ、ということです。われわれは、人間とはこういうものだ、として了解してきたことがらを考え直さなければならなくなったのです。(オング著、桜井直文他訳『声の文化と文字の文化』藤原書店、1991年、5-6ページ)

　ここに引用した文章には、常識が引っくり返るようなことが書かれています。皆さんは何が「新しい発見」であり、そこからどんな「驚くべきもの」が導き出され、そして何を「考え直さなければならなくなった」のか、説明できますか？　もう一度、文章を読み返しながら考えてみてください(この「文章を読み返しながら考える」ということこそが、文字の文化の特徴なのです！)。
　私たちは、毎日、文字の文化にどっぷりと浸かって暮らしています。オングは「文字に慣れた精神 (literate mind)」「テクストによってかたちづくられた思考 (text-formed thought)」と表現していますが、要するに「文字を読み書きすること」が私たちの文化の基底をなしており、それが今日の文学や哲学、あるいは科学をもたらしたのです。

「声の文化」と「文字の文化」

　ことばは文字に書かれるものだ、ということにすっかり慣れてしまった私たちにとって、ことばが「声」(＝「音」)である文化を想像するのはなかなか難しいことです。ことばは話されるものであり、肉声は強い印象を与えます。でも、文字がなければ、紙に書いてゆっくりと考えることも、記録に残しておくこともできません。では、ことばが音としてのみ存在する文化では、人々はどのように思考を組み立てているのでしょうか。
　こうした問題を考えるために、オングは様々な文献を読み解いていくのです

が，その1つにA. R. ルリヤのフィールドワークがあります。それは，1931年から32年にかけて，当時ソビエト連邦であった中央アジアのウズベキスタンとキルギスの僻遠村落で実施されたものです（以下は，ルリヤ著，森岡修一訳『認識の史的発達』明治図書，1976年，による）。

ルリヤは，現地の人々が集まる茶店（チャイハナ）に出かけ，リラックスした雰囲気の中で様々な実験を行いました。その実験の1つは，被検者に4つの「もの」が描かれている絵——例えば，ハンマー，のこぎり，丸太，なた。4つのうち3つは同じカテゴリーに属するが，1つは別のカテゴリーに属するもの——を提示して，互いに似ていたり，一緒にして1語で言い表わせるような「もの」があったら，1つのグループにまとめるように求めるものでした。

この実験を読み書きができない，言い換えれば，「声の文化」で生きている60歳の農夫シェルにした時の記録が残されているのですが，興味深いことに，彼は「この4つはみんないっしょにできる！」と答えています（次ページ表Ⅰ-1-1を参照）。

シェルは，丸太は〈材料〉で他の3つは〈道具〉というようなカテゴリーにまったく意を払わず，「のこぎりは丸太をひくのに使うし，ハンマーは打ちつけるのに必要でなたはたたっ切るのにいるけど，それをよく切るためにはハンマーが必要だ！　だからそこからはどれも取去ることはできない。そこには余分なものはないんだ」と，実生活の場面に即した思考を展開します。実験の途中で，ルリヤは抽象的な分類や一般化の原則を示唆しますが，シェルがそれを心の底から理解しているようには感じられません。

ルリヤはこうした実験を読み書きのできない年配者だけでなく，多少読み書きができるコルホーズ（集団農場）の労働者や村の学校で1，2年間学んだ若者にも実施しました（被験者総数48名）。そして，「事物を言語——論理的操作によってではなく，実際場面の中へ事物を関与させるという直観的表象に基づいて分類する」思考形式は，「その被験者グループにおいて優勢な社会実践の原初的形式の結果であり，彼らが読み書きができなかったことの結果」と結論づけました（同上，120ページ，傍点は邦訳書のまま）。

さて，オングは，ルリヤの被験者がこの種の質問に慣れていないことに注目

表 I-1-1　ルリヤの実験の記録

被験者シェル，60歳（ヤルダン村の農民，非識字者）	ルリヤによるメモ
（実験内容：ルパシカ，長靴，円帽，ねずみの例を用いた課題説明ののちにハンマー，のこぎり，丸太，なたの絵が示される。）	
シェル：この4つはみんないっしょにできる！　のこぎりは丸太をひくのに使うし，ハンマーは打ちつけるのに必要でなたはたたっ切るのにいるけど，それをよく切るためにはハンマーが必要だ！　だからそこからはどれも取去ることはできない。そこには余分なものはないんだ。	抽象的分類の代わりに実際場面。
ルリヤ：でもほらさっき。最初の物の中にはねずみが入らないことを私が示したでしょう！	
シェル：そりゃさっきはねずみを入れるのはおかしかったよ。でもここではみんな互いにとてもよく似てるじゃないか。のこぎりは丸太が切れるしなたはそれを細かくできる。ハンマーで強く打たなくちゃ。	事物を実際場面に取り込む原理が強く保持されている。
ルリヤ：ある人は丸太がここには似つかわしくない，と言っているんですがね。	
シェル：なぜその人はそんなことをしたのかね？　似ていないものが置かれてあるというふうに言って，それをわきにどけたらわれわれは間違いをしていることになるよ。それらはすべて丸太にとって必要なんだから！	〈類似〉の徴表は〈有用性〉の徴表を前にして退く。
ルリヤ：でもその人は，ハンマーはなたやのこぎりに似ているけれども丸太には似ていないと言うんですが。	
シェル：それらが似ていないとしてもいっしょに使って丸太を切ることができるよ。4つともここではちゃんと使えるし，どれもうまくいくんだ。	同前。
ルリヤ：3つのものは〈道具〉という1つの語で呼べるけれども，丸太はだめでしょう。	
シェル：それらをいっしょに使わないとすると，それらを1つの単語で呼ぶことにどんな意味があるんだね？！	一般化した単語による表示を拒む。
ルリヤ：じゃ，どのような単語でそれらを呼ぶことができますか？	
シェル：こんなふうに言えばいいんだろう。のこぎり，ハンマー，なた……1つの単語で呼ぶことはできないな！	
ルリヤ：それらを〈道具〉というふうに呼べるでしょう？	
シェル：うんいいね！　丸太は〈道具〉ではないからな。でもここには丸太がなくちゃ困るような気がするよ。それでなくちゃのこぎりやハンマー，なたを使って何をすることになるの？	共通の実際場面に徴表を取り込むことが主勢を占める。

（資料）　ルリヤ著，森岡訳，87-88ページをもとに作成。

し，「この不慣れということこそ，重要な点である」と論じます。なぜなら，ルリヤが問題にしているような幾何学的な図形，抽象的なカテゴリーによる分類，形式論理的な推論手続き，定義，包括的な記述，ことばによる自己分析などは，テクストによってかたちづくられた思考に由来するものであり，そもそも声の文化には馴染みのないものと考えられるからです（オング，前出，119ページ）。言わば，「どんな発明にもまして，書くことは，人間の意識をつくりか

えてしまった」(同上, 166ページ)のです。

　私たちは, 文字を読み書きすることが人間の思考にもたらした変化を再認識するとともに, 異なる枠組みを持った声の文化への理解をも深めていくことが必要です。声の文化に生きる人々が抽象的カテゴリーを使わないからと言って, 知性に欠けるなどと決めつけてはなりません。むしろ, そうした文化ではなぜ, 文字を必要としなかったのかと問い直されるべきなのです。

サンダースの警告

　続いて, サンダースの『本が死ぬところ暴力が生まれる』(*A is for Ox*)を見ていきましょう。彼は, 電子メディアの普及によって文字を読み書きする文化(＝リテラシー)が衰退し, 内省できない若者が増え, 暴力が跋扈すると警告します。

> 　この本に述べられているのは今日の若者たちの世界であるが, 彼らは読み書きを素通りし, そのために自己という心の最も奥深いところにある, これまで親しんできた案内者の恩恵をうけることなく生きていくことを余儀なくされている。……新聞を開けば, くわしく状況を見てとることができる。痛みと死の跋扈する世界, 絶望とドロップアウト, 十代の子どもの自殺, ギャングの殺し合い, 崩壊家庭, そして殺人に満ちた世界である。……私たちは, 全力をふりしぼってこの悪夢が続くのを阻止するよう努めなくてはならない。その解決の糸口は, 「自己」をふたたび取り戻すことにある。そのような課題は, 学校や教師だけで成し遂げることはできない。(サンダース著, 杉本卓訳『本が死ぬところ暴力が生まれる』新曜社, 1998年, ii-iiiページ)。

　上の主張を理解するためのポイントは3つあります。第1に, 「自己」は生来のものではなく, 文字の文化の産物だとする点です。「自己」を意識するには, 外側から自分を観察する視点, すなわち, 高度の抽象化と状況からの離脱が必要です。先にルリヤのフィールドワークを見ましたが, 声の文化に生きる人はそうしたものとは無縁でした。読み書きという厳しい訓練によって「知る

主体」と「知られる客体」が分離し，そこに「空間」が生まれ，「自己内省」と「批判的思考」が活動を始める，とサンダースは論じます。

　ところが，電子メディアの発展で状況は一変しました。彼は，若者における暴力の増大をテレビやテレビゲーム，コンピュータなどの普及と結びつけて解明するのですが，暴力的な映像が青少年に悪影響を与えている，というような単純な理解ではありません。本質的な問題は，「読み書きを素通り」する若者が増えていることにあります。これが第2のポイントです。他人の感情を理解し，自分の行為を反省する拠りどころである「自己」が読み書きによって形成されるものであるとしたら，「読み書きを素通り」した彼らには，そうしたものはありません。彼らの良心に訴えかけようにも，彼らには，良心が刻まれるはずの「内なるテクスト」がそもそも存在しないのです。

　第3は，「自己」を確立するためには文字の文化が不可欠ですが，そのためにも，まずは声の文化を回復しなくてはならない，とサンダースが考えていることです。「口承世界で十分な経験をしないならば，生き生きとした活力ある識字の世界へ本当に進んでいくことはできないのである。口承世界は，識字世界が特有の形を得てその輪郭を満たすための，骨格であり枠組みである。口承世界での経験が，社会的発達と感情の発達を可能にする」（同上，41-42ページ）との認識から，電子メディアの虜となってしまった若者を救うために彼が書いた処方箋は，「過去にその子どもを脱落させてしまった社会のマトリックスにもう一度その子を戻すこと」（同上，232ページ），そして，「教室をもう一度人間の声で満たすことによって，教室を生き返らせること」（同上，292ページ）でした。そうした彼のスタンスは "A is for Ox" という原著のタイトルにも込められています。サンダースによれば，「A」という文字のルーツはフェニキア語の「アレフ（𐤀）」で，それは「ア（ax）」と発音され，「牛（ox）」を意味していたそうです。言い換えれば，この本は，文字が話しことばの世界にどれだけ近づけるかという試みでもあるのです。

3　読み書き能力としてのリテラシーとその変容

　前節では，リテラシーを「文字の文化（literacy）」と広く捉えて「声の文化（orality）」と対比してきましたが，リテラシーの意味を限定的に考えれば，「読み書きができること＝識字（literacy）」と「できないこと＝非識字（illiteracy）」をめぐっての議論となります。本節では，いわゆる識字の問題を整理するとともに，リテラシーに関する理解がスキルから機能，内容，能力へと深まっていく様子を概観したいと思います。

識字の問題

　さて，識字率が100％に近いとされる今日の日本では，識字がなぜ必要で，非識字はどんな不都合をもたらすのかを普段あまり意識することはないかもしれません。そこでまず，自分が非識字者であるとして，次のようなケースを想像してみてください（表Ⅰ-1-2）。

表Ⅰ-1-2　「識字」がなぜ必要なのでしょう？

ケース1	友達から手紙がきた。 人に読まれたくない手紙でも，誰かに読んでもらわなくてはならない。
ケース2	電車で旅行に出ようとした。 料金，行き先，乗り場など掲示板の文字が読めないので，いちいち誰かに聞かなくてはならない。
ケース3	引越しの手続きで，役所で転居届の記入を求められた。 字が書けず，自分の名前や住所の記入を他の人に頼まなければならない。
ケース4	食料品店で買い物をしようとした。 計算ができず，自分で買おうとするものがいくらになるのか分からない。

（出所）　財団法人ユネスコ・アジア文化センターのウェブサイトより。

　皆さん，いかがですか？　「言葉の通じない外国を旅行するみたい」と感じた人もいるでしょう。でも，旅行は一時的なものですが，非識字は生涯続いてしまうかもしれないのです。「だったら，読み書きを学べばいいじゃないか」と思う人もいるでしょうね。でも，もし，自分の力ではどうにもならないこと，例えば，差別や貧困，戦争などで文字を学ぶ機会を得られないまま，日々生きていかなくてはならないならば，あなたはどうするでしょうか。

現在，世界には7億7500万人の成人（15歳以上）非識字者がいるとされます。これは全成人の5人に1人に相当する数字であり，また，非識字者の98％が発展途上国に分布し，3分の2が女性です（2007年現在，ユネスコの統計による）。こうしたデータには，アジアやアフリカの発展途上国の人々にとって，識字は未解決の大きな問題であることが示されています。いいえ，発展途上国だけの問題ではありません。国境を越えて人・もの・情報が行き交う現代において，社会や経済の発展，さらには人権や平和とも深く結びつく識字は，地球規模で取り組むべき課題の1つなのです。

　他方で，識字の問題は国内にも存在します。先に「日本の識字率は100％に近い」と述べましたが，現実には，例えば，外国人労働者とその家族など，日本語の読み書きに困難を抱える人々がたくさんいることを忘れてはなりません。日本人の非識字者に関する正確な統計はないのですが，総務省「平成12年国勢調査」には15歳以上の「未就学者数」（小・中学校の教育を受けていない人）が全国で15万9000人とのデータもあります。識字率が高い日本は，日本語の読み書きを前提に成り立っている社会でもあり，弱い立場に置かれた人々が，読み書きができないことでますます不利な状況に追い込まれるようなことがあるとすれば，これは由々しき事態と言わねばなりません。

識字から機能的識字へ
　こうした識字の問題に早くから取り組んできた国際機関がユネスコです。ユネスコは1946年の創立以来，とりわけアジア，アフリカ，中南米において識字の普及活動を精力的に展開してきました。けれども，識字率の向上を目指したユネスコや各国政府の取り組みは，しばらくは思うような成果を上げることができませんでした。

　その原因は，1956年に調査報告書をまとめたW グレイによれば，識字の理解が単純であり，読み書きのスキル（＝リテラシー）さえ習得すれば，人々は無知や貧困，病気から解放されると考えられていたことにありました。さらに，当時の識字教育は，単語の理解と初歩的な文法に重点が置かれており，やさしい文章が読め，自分の名前や単純なメッセージが書ければ目標達成とされてい

たことも問題でした（W. S. Gray, *The Teaching of Reading and Writing : An International Survey,* UNESCO, 1956, p. 9, pp. 20-21）。

そこでグレイは，読み書きのスキルが実際にどのように使われ，どんな働きをするのか，すなわち「機能」に注目して，次のようなリテラシーの新しい定義を提唱しました。「自らが所属する文化あるいは集団において，リテラシーが前提となるあらゆる活動に効果的に従事できるだけの読み書きの知識とスキルを身につけた時に，その人は機能的にリテラシーを身につけたと言うことができる」（*ibid,* p. 24）。この定義のポイントは，①所属する文化や集団によって求められるリテラシーが異なること，②社会は一定のリテラシーを前提として成り立っており，その社会の一員となるためには一定のリテラシーを身につけなくてならないこと，③リテラシーを単なるスキルとしてではなく，そのスキルがどのように機能するかを重視していること，にあります。

彼によれば，識字教育は読み書きのスキルを高めることが最終目的なのではなく，読み書きを通じて世界を理解することが重要であり，リテラシーを身につけることがコミュニティへの参加や自分らしい生き方の実現につながるべきなのです。

このような機能的識字（functional literacy）の考え方は，ユネスコの教育統計ガイドラインにも影響を与えました。当初，リテラシーの基準は「日常生活において短い単純な文章を理解して読み書きできること」（ユネスコ「教育統計の国際標準化に関する勧告」1958年）とされていましたが，1978年には「所属するグループやコミュニティを効果的に機能させるために，また，自分自身とコミュニティを発展させるために読み書き計算の能力を使い続けるために，リテラシーが必要となるすべての活動に従事できること」（ユネスコ「教育統計の国際標準化に関する改訂勧告」1978年）と改訂されました。

その後もユネスコはリテラシーについての考え方を発展させ，今日では，「万人のための教育（EFA : Education for All）」という理念のもと，2015年までに世界の成人非識字率を半減させることを目標にして，リテラシーの習得や活用を促進するような社会（literate societies）を構築することに力点が置かれています（*Education for All : Literacy for Life,* EFA Global Monitoring Report

2006, UNESCO, pp. 27-35)。

文化リテラシー

　識字は発展途上国の問題と思われがちですが，必ずしもそうではありません。先に日本での例を少し挙げましたが，アメリカ合衆国もこの問題に悩み続けています。

　1983年に刊行された有名な報告書『危機に立つ国家』は，「わが国は危機に立っている。かつて一度も脅かされたことがなかったわが国の通商，産業，科学，そして，技術革新の優位性が世界の至るところで競争相手に追い越されつつある」「アメリカの17歳人口の約13％は機能的非識字であり，マイノリティの子どもにおいては，その数字は40％にも及ぶ」と政府と国民に警告し，これを契機に全米で教育改革運動が起こりました（The National Commission on Excellence in Education, *A Nation at Risk : The Imperative for Educational Reform*. U.S. Department of Education, 1983, p. 5, p. 8)。

　そうした中，読み書き能力はそれ自体で単独に働くスキルではなく，読み書きをする人々の間で共有されている知識や情報があって初めて意味を持つのだ，という主張が現れました。その代表がE.D.ハーシュの「文化リテラシー」（E. D. Hirsch, Jr., *Cultural Literacy, What Ever American Needs to Know*, Vintage Books, 1987. 中村保男訳『教養が，国をつくる──アメリカ建て直し教育論』TBSブリタニカ，1989年）です。

　ハーシュは，アメリカの学校は初歩的な読み書きを教えることには成功していても，高度な読解に必要な背景知識を教える段階になると，それほど成果を上げていないことに注目します。

　　第5学年の混成クラスが今しがた読んだばかりの文章を要約しようとしている場面を見ていただきたい。文化について充分な背景知識を有している生徒たちが書く要約文は，背景知識なしの児童たちのそれとのあいだに予想どおりの落差がある。恵まれていない児童たちは，個々の単語を判読し発音する並の能力を示すことが多い反面，文章全体の統一的な意味を把握すること

ができない場合が多い。つい，中心となる含意や連想を理解しそこなってしまう。その理由は，読んだばかりの文章を文脈の中に位置づけるのに必要な背景知識が欠けているからにほかならない。聞いていながら聞いていないのであり，見てはいるものの理解はできないのだ。（ハーシュ著，中村訳，55ページ）

こうした失敗の原因を彼は，当時のアメリカで推進されていたカフェテリア方式の教育とそれを支えるルソー（Jean-Jacques Rousseau, 1712-78）とデューイ（John Dewey, 1859-1952）の理論にあると考えました。カフェテリア方式の教育とは，たくさんのメニューの中から食べたいものを選ぶように，生徒が自分の受けたい講座を選択して学習する方法であり，ルソーは「子どもの自然」を，デューイは「子どもの経験」を重視した教育思想家として知られます。もちろん，そうした教育には優れた点があるに違いないのですが，結果的に「共通知識の欠落」という大きな問題を招いてしまいました。読み書きにおいて肝腎なことは，文章の全体像を把握して自分がすでに知っている事柄と結びつける能力であり，そのためにも学校ですべての子どもたちに「文化リテラシー」，すなわち，共通の背景知識や情報のネットワークを身につけさせることが必要だとハーシュは考えるのです。

　科学技術の時代になってもワシントンと桜の樹の話，スクルージとクリスマス，歴史的な会戦，地理で習う海のこと，精子など，読み書き文化の共有教材はすべて，重要度を増しこそすれ，減じたわけではない。多くのコンピュータをもてばもつほど，私たちは共有のお伽噺，ギリシャ神話，歴史的な形象などの必要性がますます多くなるのだ。……われわれの文明が専門化，技術化するにつれ，非専門家たちが，自分たちの生活に深く響く決定に参与することが難しくなる。読み書き能力のある社会を築かずにいたら，難解な専門分野に携わる技術者たちが，私たちと対話することも，私たちが技術者と意思の疎通をはかることもできなくなる。そうなったら，民主主義の基本原理に悖る結果になるので，是が非でもその事態をくいとめる必要があるの

だ。(同上，61-62ページ)

このようなハーシュの文化リテラシーに対しては，「注入主義」「文化的な帝国主義」との厳しい批判も寄せられました。それでも，リテラシーに関わる議論を文字の読み書きというスキルから内容（背景知識や情報のネットワークも含めて）へと深めていく契機になったことは間違いありませんし，科学技術の高度化・複雑化が進む今日，彼が主張する「普通の市民と専門家が対話をするためのリテラシー」を考えなくてはならない時期に来ています。

PISA のリテラシー

近年，リテラシーへの注目度を一躍高めたものに，OECD による PISA (Programme for International Student Assessment) があります。2000年に実施された第1回調査では，日本の生徒の成績は世界のトップクラスであったのが，第2回調査（2003年），第3回調査（2006年）と順位が下落したとマスコミで大きく報道されました。

この国際比較調査は，OECD 加盟国を中心とする15歳（義務教育の修了段階）の生徒を対象に，学校で得た知識や技能を日常生活で直面する課題の解決にどのように活用できるかを意思決定や態度も含めて測定し，各国の教育改善に役立てようとするものです。その意味では，いわゆる学力テストではありあません。表Ⅰ-1-3 に PISA の「読解リテラシー」「数学的リテラシー」「科学的リテラシー」の定義を整理しましたが，これらが狭い意味での「読み書き能力」や私たちが慣れ親しんだ「学力」とはかなり異なるものであることが分かります。あるいは，私たちが学校で国語や数学，理科を教え／学ぶ際には，ここにあるような「効果的に社会生活に参加するために」「思慮深い市民として」という視点が抜け落ちていたと言えるかもしれません。

では，こうした PISA のリテラシーはどのような背景から生まれ，どんな意義を有するものなのでしょうか？

それを知るためには，OECD が PISA と連携して進めたプロジェクトである DeSeCo (Definition and Selection of Competencies) を理解する必要があ

表 I-1-3 PISA のリテラシー

読解リテラシー Reading Literacy	自らの目標を達成し、自らの知識と可能性を発達させ、効果的に社会に参加するために、書かれたテクストを理解し、利用し、熟考する能力。
数学的リテラシー Mathematical Literacy	数学が世界で果たす役割を見つけ、理解し、現在及び将来の個人の生活、職業生活、友人や家族や親族との社会生活、建設的で関心を持った思慮深い市民としての生活において確実な数学的根拠にもとづき判断を行い、数学に携わる能力。
科学的リテラシー Scientific Literacy	疑問を認識し、新しい知識を獲得し、科学的な事象を説明し、科学が関連する諸問題について証拠に基づいた結論を導き出すための科学的知識とその活用、及び科学の特徴的な諸側面を人間の知識と探求の一形態として理解すること、及び科学と技術（テクノロジー）が我々の物質的、知的、文化的環境をいかに形作っているかを認識すること、並びに思慮深い一市民として、科学的な考えを持ち、科学が関連する諸問題に、自ら進んで関わること。

(資料) 国立教育政策研究所監訳『PISA 2006年調査――評価の枠組み――』ぎょうせい、2007年、9ページをもとに作成。

ります。2003年に刊行されたDeSeCoの報告書には、次のように述べられています。

　　PISA調査は、読解力（reading）、数学、科学や問題解決領域での生徒の知識と技能を比較することから始まった。選択された学校教科における生徒の達成度評価から、人生における生徒の成功はいっそう広い範囲のコンピテンシーに左右されることがわかってきた。ここにまとめられたOECDのDeSeCoプロジェクトは、新しいコンピテンシー領域の調査研究について長期的な展望を導くための枠組みを提供するものである。（ドミニク・S.ライチェン他編著、立田慶裕監訳『キー・コンピテンシー――国際標準の学力をめざして――』明石書店、2006年、200ページ）

　つまり、学校で学ぶ知識・技能（＝狭義のリテラシー）を中心とする学力観には限界があるので、それに換えて、知識、スキル、態度、意欲、行動、価値観などを広く含む新しいコンピテンシー（competency）という概念でもって考えようということなのです。そして、PISAのリテラシー調査は、その一環として実施されたものであることが明らかにされています。

DeSeCo のコンピテンシーとリテラシー

「読み，書き，計算することとは別に，どのような他の能力が個人を人生の成功や責任ある人生へと導き，社会を現在と未来の挑戦に対応できるように関連づけられるのか？」（同上，24-25ページ）　こうした素朴な問いかけから始まったこの DeSeCo プロジェクトがたどり着いたのは，「心理社会上の前提条件が流動する状況で，固有の文脈に対して，その複雑な需要にうまく対応する能力」（同上，65ページ）としてのコンピテンシーでした。それは，知識や技能以上のものであり，認知的側面と非認知的側面の両方を含み，教えることができ，生涯にわたって学習可能で，「人生の成功と健全に機能する社会（a Successful Life and a Well-Functioning Society）」に欠かせないものです。

DeSeCo はそうした能力を3つのカテゴリー：「道具を相互作用的に用いる」「異質な集団で交流する」「自律的に行動する」に整理して，キー・コンピテンシーと名づけました。それぞれのキー・コンピテンシーは，**表Ⅰ-1-4**に整理したように，さらに3つの能力から構成されます。複雑化する現実の課題に対処するために，また，「思慮深い市民」として，私たちはこれらのコンピテンシーを状況に応じて組み合わせ，活用することが求められるのです。

注意すべきは，そうした DeSeCo の枠組みにおいて，PISA の「読解リテラシー」と「数学的リテラシー」が「1-A 言語，シンボル，テクストを相互作用的に用いる能力」に，また，「科学的リテラシー」が「1-B 知識や情報を相互作用的に用いる能力」に位置づけられていることです（同上，117-118ページ）。別言すれば，PISA とは，キー・コンピテンシーの一部として，すなわち，言葉や知識を道具として相互作用的に用いるという観点から，リテラシーを国際比較できるように開発されたものなのです。

もう一度，**表Ⅰ-1-3**の PISA のリテラシーをご覧ください。例えば，数学的リテラシーが「数学が世界で果たす役割を見つけ，理解し，現在及び将来の個人の生活，職業生活，友人や家族や親族との社会生活，建設的で関心を持った思慮深い市民としての生活において確実な数学的根拠にもとづき判断を行い，数学に携わる能力」と定義されていることの真の意味は，こうした DeSeCo の枠組みに位置づけることで，初めて正しく理解できるのです。

表 I-1-4　DeSeCo のコンピテンシー

3つのキー・コンピテンシー	具体例	PISA
1　道具を相互作用的に用いる	1-A　言語，シンボル，テクストを相互作用的に用いる能力 1-B　知識や情報を相互作用的に用いる能力 1-C　技術を相互作用的に用いる能力	←読解リテラシー 　数学的リテラシー ←科学的リテラシー
2　異質な集団で交流する	2-A　他人といい関係を作る能力 2-B　協力する能力，チームで働く能力 2-C　争いを処理し，解決する能力	
3　自律的に活動する	3-A　大きな展望の中で活動する能力 3-B　人生計画や個人的プロジェクトを設計し実行する能力 3-C　自らの権利，利害，限界やニーズを表明する能力	

(資料)　ドミニク・S.ライチェン他編著，立田慶裕監訳『キー・コンピテンシー』明石書店，2006年，210-219ページをもとに作成。

　数学を学ぶ目的は，数学という名のゲームのルールを覚えて，そのゲームに熟達することではありません。そうではなくて，数学という「道具」を通じて「世界と出会う」ためなのです。つまりは，数学の「ことば」を使って身の回りの状況を読み解き，自分の中に知の体系を作り上げ，さらには，批判的な精神を伴って，再び，現実の状況に働きかけていくこと。それができてこそ，「道具の相互作用な活用」であり，数学的リテラシーを身につけたと見なされるのです。

4　おわりに

　これまで述べてきたことを簡単に振り返りながら，発展的な学習のために若干の補足をして結びといたしましょう。
　第1に，広い意味では，リテラシーを文字の文化と考えることができました。私たちが物事を抽象的なカテゴリーで考えたり，論理的に分析したり，あるいは自己というものを認識できるのは，リテラシーを身につけているからなのです。ただし，文字の読み書きが人間の思考に劇的な変化を与えたという説に疑

問を投げかける研究もあります（S. Scribner & M. Cole, *The Psychology of Literacy*, Harvard University Press, 1925などが有名です）。

　第2に，狭い意味では，リテラシーは文字の読み書きができるか否かという識字の問題になります。今日でも，読み書きができないために貧困や差別に苦しむ人がおり，その一方で，電子メディアの発達を背景に「読み書きを素通り」してしまう若者が増えているとされます。皆さんの自身の生活を振り返りながら，なぜ，そうした問題が起こるのかを考えてみてください。

　第3に，リテラシーについての議論は，社会や時代の変化に伴って，スキルから機能や内容へと論点が移っていきました。要するに，単に読み書きできるだけはダメで，読み書きを通じて何ができるのかが重要だということなのです。こうして，自らが所属する集団やコミュニティの活動に参加し，より良い社会を作っていくことまでもがリテラシーの意味内容に込められていくようになります。この系譜には，本講では言及できなかったメディア・リテラシー，シチズン・リテラシーなどが位置づけられるでしょう。

　第4に，リテラシーの機能や内容を重視することは，社会の少数派にとっては多数派（あるいは支配者層）のリテラシーを受け入れることにつながります。そうした問題を重く見て，制度化されたリテラシーの権力構造を暴き，抑圧に屈しないための批判的リテラシーを身につけるべき，との主張もなされています。関心を持った方は，ぜひ，フレイレ（P. Freire, 1921-97）やジルー（H. A. Giroux, 1947- ）などの著作を読んでみてください。

　第5に，近年の教育界ではいわゆるPISA型の学力（＝リテラシー）への関心が高まっています。ただ，DeSeCoの枠組みにおいては，例えば，数学的リテラシーは「道具を相互作用的に用いる能力」の1つでしかなく，それ以外にも，「異質な集団で交流する能力」「自律的に活動する能力」がキー・コンピテンシーとして重視されていたことを見落としてはなりません。そうした観点からは，リテラシーを十全なものにするための鍵は，異質な集団での交流や自律的な活動にあると言えるかもしれません。

（井上　健）

第2講

語　学——「英語を学ぶ」を再考する

1　英語との接点は何ですか？

　4月最初の授業の日，私はクラスで「英語と私の接点」というテーマを与えて自己紹介文を書いてもらっています。毎年，その内容にはあるパターンがあります。英語好きなら，映画，音楽など，自分の趣味を英語で楽しむというのが一番身近な接点。お気に入りのCD英語歌詞カードの日本語訳を分析するのが趣味といった，かなりの熱中派がいます。海外旅行での英語失敗談を披露する体験派は，「今度はもっと英語を勉強して多くの人と話したいので効率的な勉強方法を知りたい」と，授業への意欲を匂わせます。英語の勉強は将来への投資と割り切って，検定試験に猛進する実利闘争派もいます。

　接点に何らかの意味を見つける受講生がいる一方で，「英語との接点はない」と主張する分離派もいます。「授業だけは真面目に出るので単位をください」と懇願する実利依存派も大勢います。英語嫌いになった受講生の多くは，中学，高校での苦い，辛い英語体験が主な理由。「受験のための暗記ばかりで楽しくなかった」「勉強の成果が実感できなかった」「英語で話すのを強要されて恥をかかされた」「先生が好きなれなかった」などなど。内容や教え方への不満，英語教師に対する恨みや批判には語気も強まります。堆積した不快な思いはそう簡単には消えません。

それでも英語教師の私に活力を与えてくれるのは，彼らの英語へのポジティヴな思い。どの派にも共通する同じ思いがあるのです。「英語をペラペラ話したい」「仕事で英語が使えるようになりたい」「外国人と友達になりたい」「将来，海外に住みたい」。英語との接点があってもなくても，また，英語が好きでも嫌いでも，私のクラスでは「英語ができるようになりたい」願望派が圧倒的に多いのです。

　では彼らの「英語ができる」感覚とはどのようなものでしょうか。これを実感するのに「どんな学習法をどのくらいやればいいのか」というのが，最大の関心事のようです。しかし，彼らを満足させる答えは簡単に出せません。あまりに多い「最善の学習法」から個人に合った最善なものを選ぶのは不可能だからです。「十人十色の学習法があるはず」としか答えようがありません。自分で見つけたり，勧められたものの中から，生活の接点として意識できるものを長い目で探してみましょう。語学は長く付き合えるものが「自分に合っているもの」に近いものではないでしょうか。

　私はこの機会に，「英語との接し方」というテーマで持論を展開したいと思います。皆さんが英語との接点を少しでも意識することで，英語への関心を持てること，特に英語嫌いな人がマイナス意識をプラスに換えるきっかけ作りのためのお手伝いをしたいと思います。

2　「みんなの英語」という発想の転換

学校英語と世界の英語

　さて，皆さんは英語にどんなイメージや意識を持っていますか？　英語好きならすでに英語に接する快感を体験したことがあるでしょう。大学に入って，新しい英語との接点がさらに大学生活を豊かにしてくれるはずです。英語嫌いな人は，再び始まる英語との「格闘」を前に，憂鬱になるかもしれません。これまでの「辛い」思いが蘇るかもしれません。でもそうなるとは限りません。「なぜ英語は必要なの？」の答えがこの先見つかるかもしれません。日本の大学なら何を専門に勉強するにしても，授業の他にも英語と接する機会が増える

ことが十分想定されます。「戦い」を前にして，特に英語アレルギーが強い人，英語コンプレックス抱える人は，取り敢えず目の前の「敵」について知ることから始めるのがよいかもしれません。

　まずは，中学，高校と長年付き合ってきた英語について考えてみましょう。学校で習う英語は一般的に「標準英語」と呼ばれますが，「正統な英語」とか「本物の英語」などという主観的な言葉で代用されることもあります。漠然としたイメージの中に「ネイティヴの英語」が結びつくかもしれません。ご存知のように，教科書や語学教材に出て来るアメリカ英語，イギリス英語が「世界共通語」として広く認知をされています。しかし実は他にも色々な母語としての英語があります。

　例えば，アメリカには主にアフリカ系アメリカ人が使用するエボニクス呼ばれる，独自の文法や音声体系を持った英語があります。同じアフリカ系でもアフリカ大陸の国々の人々が使用する英語は，植民地統治時代に使われたイギリス英語の影響を大きく受けています。しかし，まったく同じイギリス英語というわけでははありません。他のあらゆる言語と同様に，発音，綴り，文法，表現など，英語にもかなりの相違があります。ですからこれらの異なる英語を母語として話す彼らも当然，英語のネイティヴスピーカーですし，彼らが使用する英語も「本物の英語」なのです。

　世界中の英語使用者は，これまで英語学習の規範としてきたアメリカ英語やイギリス英語に対して私たち日本人とは違った見方を持っています。英語は母国語として使用する人だけでなく，私たちのように非母国語として使用する人もいます。今ではネイティヴの英語使用者の数より，英語を第2言語（母国語ほどではないが，生活のために日々使用する言語）や外国語として使用する人の数の方が大幅に増えている事実があります。

　ある最近の調査では，世界の英語話者20億人（推定）のうち第2言語として使用するアジア人が4億2000万人，外国語として使用するアジア人が3億9000万人いるという結果が報告されています。アジア人だけでもネイティヴ話者の約3億人をはるかにしのぐ数字です。

　今後も電子メディア媒体の普及により，英語を母国語としない，ノン・ネイ

ティヴによる英語使用がさらに拡大すると見られています。今や English が Englishes と表記できる時代であることは、アメリカ英語、イギリス英語、オーストラリア英語だけでなく Spanglish, Frenglish, Hindish, Chinglish, Singlish など、各国の母国語と英語が混成する「チャンポン英語」が実際にローカルでは広く使用されていることからも頷けます。彼らは英米の「スタンダード」英語に決して媚びることなく、堂々と「自国英語」や「自文化英語」を「正統な」ローカル英語として使用しています。「異種」であろうと「2流」であろうと、自分たちの英語が「世界の舞台」で通じることを知っているのです。

世界のマーケットとして経済発展を遂げた中国に赴く世界中のビジネスマンが Chinglish を学ぶ必要性に迫られても不思議ではありません。何億人もの中国人が使う Chinglish を英米人は「下等」な英語としてビジネス界から排除できるでしょうか？ 英米語の「押しつけ」による損失の大きさは、英米のビジネスマンでなくとも想像できます。

「日本流英語」肯定論

「本家の英語」への「絶対服従」を守ってきた私たち日本人も、そうしたこれまでの接し方をそろそろ改める時期に来ています。ネイティヴのように「話せない」から「話さない」くらいの意識転換が必要かもしれません。Japlish speakers（日本式英語話者）は英米の英語の習得を断念した結果、大量に「発生」したのではなく、世界のローカル英語話者と同様、英語との長年の格闘の中で自分たちに使い勝手のよい、英語を創り出した人々だという解釈が意識転換につながります。ある言語が異文化で使用される場合、その文化に合った、言い換えれば、その文化に受け入れられやすい、使い手に都合のよいものに変化することは自然の成り行きです。

例えば、和製英語は外来語から変容した日本語です。国語学者や日本語擁護論者の攻撃対象である和製英語はなくすべきものなのでしょうか。確かに日本語話者しか通用しないこの「英語風日本語」は英語学習の障害物になりえます。本来の英語では意味をなさない「偽の英語」が蔓延すると、日本語の「純性」がさらに薄まることも懸念されています。「正しい」日本語を後世に残す政治

的な取り組みは数々ありますが，和製英語の撲滅運動を国民が支持することはありません。「偽物の英語」も「本物の日本語」として生き続けているためです。

　では英語の日本式発音はどうでしょう？　ネイティヴのように発音できないことを卑下する必要はありません。母音だけでも英語は日本語の5倍以上もあるのです。日本語にはない音を訓練によって習得するわけですから，時間がかかるのもうまくできないのも当然なのです。インド人やフィリピン人の多くが話す英語は明らかに英米人のものとは異なります。彼らも母国語の影響を受けるからです。

　日本語にはない英語の原音はそれに近い日本語の音で代用すればよいのです。「chocolate」の発音記号が読めなくて，「チョコレート」と発音するよりは，「チョッコリットゥ」と表記されたものにイントネーションをつけて読んだ方が英語らしく聞こえます。「I got it」は「アィガーリットゥ」と聞こえます。英語のリズムが身につけばさらに「通じる英語」となります。実際，英単語やフレーズの読み方を学ぶのに，カタカナ表記は使われていますし，個人的には，その有効性は高いと思います。「I think」といったつもりが「I sink」のように聞こえたとしても「私は沈む？」などと解されることはないのです。

　日本人が苦手とする冠詞や名詞の可算不可算がうまく使えなくても，それだけで対話が成り立たなくなることはありません。お手本通りでなければならないという「真面目」な姿勢が英語を使う機会を自ら奪っていることの方が問題なのです。あなたが使う英語が学校で習う英米の英語と「異なる」ことは決して「通じない」ことではありません。実際使って「通じる体験」を重ねること，「通じる」快感を味わうことで，さらなる快感を求めて，英語との接点を広げていくことになるのです。英米人の英語にやみくもに追従しないことで，英語に接する「力み」や「卑屈」な態度から解放されるのです。私たち，英語学習者は「英語のネイティヴを目指す」ために英語を学ぶのでもなければ，後世に英米の言語文化を伝承する役目を担っているわけでもありません。外国語として英語を使用するのは，仕事を上手にこなし，異文化に関心を持ち，交流を楽しむためです。英語を使って色んな人と接触することで得られる快感を味わうために英語を学ぶことをお勧めします。

3　英語は時が解決する

　「英語嫌い」になった理由の1つとしてよく挙げられるのが「勉強の成果が上がらない」という不満や失望。大学生も授業以外に色んな方法で英語を学んでいますが，目標達成は厳しい現実があります。検定教材や通信講座でTOEICの高得点を目指す人。語学学校やカルチャーセンターで英会話トレーニングに励む人。相当な熱の入れようです。しかし広告の謳い文句通りの成果を上げたという人の声は聞こえてきません。近年の国際的な相対比較を見ても日本人のレベルが急上昇したという結果は見られません。メディアや学会の注目を惹いたり，文科省のお墨付きをもらった英語マスター法も存在しません。比較的に時間とお金に恵まれている大学生でも，短期間で上達が実感できないと意欲も萎えてしまいます。効率的な学習成果をアピールする「〇〇式英語攻略法」など，安易な広告文句に英語学習者が魅かれるのはそのためです。英語学習者が集まるブログサイトには中断や挫折の体験談が溢れています。

　すでに名のある学習法をいくつも渡り歩いたけれど「英語が身についたと実感がない」という人はここでもう一度考えてみるのはどうでしょう。自分で設定した目標にどれだけの時間をかけましたか？　「中，高校で6年，さらに受験や検定の勉強までやっているのに日常会話もまともにできない」，こんな嘆きやぼやきは教育現場の外からも聞こえてきますが，実はこの認識に大きな問題があります。目標レベルの到達度に与える影響としては，学習の開始年齢，方法，モチベーションなどの要因が考えられますが，学習時間の絶対的な不足が成果の実感につながらない大きな原因であるという認識が欠けているのです。

　ここに1つの興味深いデータがあります。アメリカ国務省の付属機関 Foreign Service Institute は，外国語の総学習時間数と習熟度の相関関係を実証研究したデータを基に，英語を母国語とする平均年齢が40歳前後のアメリカ人研修生（外交官，軍高官などエリート）が特定の外国語を習得するのにどれだけの時間を必要とするかについて，研究結果を報告しています。

　日常生活に支障のないリスニング，スピーキング能力を習得するのに，日本語の研修生の場合，2200時間の通算学習時間が必要という結果です。これは2

年弱毎日5時間，週5日学習する時間に匹敵します。日本語は，中国語，韓国語，アラビア語と同じ学習時間数（最も時間を要する），すなわち英語ネイティヴ話者にとって「最も難しい外国語」という部類に属しています。ちなみにフランス語やスペイン語，スウェーデン語なら日本語の4分の1，ドイツ語でも3分の1の学習時間で，このレベルに到達可能となっています。

さて「中学，高校，大学と最低でも8年も英語を勉強する」私たち日本人は通算すると，その総学習時間はどれくらいになるのでしょうか？ 学校単位で英語時間数に違いがあることを考慮して計算すると，中学では300—350時間，高校で400—450時間，大学100—200時間（2年間の場合）の範囲となります。最大学習時間の場合，1000時間です。学校以外での学習時間を計算に入れるとしても，この時間数は，上記のアメリカ人が日本語で日常会話ができるのに必要とした時間数の半分程度です（残念ながら，FSIの研究規模に匹敵する日本人の英語学習者の時間数と習熟度の相関関係を示す客観的データはありません）。

FSIのデータ結果を日本人が英語を習得するケースにそのまま当てはめて論じることはできませんが，日本人にとって英会話能力の習得に必要な時間数は，音声体系の違い1つをとっても「最も時間がかかる」部類であることは確かです。しかしFSIのデータが示唆するように，2年弱（88週）で，最難関の外国語を「身についた」と実感できるレベルに到達できることの証明は，日本人英語学習者にも大きな励みとなるはずです。「効率神話」や「メソッド神話」に取り憑かれて，学習時間を軽視してきた人は，これまでの英語学習「戦略」を見直す良い機会となるかもしれません。

4 英語は最難関外国語？

それにしても，これほどの時間がなぜ必要なのかと疑問に思うかもしれません。言語研究者が共有する答えの1つが，日本語と対象となる外国語との「言語間の距離」です。ご存知の通り，日本語と英語は，言語構造が大きく異なっています。音声体系，文字体系，文法体系，どれもこの2つの言語には大きな

差異（距離）が存在します。この言語間の類似性の低さが，互いの言語を習得する際の大きな「障害」となります。英語と同じゲルマン系語系のドイツ語やスウェーデン語を母国語とする人が英語習得に苦労しないのは，言語類似性が高いためです。素質や言語習得能力において優位であるとは言えません。日本語と英語の言語距離を考えれば，日本人が英語習得に時間がかかるのは当然なのです。先ほど，「英語との接点」を見出せない（見出さない）大学生の事例を挙げましたが，日本人には英語を使う日常性がないことも英語習得に時間がかかるもう1つの要因です。中南米の国々（スペイン語圏）からアメリカに移住した人々の言語習慣を調査した研究の多くが，特に成人の場合，仕事の付き合いを含めた「英語コミュニティ」に参加することが英語習得の重要な条件であると結論づけています。第2世代（アメリカ生まれのアメリカ育ちの場合）以降は，家庭で使用する母国語のスペイン語よりも，家庭外でのコミュニケーションで使用する英語の使用時間が長いという結果も出ています。このような英語による直接的な対人接触の機会を持たない日本人が英語習得に相当な時間が必要な理由はここにもあります。

　さて，こうした時間的ハンディキャップを負った日本人英語学習者はどのように英語と向き合って学習成果を見出す状況を作り出せるでしょうか？　語学は「使うこと，時間をかけること，継続すること，」を念頭に，これらを実践できる自助努力も必要となるでしょう。長丁場ですから，無理のない目標に向かって，小さな進歩を確認しながら，できるだけ楽しみながら実践できる英語習得方法を見つけてみましょう。学習成果は検定試験だけで確かめることはできません。大学での授業を土台に，「英語を使用する」自主的な活動があなたの英語駆使能力を高め，将来，英語を日常的に使用する環境において，その潜在能力を開花させてくれるのです。

5　英語は身近な存在ですか？

便利が英語を無用にする

　どんなに英語ができるようになりたくても，日常生活の中で，英語と接する

機会がなければ，その願いはかないません。皮肉なことに，生活がこれほど便利になると，英語と接する機会は増えてもなかなか活かされません。外国語映画は，娯楽で楽しむだけなら字幕や吹き替えで十分です。オリジナル版では複雑な会話も日本語ならすっきりと誰にでも分かります。英語のベストセラー本なら，フィクション，ノンフィクションを問わず，すぐに翻訳本が手に入る便利な時代。日本で人気のハリーポッターも日本語版 DVD や翻訳本が国内セールスの大部分を占めています。松井やイチローの打撃に熱狂する大学生でも，英語の実況中継には関心がないようです。人気の海外個人旅行や節約旅行の経験者なら英語での苦労話があるはずですが，彼らの多くは「安心できる」日本の旅行代理店の企画旅行を選びます。出発から帰国まで何でもやってくれるのが魅力だとか。やはりここでも英語は必要ありません。学校や会社であれだけ「英語は大事」と聞かされながら，「英語は無用」を実感する日本人は少なくありません。こんなに居心地がよくて，便利な国で「英語との接点を持ちなさい」と急き立てること自体ナンセンスでしょうか？

つながること，続けること

　それでも，大勢の「英語ができるようになりたい」真剣な学生を前に，英語教師はここで引き下がるわけにはいきません。気を取り直して，もう少し英語との接点について考えてみましょう。最近は一段落していますが，テレビ CM で旋風を巻き起こした語学学校の繁盛は，日本人の「英語崇拝」や「英語コンプレックス」を象徴しています。駅や車内には若い白人女性と楽しげに（英語で？）会話する日本人ビジネスマンの広告がひと際目立ちます。語学ビジネスの健在ぶりを示しています。書店の新刊棚には続々と英語学習本，試験対策本が並びます。『○○でやり直すらくらく英語』『短期集中で TOEIC ○○点』『○○法でスイスイ身につく英会話』など，英語が苦手な人も立ち止まる，巧みな売り込み文句が目を惹きます。入試，採用，昇進，昇給，転職。「あなたの英語力が人生を変えます」などとマスコミの宣伝文句に煽られたビジネスマンや大学生は，英語に臨む姿勢が違います。

　「人生を懸ける」と宣誓すれば，とても 1 年やそこらで英語にサヨナラとは

いきません。朝の満員電車に乗っていますと、サラリーマンや学生らしき乗客のイヤホーンからはリスニング教材の会話と思われる音が漏れてきますし、折り畳んだ英字新聞から目が離れない人も見かけます。コーヒーショップでは、高価な電子辞書を片手に学生は英語の宿題をやっています。パソコン画面で英文を読み書きしているビジネスマンも真剣です。幼児の英語教室も大繁盛。「今のうちならネイティヴ発音も身につきます」こんな宣伝文句に若いお母さんの夢は広がります。カルチャーセンターでは年金生活者も英会話も楽しんでいます。話すことが何より意欲を掻き立てるようです。

　英語との接点を持つ目的が何であれ、それによって生活が充実するのであれば、接点を持つこと、また持ち続けることに意義はあります。どんな接点を持つかについては色々な考えがありますが、気を張り詰めたままのつながりには問題があります。英語の達人が説く英語勉強法を、気合いを入れて実践するのはいいのですが、強迫観念から抜け出す勇気も必要です。道程は長いし、大きな収穫はないかもしれません。

　英語を学ぶことは冒険みたいなものです。道中で遭遇する「スリル」をもっと楽しんでみてはどうでしょう。英語に自信のある人はリアルタイムでチャットやディスカションに参加しています。自信はなくても好奇心さえあれば、Twitter で「つぶやく」だけでも世界中の見知らぬ人から英語の反応が期待できます。「単独冒険」も可能です。自分の趣味や関心事を紹介しているブログを覗くだけでも新たな発見の連続となるはずです。身近な「英語の楽しみ」を持続することが「英語をものにする」ことにつながるのです。

英語の意識が原動力

　身近な英語との接点についてもう少し考えてみましょう。私たちが日常使う日本語の中に一体どれくらいカタカナ語や横文字用語が含まれているか考えたことはありますか？　中年や高齢者が「コミュニケーション・ギャップ」を嘆くのは、「若者ことば」が宇宙人のことばのように聞こえるからだけではありません。ハリウッドに詳しい私のクラスの A 君がこんな調子で話します。「最近のセレブはネットでファンの関心度を常にチェックしてるんだよ。だからホ

ームページはすごく凝っていて，ニュースレターはすぐアップデイトされるし，ギャラリーのフォトもダウンロードできる。ブログにはテレビのインタビューで聞けない話がいっぱいあって，ショーやコンサートのスケジュール情報もすぐゲットできて便利だよ」。話の内容はさておいて，彼の日本語に何か違和感はありますか？　特になければ，あなたの日本語もおそらく，英語に塗れているはずです。それでも「英語を感じない」あなたは「見ていない」か「見えていない」かのどちらかです。

　これほど英語交じりの日本語を，何の抵抗もなく使う人が「英語の接点」を意識しない（できない）のはなぜでしょうか。A君のような「新メディア世代」は英語表現なしに意志や情報の伝達は不可能に近い，ある意味，空気のようなものなのです。常に「お気に入りリスト」に追加される英語ボキャブラリーやフレーズは，必要な際に取り出して日本語として使っているのです。授業で仕入れた英語表現でも，いとも簡単に日本語化してしまいます。日本人相手の会話で，和製英語ではない「本物の英語」を日本語に挟むのは，よく思われがちなその場の「かっこつけ」ではありません。彼らの頭の中には，すでに出来上がったコミュニケーション・スタイルが存在するのです。しかし英語のリテラシーなしにこのスタイルが持続することはありません。なぜなら，彼らが「使う」英語はトレンド情報やテクノロジー，ポップカルチャーなど最新のソースから取り入れたものが多いからです。随時新しいものと入れ替えもしています。ことばの流行にも敏感なのです。ならば，身近な接点を意識しながら，なぜ英語とのつながりが認識できないのでしょうか？　やはり英語は空気のような存在でしかないのでしょうか？

　英語の接点を自覚させる簡単な方法が1つあります。英語のボキャブラリーやフレーズ抜きで対話させることです。どんな日本語会話になるかは容易に想像できます。ではなぜ自覚が必要なのでしょうか？　この自覚（認識）こそが「日本語としての英語使用」から「英語としての英語使用」にステップアップする大きな「原動力」となるからです。大学で学ぶ英語のリテラシーは，あなたの英語をどこでも通用するものに換える潜在パワーとなるのです。

6　外来語は害来語？

　外来語をうまく取り入れながら，日本語の文構造をきちんと守られる日本人の言語使用能力を評価する人や日本人の異文化受容能力を日本人特有のリテラシーとして称賛する人がいる一方で，国家や民族のアイデンティティとしての重要な日本語が無自覚のまま変容することに危機感を感じる人もいます。西洋文化が大量に流入し始めた時代から，外来語の影響を心配していた知識人は，日本人の自国語に対する自覚のなさも心配していたようです。

　留まることのない外来語の攻勢に「無防備」な国民を放っておけないのは，今では国語学者や日本語擁護論者だけではありません。新聞の投稿やお茶の間テレビ，ネットのブログでも「日本語防衛」について日々熱い「戦い」が繰り広げられています。最近のネット議論の大きなテーマの1つが，小学校での英語教育の導入です。「英語が使える日本人の育成」と称する英語教育改善を目的としたこの政策は，今や国を2分する大きなテーマです。早期導入すれば若年層の日本語習得がおろそかになると心配するのは専門家だけでありません。親も教師も一般市民もこぞってネット議論に参戦しています。

　海外からの声も聞こえてきます。先日もあるテレビ番組のインタビューの中で，大学で日本語を学ぶ若いヨーロッパの学生が，「日本語表現に散りばめられた英語（らしき言葉）に戸惑っている」とか，「外来語に侵食され尽くした日本語に魅力を失くしている」という主旨の話をしていました。確かに「英語が日本語を蝕んでいる」という国内外からの批判や懸念がありますが，今のところ，「英語偏重」，「英語支配」へのこうした反響が，これまで通り日本語への英語侵食を食い止める大きな世論となる気配はありません。「若者ことばが日本語を乱している」と訴えて世論の賛同を得るとしても，使用禁止の支持を得ることけないのと同じことです。

　日本と似た状況にあるフランスでは，政府がいわゆる「言語狩り」（母国語の強制使用による事実上の英語の締め出し）を政策として行ってきました。現在でも世論調査による国民の支持は高いのですが，この言語政策の成功を示す変化は見られません。アメリカでは1980年代に，英語を話さない，主にヒスパ

ニック系移民を標的に，英語の強制使用を図るための政策を推し進めました。公共サービスに使用する言語を英語に統一することや，公立学校でのスペイン語による授業を廃止して，英語のみで教育を実施するのが政策の目玉でした。しかし今日まで，その推進力となった英語公用語化運動（英語を国の公用語と憲法で定める運動）が実を結ぶ兆候はありません。

　植民地時代ならまだしも，人も物も情報も自由に行き交うこの時代に，「言語統制」は時代遅れの産物です。英語も日本語もフランス語も，一部の権力者が意のままに支配できる時代ではありません。凄まじい速さで時代が変化する時代において，言葉のダイナミズムに誰もが目を離せません。母国語でも，外国語でも，異言語が交わる場合でも，言葉に目を向ける，言葉との接点を意識することは，私たちの生き方を考えることにつながるのです。

7　英語リテラシーとしての論理的思考

コミュニケーション・ギャップの背景

　大学での限られた英語の授業を通じて，皆さんにぜひ身につけてもらいたいスキルが，論理コミュニケーション術です。これといって特に目新しいものではありません。このスキルを習得したからといって，英語がペラペラ話せるとか英文がスラスラ書けるわけではありません。しかし英語リテラシーの習得にはなくてはならないものです。どんな相手とでも通じ合うコミュニケーションをするための土台となるものです。色んな英語が飛び交うコミュニケーションを想定した場合，最小限「共有すべきルール」と言えばよいかもしれません。もちろん日本語によるコミュニケーションにも生かせるスキルです。

　さて，相手についてまったく知らない者同士でも，英語の文法，音声，語彙などの知識を広く共有していれば，情報交換や意思伝達はできます。思うようにいかない場合，私たちは何よりその原因がことば自体をうまく使いこなせないからだと考えます。その場合でも，非言語的な手段（ジェスチャー，顔の表情，映像など）を使えば足りない部分は補強できます（もちろん逆効果になる場合もありますが）。

それでもコミュニケーションの障害を回避できない場合もあります。「なぜだろう？」多くの日本人は，こうした状況で，英語によるコミュニケーションに困難を感じています。実はその原因が日本人のコミュニケーション・スタイルにあることを見落としがちなのです。授業でも「英語で質問に答えられれば一人前だよ」などと挑発することがあるのですが，英語でポンポン訊かれることに不慣れな日本人はすぐに困惑してしまいます。質問の意味は分かってもその意図が読み取れません。

　例えば対話中にこんなフレーズで訊かれることはありませんか？「What do you mean?」「Why do you think so?」，これくらいならまだ耐えられますか？　ところが「How do you make it clear?」とか「How can you be sure?」となると，状況は一変します。いつもの「I don't know」では逃げられないし，「By the way, I would like to talk about…」と話題を勝手に変えることも難しい。「What is your point?」とか「Get to the point!」などと言われると，それで対話が途切れてしまうことさえあります。英語での対話に自信がある人なら，「今まで何聞いてたの？」と言い返したくなるかもしれません。「通じないのは相手に問題あり」となるわけです。

　日本人なら，知らない者同士でも互いに「共有している価値観，経験，知識がある」ことを前提に対話が進むので，「なぜ？」がなくても通じ合えると気楽に構えられるのです。意識しなくても互いに話者の意図を「察する」ので，コミュニケーションが滞る心配は少ないのです。「察し」のスキルは日本語自体にも活かされています。会話でも文章でも，主語は省略もできますし，英語と違って，語順も不自然なくらい換えても通じます。関連ある内容なら，断片的な情報を適当に並べて話をしても察してもらえるので，話の筋道を立てたり，まとまりを意識して話す必要がありません。日本人同士の対話の場合，このスキルが日本人特有なリテラシー（相手の意図を察する能力）であることが意識されることはありません。

　一方で，文化的にも，民族的にも多様な背景を持つ世界の人々は日本人のような対話の土壌を持ち合わせていません。互いに「共有するものがない」ことを前提にコミュニケーションを展開するので，言葉として表現されていないも

の，不明瞭な内容については相手に問う，問われた場合は分かるように答えることが当然の「ルール」と考えるわけです。

　では，この対話スタイルを原則とする英語話者と円滑なコミュニケーションを図るにはどうすればよいのでしょうか？　日本人英語話者が，世界で共有されるスタイルを学ぶしかありません。「意図を察し合う」スタイルを取る日本人が「言葉をぶつけ合う」英語話者に「自分の意図を察してもらえない」場合のリスクがあまりに大きいからです。互いに相手の意図が読めない状況では，言葉によるフィードバックがなければ，誤解が生じても解かれないまま，すぐに理解不能になるでしょう。相互不信が重なって対人関係が崩壊するかもしれません。これこそが何より避けなければならない事態なのです。

　日本人の英語話者がコミュニケーションでまず必要なことは，英米人のネイティヴ発音を習得することでもなければ，イディオムや格言やスラングをうまく使いこなすことでもありません。何より，相手のコミュニケーション・スタイルを熟知して，自然に使えるように訓練することなのです。

「英語ができる人」は論理的思考ができる人

　では，どうすれば「通じる対話」ができるのかを念頭に，初めに述べた論理コミュニケーションについて考えてみましょう。私が担当するライティングの授業では，英語の論理性を受講生に理解させることを1つのねらいとしています。「英語は論理的に書くのがポイントだよ」などと抽象的なことを言っても学生にはぴんと来ません。決まって，「どうすれば論理的な文になるの？」と質問がきます。そこである状況を想定してみます。あなたが英語をうまく話せるようになりたいとします。「この英語教材で勉強すれば，日常会話が短期間で身につきますよ」と知らないセールスマンに購入を勧められたら，どう反応しますか？　「いいですね。じゃ買います」と即答しますか？　「なぜ，そう言えるのですか？」と聞きたくなりませんか？　宣伝内容に妥当性がなければ信用できません。では，同じことを，英語を流暢に話すあなたの親友から言われたらどうでしょう？　「へえ，それならやってみようかな」と，友人の勧めに前向きな反応をするかもしれません。彼がどうやって英会話を習ってきたかを

すでによく知っているあなたは「なぜ？」と理由を訊かずに提案（主張）を受け入れられるのです。友人の意図を「察する」ことができるからです。しかし英語で主張や提案をする場合，その根拠や理由なしには受け入れられないことを常に想定することが必要です。

　先ほどの，「どうすれば論理的な文になるの？」の問いには，「なぜ？」という疑問に「納得させる答えを用意すること」だと答えています。主張を支える根拠が提示されなければ，知らない相手を説得できません。さらに「論理的に書くポイント」としては，主張（意見，提案など）は簡潔で整理されたものであること。分かりにくいと関心の目が逃げてしまいます。主張の根拠（理由）は読者を意識して，広く受け入れられるもの（社会通念，常識，法則，科学理論など）でなければなりません。これにデータや事例を添えることで主張の説得力は高くなります。書き終えたら，この論理の展開に必要な主張，根拠，証拠の3つの要素に矛盾はないか？　裏づけは十分か？　などチェックしてみることが大切です。これらのポイントがすべてクリアできれば，論理的な文章が書けたことになります。さらにこのロジックはあらゆるコミュニケーションに応用できるのです。

　文章を読む際にも思考を論理的なものにする自主トレーニングはできます。英語でも日本語でも，読む際には文章中の論理的展開がある箇所に注意を集中する「くせ」をつけましょう。何が主張（結論）でその根拠は何なのか。論点以外の部分が多い場合，主張がぼやけることもあるので注意が必要です。意識的に論点とそれ以外の部分の「仕分け」をしながら読むのがコツです。主張は一貫性や説得力があって十分な根拠や証拠に支えられているかどうかをチェックしましょう。提示されている「事実」は疑わしくないかとか，データは古すぎないかなど，批判の目を持って文章に接することで論理的に考える脳が出来上がるのです。

　論理的な読み書き（＝リテラシー）が身につくと，予期しない英語での対話の際にもこのスキルは自分のものとして自然に使えます。「I believe we should do... because...」と口から出てくれば，あなたの思考回路はすでに「論理モード」に切り替わっているのです。繰り返しになりますが，その際，

英語の発音が「日本流」でも，もはや動じることはありません。伝えたいことを筋道立てて話すことが「通じる英語」であることを十分に体得しているからです。「察しモード」と「論理モード」を自由に切り替えられる実感は快感以外の何物でもありません。「察する」ことに依存した独りよがりの英語を「ペラペラしゃべる」「スラスラ書く」ことができても相手に通じない限り，「英語ができること」にはならないのです。

8　おわりに

　私たち日本人の英語に対する思いには色んな感情が入り混じっています。英語と接した最初の頃は，夢に期待を膨らませて，「英語ができる」自分のイメージを追いかけた人も多いでしょう。イメージ通りに英語とうまく付き合っている人。イメージが崩れ始めて，それでも英語と前向きに向き合う人，事情があって不本意にも英語にしがみついている人，すでに別の何かに自分の適性を見つけようとする人。すでに長く付き合ってきた皆さんの，英語への思いは一夜で語り尽くされるものではないでしょう。これからもこの付き合いがおそらく続くことを考えれば，この辺りでちょっと立ち止まって，「私にとって英語は何？」を真面目に考えてみるのもいいかもしれません。今回，皆さんには色々な「提案」や「注文」を出しましたが，どれも「英語との距離」を縮めてもらうことをねらいとしています。英語との接点を意識できれば，英語を身近に感じられる。「英語は共有できるコミュニケーションの手段」を意識できれば，英語を気楽に使える。「英語は簡単にはものにならない」を意識できれば，気長に付き合える。「英語流の思考スタイル」を意識できれば対話の幅を広げられる。英語を使う魅力は何より人とのつながりを広げられることにあります。限られた英語とのつながりに意義を見出すこともいいですし，どっぷり浸かった関係を続けていくのもいいでしょう。英語でのコミュニケーションの場が居心地いい「セカンド・コミュニティ」になるかもしれません。さあ，英語との新しいつながりを楽しみながら広げていきましょう。

（日高正司）

第3講

文　学
―― 文学と映画を通して考察するアメリカの1950年代

1　「状況」を意識するアメリカ文学

　アメリカ文学の特徴の1つに，散文から文学が始まったことが挙げられます。植民地の出来事を記録した文章などもアメリカの文学の起源として見られています。そもそもアメリカ人は移民として未開の荒野を征服してその土地に文明社会を建設する使命を持っていました。植民地であったアメリカはわびしい荒野でした。何もない自然の中で人々は生き残らなければならなかったのです。したがって歴史的に見てアメリカ人には自分たちの置かれた環境を現実的に観察するリテラシーの力は不可欠でした。日本やヨーロッパの文学の始まりが自然の美しさを抒情的に詩や短歌に表現したのとは対照的です。新大陸に上陸した人々が1630年頃に書き残したプリマス植民地の記録なども，その当時の文章を書き残したという点で十分に文学の資格を与えられています。

　自分の置かれた状況を考察するという視点はこの国の文学の特徴だと思います。例えば1929年の経済大恐慌の中では国際的にファシズムの台頭などで社会意識の強い文学が生まれました。30年代以降には社会不安を反映した文学や演劇が盛んに作られました。そしてその後第2次世界大戦以降，1950年代にかけてアメリカは世界に先駆けて，豊かで輝いていた時代を築きました。ではこの時代，アメリカはどのような「状況」だったのでしょうか。この時代の文学を

読み解くリテラシーとはどういうものが考えられるのでしょうか。

アメリカの1950年代の特徴

　ヨーロッパやアジアが戦争の被害を受けて社会の復興に力を注いでいる間，アメリカは経済的に豊かで自由な社会を享受していました。1930年代には大きな不況がありましたが，それから立ち上がり，生産形態では大量生産方式を編み出しました。大量生産により産業は大きく発展を見せます。経済的には社会に大きな繁栄をもたらされました。貧困は急速に解消されて，社会保障制度が整備されたのです。様々な家電製品が登場しました。例えば，ラジオ，テレビ，さらに自動車です。

　これからご紹介したい小説や映画の中にもラジオやテレビが頻繁に登場するようになりました。こうした家電製品が普及し始めているもこの時代の特徴です。その中でテレビ，ラジオ，自動車はアメリカ式生活様式を画一的に広める役割を果たしています。このアメリカンライフは流行を求める若者文化にも影響を与えています。さらにフラストレーションを抱えた若者が激しい音楽を求める中，黒人のリズム＆ブルースの感覚と南部のカントリーミュージックを融合させたエルビス・プレスリーが登場。テレビやラジオから流れるロックンロールは，当時の若者を大いに興奮させました。

「アメリカの時代」とは

　1950年代の好景気で自動車の保有数は飛躍的に伸びました。車に乗ることが日常化しました。アメリカ人の生活の快適さは車の時代になり，さらにスピードを上げて増大しました。さらに車の普及は人々を都市の中から都市の外側に連れ出しました。都市には人々があふれ，住む場所が不足するようになったのです。そこでアメリカでは新しい政策で郊外に住宅地を開発しました。新しい家族は一戸建てを安く手に入れることができるようになりました。明るく幸せな郊外生活が始まりました。都市の抱える犯罪や人種差別などの問題が解消されたのです。まさに「アメリカの時代」が到来したのです。

　この豊かで輝いていた50年代を文学や映画はどのように駆け抜けていったの

図Ⅰ-3-1　郊外への引っ越し

でしょうか。50年代の有名な作家や映像作品を解読しながら，この豊かで輝いていた時代がどのように映し出されているのか，3つの小説や1つの映画を取り上げて，その一節を引用しながら考察してみたいと思います。

2　バーナード・マラマッド「最初の7年間」

ヨーロッパから希望を胸にアメリカに移民する人々

　バーナード・マラマッド（Bernard Malamud, 1914-86）はニューヨークのブルックリンに雑貨屋の子どもとして生まれました。両親はロシアからの移民でした。長編『アシスタント』（1957年）や『修理屋』（1967年）などで注目を受けました。短編集『魔法の樽』（1958年）の中の「最初の7年間」（『マラマッド短編集』新潮文庫，1971年に所収）では移民としてアメリカに渡り，異国で苦労しながら職を得て，家族を養い，子どもたちには自分の親と同じような苦労を味わわせたくない心情がユーモラスに描かれています。作者マラマッドの生い立ちがこの物語には反映されています。裕福な中流階級が登場したのが1950年代と言われますが，同じニューヨークの町でも靴修理の仕事に追われる手一杯な移民の生活の様子が描かれているのです。

　靴屋を営む父親フェルドは自分の娘ミリアムに大学の教養を身につけてもら

いたいと思っています。そんな父親の願いとは関係なくミリアムは早く家を離れて独立したい気持ちが強いのです。フェルドは自分が受けられなかった教育をせめて娘には受けてもらいたいと強く思い続けています。そんなフェルドがひそかに目をつけている青年がいました。彼はマックスと言います。雪が降る中，真面目に学校に通う姿を見て以来，マックスのような青年がうちの娘にいい刺激を与えてくれないだろうかと想像してしまうのです。こんな思い込みを単純にしてしまうところがこの父親の特徴であり，またコミカルな場面なのです。

　しばしば彼はあの若者のことを娘と話し合いたい気持になった，彼女があの若者のようなタイプを好きになるかどうか聞きたかった——彼はミリアムにはただ，マックスがいい青年で，ミリアムに電話してくるかもしれないとしか話していなかったのだ——そして一度だけ彼女に聞いてみたときには，ミリアムはぴしゃりと言い返した——ただしもっともな言い分なのだが，——そんなこと，どうしてわたしにわかる？

　娘のミリアムにはビシッと反論されてしまいます。娘には父親のおせっかいがけむたいのです。それから父親はマックスが医者や弁護士になるために勉強しているのではなく，会計士になるために勉強していると知って「もっと高尚な職業」を望んでいたのに，自分勝手な想像だったようで，かなり失望してしまうのです。こういうところは実践的な生き方しか身につけていないフェルドの思い込みが現実から外れてしまっているのでした。
　フェルドの靴工房にはソーベルという助手が働いています。父親フェルドにはソーベルの良さを見抜くことができないのです。それは悲しいかな，フェルドと彼が同郷の人間だから，何もかも自分と同じにしか見えないのです。

　このポーランドの亡命者のソーベルが，ある夜，ふらっと入ってきて，仕事をさせてくれと頼んだのだった。ずんぐりした体つきで，粗末な身なりだった。金髪だったにちがいない頭は禿げており，ひどく素朴な顔だちで，悲しい本でも読めばすぐに涙をうるませる薄青い眼をしていて，若いくせに爺む

さく——彼が30歳だとはだれも想像できなかったろう。

　語り手はこのポーランド移民の男がひどく惨めな人間だと思わせるように書いています。フェルドの娘ミリアムに一番ふさわしくない男性タイプとして取り上げられています。しかし，ソーベルには仕事をまじめにこなし，最高の靴を仕上げる素質を持ち合わせており，この靴屋の会計も一銭たりとも間違えることがなく，正確に計算できる人間なのです。だからフェルドは彼の仕事ぶりだけは高く評価していました。

アメリカ社会に大量に移住してきた東欧系の移民
　フェルドとソーベルはポーランドからの東欧系移民です。アメリカは移民の国とよく言われますが，統計によると1820年から1990年までの170年間に5700万人がアメリカに移住しています。ポーランド系移民が多く移住したのは1901年から20年の間で，全体の44％が東欧系の人々でした。さらに1904年までには200万人の東欧系ユダヤ人がアメリカに到着しました。ロシアや東欧で行われた組織的なユダヤ人虐殺や弾圧から逃げ出して来たのです。彼らの多くは都市に住み始めて，貧しいスラム街で労働者として働いたのです。

　　降りしきる2月の雪が，近視の人の眼に映るもののように，ぼやけていた。
　　彼はこの白く動く薄ぼけた風景を見つめ，また自分が若い時代をむだに過したポーランドの村をふと思い出して感慨に耽ったりした。

夢の国アメリカで父親の思う願い
　2人は靴職人としてポーランドの地を離れて異国のアメリカでより良い暮らしを送りたいという夢を抱き，日々を生活しています。フェルドとはソーベルが「結局は同郷人なのだからまったく見知らぬ人間よりもすこしは心配なく使えるだろうと考えて，フェルドは彼を雇った」と言い，同じポーランド系の移民であるがゆえに信頼を寄せるものの，同時に若い時に無駄に過ごした苦労や貧しさを共有しているがゆえに，自分の娘にはそのような苦労よりももっとよ

り良い暮らしを，より良い教育を与えたいと父フェルドはひそかに強く願っています。アメリカは貧しい移民の人々にとって夢の国でした。それでも父親は結局はもっと違った生き方を送ることはできなかったのだろうか，と振り返ります。

　彼は自分の娘にたいして奇妙な，いたたまれないような悲しみを感じた——まるで彼女がもうソーベルの花嫁になっていて，結局は靴屋の妻としてその一生を，その母が過したとおなじように送るしかないと思いこんでいるかのようだった。そして娘にたいする彼の夢のすべてが——そのために彼は身を粉にして働き心配と労働で心臓まで悪くしたのだ——もっとよい人生をと願っていたさまざまの彼の夢が，すべて消えてしまったのだ。

　フェルドの人生観では娘の人生と自分の人生を単純に重ね合わせて不幸になると考えてしまいます。そういう思い込みが悲しくかつ滑稽なところです。この物語ではそういう父親の願いは思いもよらない方向に向かってしまっているのです。十分な教育を受けず，現実的な生き方しか身につけることができなかった父親世代の限界も感じられます。移民として自分は苦労したが次の世代にはそんな苦労を負わせたくはないのです。同時にしかし，子どもは親の思い通りにはならないものです。この話はどの社会にも見られる親と子どもの関係を暗示しているように見えるのです。この物語は豊かな50年代の世界とは異なっていることが分かります。必ずしも裕福でないニューヨークの下町に住むユダヤ系の家族が印象的です。過酷な生活は大変苦しそうですが，最後にはソーベルの誠実な仕事ぶりが落ち着きのない父親の心を和ませることになります。

3　ジョン・チーヴァー「非常識なラジオ」

中流家族にとってラジオのある暮らし

　ジョン・チーヴァー（John Cheever, 1912-82）は「郊外族」の小説の生みの親として知られています。チーヴァーはアメリカ東海岸の風俗を的確にかつ皮肉を込めて描き出しています。「ニューヨーカー派」の小説家で短編作家とし

てニューヨーク郊外の高級住宅地を舞台にした物語で有名になりました。チーヴァー自身マサチューセッツ州生まれで，小説の舞台になっているのは東海岸のニューヨークやボストンです。「非常識なラジオ」(『ニューヨーカー短編集Ⅱ』早川書房，1986年に所収)では一見すると幸せそうに見える家庭で，何の事件も起こらないようなのどかな夫婦間に，深いところで疎外感や孤独感そして個人の中に統制できない何かが潜んでいることを暗示しています。

　物語はウェストコット一家の話です。夫のジムと妻のアイリーン，子どもたちが住んでいるところはニューヨークの豊かな地区のようです。

ラジオから突然聞こえてくる声
　ラジオが故障してジムは新しい巨大なラジオを買ってきました。そのラジオのつまみやスイッチをいじっていると，モーツァルトの音楽が流れていたかと思うや，やがて雑音が聞こえてきます。よく耳を澄ましてみると室内の物音や話し声が聞こえてくるのでした。

> そんなわけで，その夜は，ウェストコット夫妻は盗み聴きに時間をつぶした——カナダでの鱒釣り武勇伝，ブリッジのゲーム，どうやら2週間ほど前にフロリダ海岸の島で写してきたらしい8ミリ映画を映写しながらの解説，それから小切手を切りすぎて預金が赤字になったということでの痛烈な夫婦げんか……

　翌日アイリーンはこのアパートの住人を見るたびに，ラジオから聞こえてきた声を思い出さずにはいられなくなるのです。フロリダ海岸の島に出かけたのは誰なのかしら，預金が赤字になったのはいったい誰なのかしら。アイリーンはラジオから聞こえる他人の生活ぶりになぜか好奇心が刺激されてしまうのでした。ウェストコット夫妻の生活は十分に経済的にも満たされたものであると知りつつも，妻のアイリーンは他人の生活がどのようなものなのか，好奇心から他人のことが気になってしまうのでした。ついつい彼女は自分たちの暮らしとよその暮らしを比べてみたくなるのです。それを知って自分たちの生活レベ

ルが他人の生活より高いと分かれば，少し安心なのです。そのことが幸せな気持ちにさせてくれるのです。

　しかし，この自己満足はいつまでも同じように続くものではないことをチーヴァーは示唆するのです。アイリーンはこのアパートの住人がどんなトラブルを抱えているのか，このラジオを通して聞かされてしまうのです。そんなことを別に知らなくてもいいことなのに。

　世の中の人たちは一日じゅうけんかをしてるのよ。だれもかれもがけんかばかり。みんなお金のことでいらいらしてるわ。ハッチンソンさんのお母さんはフロリダでガンで死にかかっているというのに，入院させるお金がないっていうし。ともかくハッチンソンさんに言わせると，お金が足りないっていうことよ。それからこのビルのどこかの女の人は，雑役夫と関係している──あのものすごい男の人とよ。ああ，やりきれない。それからね，メルビルさんの奥さんは心臓病だし，ヘンドリックスさんは４月いっぱいで失業だっていうので，奥さんはプリプリおこってるし，＜ミズーリ・ワルツ＞をかける女は売女よ。ただの売女なのよ。

　アイリーンはこの不幸な隣人のゴシップを他人事だと思っています。彼女は「人生はあまりにむごいし，みじめなものなの。でもうちはそうじゃないわよね？　ちがうでしょう？」と夫に問いかけます。この話をきっかけに本来なら話題にもならなかった彼女のお金の使い方をジムが問題にしようとします。妻はジムの知らないところでこっそり洋服を買っていたのでした。子どもたちのために，将来にそなえて生活を切り詰める必要があるとジムは考えるようになりました。ジムは自分の将来に自信が持てないと打ち明けます。アイリーンのために買ったこのラジオは400ドルも支払ったのです。400ドルとはジムには何とか払える金額なのです。ふとしたことで，お金の使い方を心配して人生を深刻に考えてしまうところは微笑ましくも見えるのですが，こうした光の当たる表層部分とは別に，その背後に，実は中流階級らしい現実をはらんだ深層部分が見え隠れしているのが感じ取れるのです。

「もうよして，ジム。お願い。聞かれてしまう」
「聞かれる？　だれに？　エマには聞こえないよ」
「ラジオによ，ラジオが」
「なんてばかを！」とジムはどなった。「うんざりだ，臆病風もほどほどにしろ！　ラジオをこわがるやつがどこにある。だれが聞いてるもんか。たとえ人に聞かれたとしたって，それがどうなんだ。かまやせん」

　ラジオはこの小説の中ではファンタジー的な存在に思えます。ラジオから他人の話など一切聞こえるはずなどないのですが，そのありえない文学上の設定が最後までこの典型的な中流家族を不安にさせようとするのです。この中流家族の話では，「400ドル」や「10.3回」「今は37歳」など具体的に書かれています。すなわちリアリスティックな書き方が特徴です。その一方で中流階級の生活や収入の不安におびえる夫婦にとって「ラジオ」の存在は唐突に見えますが，このラジオのおかげでこの家族の問題が浮かび上がって見えてくるのです。

人々が都市に集中する1950年代
　1940年から50年にかけてアメリカの人口増加率は14.5％になり，30年代から40年代の7.3％から倍に上昇しました。第2次世界大戦が集結し，都市に人々は集中しました。結婚がブームになり，各家族に子どもが生まれ，ベビーブームがやってきました。家族の上質な生活が50年代の大きなテーマになりました。大学の同窓会報には卒業生の社会的な地位や収入などの平均的なデータが書かれていました。このジムとアイリーンの家族はそんな平均的なデータに収まる生活レベルであることがこの小説の最初で語られています。この高級な建物に住む他の人も同じように恵まれた生活を送っているだろうと誰もが想像することでしょう。この土地に暮らして，12階のエレベーターつきのアパートメントに住んでいる人は1950年代の上質な生活を満喫しているのだろうと思うかもしれません。第2次世界大戦の後，兵士たちの復員が始まり，出生率が急上昇しました。都会のアパートメントではその人々を収容できなくなりました。住居問題を解消するために郊外の一戸建てを提唱したのがビル・レヴィットでした。

図Ⅰ-3-2　郊外に暮らす幸せな家族

彼の画期的な建設方法のおかげで一戸建ての家を手頃な価格で購入できるようになりました。それをレヴィットタウンと呼ばれました。そのおかげで人々は郊外の一戸建てに住むことができるようになったのです。

同じ建物に住んでいる人々が同じような収入や家族を持って安定した暮らしを送り，幸せに暮らしていると思われています。豊かな生活の象徴であるはずの「ラジオ」ですが，そのラジオがこうした中流階級が抱く幸せな家族に複雑な葛藤が潜んでいることを教えてくれるのです。

4　ジョン・アップダイク「A＆P」

消費社会が映し出す郊外のスーパーマーケット

　ジョン・アップダイク（John Updike, 1932-2009）は『ニューヨーカー』誌の新人として50年代後半から活躍しています。55年には『走れ，ウサギ』で目的を持てない少年の日常生活を描いて多くの読者の注目を引くことになりました。現代社会の風俗と地方都市の中流階級の生活を巧みな筆致で描く作家として知られています。このタイトルになったA＆Pとは全米にチェーンストアを持つ有名なスーパーマーケットの名前です。この会社はコネティカット，ニューヨーク，ニュージャージー，ペンシルヴァニアなどで店舗を展開しています。A＆Pは1859年に創設されました。1950年代半ばにはA＆Pは全米で主要なスーパーマーケットになりました。「A＆P」（『アップダイク自選短編集』新潮文庫，1995年に所収）という小説はその意味で1950年的な特徴を反映しているのです。

　オリバー・ストーン監督の『7月4日に生まれて』（1989年）のトム・クルーズ演じるロン・コヴィックが，ヴェトナム戦争に出兵する前はこのA＆Pで働いていたことでも知られています。アップダイクはこの小説を書くきっかけは，

彼の住んでいたニューイングランドの小さな町にあったA＆Pの前を車で通り過ぎた時のひらめきだったと言います。アップダイクはその時スーパーマーケットを題材にした短編を書こうと思ったと語っています。
　主人公はサミーという19歳の少年で，この「A＆P」でレジを打つ仕事をしています。毎日，平凡な仕事の繰り返しでうんざりしている少年サミーの前に3人の水着姿の女の子がお客としてやって来ました。暑い夏の出来事でした。

　ぼくの心臓は思わず弾み，お腹がエプロンの内側にふれる。それから彼女は他の2人に何か小声で言う。2人は彼女のそばにさっと近づき，女王様のお言葉をうけたまわる。それから，3人はまたしずしずと進んでいく。キャットフード，ドッグフード，朝食用のシリアル，マカロニ，ライス，レイズン，香辛料，ジャムやその他のスプレド，スパゲッティ，ソフトドリンク，クラッカーにそしてクッキーなどが並ぶ通路を。

　スーパーマーケットの棚に置かれたありとあらゆる食料品の名前が列挙されていきます。大恐慌後のアメリカで広く定着した新しい小売りの販売形態がまさにこの場面です。それは50年代の豊かな社会を象徴しています。実際A＆Pチェーンストアはこの業界の草分け的な存在として知られています。以前は対面式の小売り形態でしたが，カートに商品を載せてお客が店内を自由に歩くセルフサービスによって新しい買い物形態が可能になりました。食料品の販売の合理化が始まった点も注目されます。

A＆Pに現れた女の子たちを観察するサミー
　このスーパーマーケットは海から5マイルも離れていて，街はボストンの北にありました。中には20年も海を見たことがないという住人が住んでいるところなのです。A＆Pは街の真ん中にあるお店で，お客さんはシャツを着ているとか短パンをはいて買い物に訪れるのが常でした。水着を着た3人の女の子たちは平気な顔でショッピングカートを通常の流れとは逆方向に進みました。主人公の少年の目にはハラハラドキドキして見えます。しかし彼女たちはただ

このスーパーマーケットに買い物に来ただけなのでした。鯡(にしん)の瓶詰を買いに母親に頼まれてやって来たのでした。

　サミーはその3人の女の子の仕草を細かく観察します。例えば「女王様」と彼が呼ぶその女の子が話す声がサミーの想像とはかなり違っていて驚いたりするのです。最後までこの3人の女の子が無事に買い物を終えてほしいとハラハラしながら少年は観察していました。何も水着で買い物に来たことを注意されるために買い物に来たのではない。しかし堅苦しい性格の店長レンゲルが登場します。彼は「お嬢さんたち，ここはビーチじゃないんだからね」と注意を促したのでした。少年サミーにはそんなひと言が余計なお節介にしか思えないのです。

　「わたしたち，きちんとしています」女王様が下唇をとがらせて突然言い出す。自分の身分を思い出し，頭に来たのだ。彼女からすれば，A＆Pの店長ごときは，ごくごく卑しい者にしか見えないに違いない。高級鯡の缶詰が彼女の青い目に映っていた。
　「あんたたちと議論しても始まらん。これから店にはいってくるときは，肩に何かはおってきてほしいね。この店のポリシーだから」レンゲルはそう言って，くるりと背をむけた。そいつはあんたのポリシーだろ。ポリシーなんて，お偉方のお望みのものさ。みんながお望みなのは，少年少女の非行だぜ。

　誰も彼女たちを救う人がいないのでした。だから主人公の少年はこの水着姿の女の子たちを救うことを思いつきます。彼は自分が彼女たちのヒーローにならなければいけないと決意します。彼は前もって考えていたかのようA＆Pのエプロンとボータイをサッととりはずしてみるのです。少しだけ年上のこの若い店長は自分が何をしているのか分かっているのかとサミーに激怒します。そんなこと関係なくサミーはこんな自分の勇敢な行為を彼女たちが見てくれて自分をヒーローに認めてくれたらと，イノセントな心の中で強く思うのです。しかしそんな彼の勇気とは無関係に，女の子からまったく無視されたままで，「女王様」たちはさっさと「A＆P」から出て行ってしまいました。少年サミ

ーの失望した気持ちこそ，この物語の主題であり，同時に社会の厳しさに反抗する世間に疎い主人公の姿を作者アップダイクは巧妙に描き出しています。

消費社会の中のスーパーマーケット

　このＡ＆Ｐスーパーマーケットは豊かな1950年代の消費社会の象徴に見えます。そこでお説教臭い店長と同じように毎日無自覚に働いている自分がいるのです。女の子のたちのヒーローになったかのような，いつもとは違う自分の姿がふと頭をよぎって，その勢いで仕事を辞める宣言までしてしまうのです。店長のレンゲルはサミーの両親の長年の知り合いで，サミーに自分のためにも仕事を辞めてはいけないと忠告します。少年サミーは父親と母親ともに暮らしています。少年の背後には家族の姿も見えるのです。少年は家族から独立してひとりでこれから生きていく決断を明らかにしています。また，この少年は消費社会に対して抵抗を示しているとも思えます。繊細なサミーはこれから正直に，意味のある生き方をしたいと思っていると言えるのです。しかし，同時にこの社会は彼が思うほど生易しいものではないことをこの物語は教えてくれるのです。

5　ニコラス・レイ監督（Nicholas Ray, 1911-79）『理由なき反抗』

男らしさの追求と想像の中の家族

　『理由なき反抗』（ワーナー・ホーム・ビデオ，1955年。以下の章はこのDVDのチャプター分けによる）はジェームス・ディーンの伝説的な作品としてよく知られています。ディーンは17歳の少年の役で登場しています。50年代ではティーンエージャーが話題になりました。「ティーンエイジ」という単語は1920年代でも使われていましたが，大人になる前の特別な時期を示すこの言葉が強調されるようになったのは50年代でした。50年代の若者の苦悩を象徴する主人公にはジェームス・ディーンが選ばれました。彼は思春期のナイーブな心を描き出し，50年代の青春のシンボルになりました。

　この映画の登場人物も10代の若者たちが中心です。車のチキンレースで集まる若者たちは黒のレザー・ジャケットを着て，ジーンズを履いて，ヘアはリー

図Ⅰ-3-3 『理由なき反抗』のジェームス・ディーン

ゼントスタイルという50年代スタイルを貫いているのが印象的です。

　50年代の初めにはティーンエージャーはそれほど目立った存在ではありませんでしたが，第2次大戦後のベビーブームによってアメリカでは新生児の誕生が急上昇を見せていました。1946年から59年の間に生まれた子どもの数は約7820万人と言われています。それ以前の世代と比べて極端に人口比率の高い時代でした。

　さらに子どもたちが教育を受ける期間が長くなり，豊かな社会の到来で経済的な余裕を享受する家族も多く見られるようになりました。ジムの家には自動車，お酒，テレビ，電話など豊かな社会を象徴する物質的な記号を見つけることができます。彼の一家はロサンゼルス郊外の一戸建に住んでいます。この映画には50年代のアメリカを象徴する記号がたくさん登場する点も大変興味深いのです。

社会にあふれ出すティーンエージャーたち

　そんな豊かな家族の中から，生まれた10代人口の集団は大きな位置を占めています。この『理由なき反抗』の第7章「新しい学校の初日」を観ると，主人公ジムがドーソン高校に初登校する場面があります。多くの高校生が一斉にその建物の入口に向かって歩いて行きます。たくさんの新入生が歩く中で誰もがその場所を避けて通るところを，ジムだけがうっかり学校の紋章の上を踏みつぶしてしまうのです。上級生に「何を考えている？　学校の紋章を踏んではいけない」と注意されます。登校するたくさんの生徒たちが横を通り過ぎる中でジムは「新しく入ったので知らなかった」と謝ります。朝の忙しく登校する場面ですが，たくさんの高校生に囲まれたジムが校舎に走っていきます。そのあまりの多さの高校生に驚かされるほどです。

この映画はジムが警察の少年課で保護される場面から始まっています。理由もなく抵抗する若者が警察にあふれているというオープニングです。第8章でのグリフィス天文台での講義でも，講師の話が終わると，中年の女性教師の話を無視したまま振り切って生徒たちが一斉に席を立って出ていく場面があり，若者の勢いを表している点が印象的です。あふれ出す高校生に教師はもうどうすることもできないのです。

疾走する乗用車

　ジムがプラネタリウムに入ってくる場面では自分で自家用車を運転しています。もちろん通学する時も車で高校に向かっています。映画の舞台はロサンゼルスですから，車なしには移動ができないという交通事情は考える必要があるでしょう。高速道路が建設されて，社会の基盤が整うと同時に人々が郊外に住み始めました。1950年から56年の間でアメリカの郊外の移住人口は46％も増加したと言われています。経済発展による社会資本の充実や車の普及がアメリカの都市人口を郊外へと連れ出したのです。郊外生活は人々に様々な消費を生み出しました。「A＆P」では大型のスーパーマーケットが象徴的でした。この作品では走り抜ける乗用車の場面が印象的です。

　第16章「チキンレース」ではミラー崖で度胸試しのレースを行われます。高校生が崖の上から車を全速力で走らせるのです。ジムは車から脱出に成功しますが，ライバルのバズは崖下に落ちてしまいます。車は日常的な消費財として登場します。疾走する自動車と少年の暴走が象徴的に重なり合います。1955年から60年までのアメリカの自動車デザインは絶頂期を迎えます。ジェット戦闘機のようなテールフィン（尾翼）をつけた未来像を思わせる車が流行を見せます。例えば，アールの1955年型シボレーは尖ったジェット機のようなスタイルで価格も誰の手にも届くようなところまでになりました。

理想的な家族の中の父親

　50年代は家族が重要な意味を持っています。理想的で幸福な家族のイメージは大切でした。この物語ではロサンゼルス郊外に住む3つの家族の形を見るこ

とができます。それは父親の在り方に関係しています。ジムの家庭では母親の力が強く，父親が男らしさを示してくれないのです。そのことに彼はフラストレーションを感じるようになります。第19章「味方になって」では事件を起こしたジムが父親に「どうすればいいのか早く教えてください」と迫ります。彼は父親の首を自らの両手で絞めつけて「殺すつもり？」と母親が怒鳴ります。異様なシーンに見えるかもしれませんが，ジムは男性とはあくまで戦い続けるものと思い込んでいます。それを確認するかのように父親の首を放さそうとしません。父親は抵抗することなく床に倒れ伏せたまま横たわったままなのに，父親がジムを厳しく叱りつけることは絶対にないのです。

孤独を恐れるプレイトー

　ジョン（・プレイトー）も家族の問題を抱えています。彼はお手伝いさんと暮らしていますが両親はこの土地に同居していないのです。ジョンは自分の生活費を小切手で送ってもらっています。それを知った彼は家族から見放されていると感じるようになります。自分は孤独な存在であると悩むのです。その孤独を忘れようと彼は自分にはジムが父親であり，ジュディが母親であると言う。ジョンは想像の中で作り上げた疑似家族の姿に憧れるのです。その家族の中で自分は幸せな子どもなのだと思い込んでいるのです。第28章「我々を身内にしたいのだ」では家族を失ったジョンが自分の家族幻想の中にジムとジュディに無意識のうちに引き込んで喜んでいるのです。興味深い点はジョンがその失われた家族の姿を友人の中に見出そうとしていることです。

父親に愛されたいジュディ

　一方ジュディは父親からもっと愛されたい娘になりたいと思い込んでいます。ジュディは父親から自分が不良娘と思われていることに悩んでいます。第13章「すべてに不満な年頃」ではジュディが父親にキスをしようとすると，「ジュディ，お前はもう子供じゃない」と父親は驚いて怒り出します。「なぜいけないのか，わからない」とジュディは反論します。父親は「お前の年頃の娘はそんなことしない」と言うと，ジュディは「私が16になったから？」と食い下がろ

うとします。ジュディは父親の頬にキスしようとすると父親からビンタを受けてしまう。父親は難しい年頃の娘を思い直して,「悪かった。どこへ行くんだ？ 家にいなさい！」と家から逃げ出そうとする自分の娘の名前を呼ぶのでした。この場面ではジュディが父親から理想の娘に見られたい，もっと愛されたい娘の気持ちが複雑な形で現れています。父親はジュディがもう高校生なのだからと注意したかったのです。ジュディの家族は理想的に見えるのですが，娘と父親の関係は微妙にずれているのです。彼女は結局愛される存在を求めてジムの存在を意識することになります。

冷戦を象徴する原子時代

　この第13章では50年代を暗に象徴する興味深い台詞が登場します。出て行ったジュディの原因は「年頃なのよ（エイジ）」と母親が言い訳をした後，それを聞いたジュディの弟が食卓に座っておもちゃの機関銃をもって「原子時代だ（アトミックエイジ）」と一瞬叫ぶ場面があります。字幕では「やっつけるぞ」と出ます。この政治的な意味合いを打ち消してしまう字幕には隠されたメッセージが潜んでいるのです。それはアメリカとソビエトの冷戦時代の政治的な影なのです。アメリカ社会は政治的には不安定な立場にありました。共産主義と原子力爆弾の脅威でした。1949年には共産主義体制のソビエトが核実験に成功し，中国には共産党政権が誕生しました。アメリカとソビエトの政治的な対立の中に共産主義の拡大と核爆弾の不安と懸念をアメリカ社会は経験することになりました。

　この映画は隠された政治的なメッセージをはらんでいるのです。この不安な影が豊かな50年代の背後に潜んでいることを暗示している点も重要だと言えるのではないでしょうか。

6　何を見るのか？　文学の「発見力」を養成する

　「文学と映画を通して考察するアメリカの1950年代」というテーマで3つの小説と1つの映画を取り上げて50年代のアメリカを考察しました。同じ小説を

読んでいても，その小説の解説を読んでみても，人によって見えるものが違うのはなぜなのだろうと思うことがあります。どうしてこのことに私も気がつかなかったのだろうと思うことや，あるいはすごいなとただ感心してしまうことがあります。これこそ対象を読み解くリテラシーのスキルではないかと思います。

　小説や映画についての情報や見方は，最近では飛躍的に増えています。その情報量はインターネットの普及によりその少し昔とは比べることができないほど豊富になりました。しかし，そこから何が見えるのかという問題は，個人の世界を読み解く力によって多く異なっています。

　何が見えるのかということは見る力があるのかという問題でもあります。小説家や映画監督は一般の読者や観客が見えないところに，新しい視点を置き，そこから着想してその世界を作り上げています。

　文学や映画を見ながら考える時，私たちに大切なことは何でしょうか。それは関心と疑問を持つことができたかどうかという点です。言い換えると「何を見るのか」という判断基準による観察力がそれを作ることになるのではないかと思います。その対象を見るポイントを絞ることができれば，この問題は自分なりに見てこういうことじゃないかと解釈が広がってくるのではないでしょうか。「発見する力」のスキルが生まれると，その関心を持った現象と他の事柄を結びつけることができるようになります。何を発見するのかというリテラリーの力が必要になります。他人には見えていない自分の発見力で私たちは自分の思考を徐々に展開できるきっかけを見つけることができるのではないだろうかと思います。

(秋山義典)

第4講

芸術学——'ジャポニスム'で読み解く視覚芸術

1 はじめに

視覚芸術とは何か 芸術には様々な分野がありますが，特に視覚によって認識，享受することのできる作品を「視覚芸術　visual arts」と呼びます。具体的には，絵画，版画，彫刻，工芸，写真，建築，などが含まれます。もちろん言語芸術である文学や音響芸術である音楽や歌劇，映画にもそういった側面もありますが，より直接的に視覚に訴えるものをここでは対象としたいと思います。そういった意味で「造形芸術」よりも「視覚芸術」という言葉を使いたいと思います。そして，日本がそれまでになく大きく変化する近代（明治維新前後）に焦点を当て，最も影響力のあったその頃のヨーロッパとアメリカの視覚芸術を見ていきたいと思います。

今の私たちは，日本に住んでいながらむしろ欧米の文化を身近に感じています。衣食住，どれを取ってもそうでしょう。まずは「衣」。着物を日常的に着ている人はほとんどいません。洋服の人が圧倒的です。それから「食」。フランス料理，イタリア料理，タイ料理などのようにジャンルとしての「日本料理（和食）」があります。最後に「住」。畳の部屋がどんどんなくなっています。それは，床の間や障子，襖の消失でもあります。すっかり欧米化された日本。明治期以降，政治，経済，文化など様々な分野において輸入過多の日本です。

ただ，一時期，華々しく「日本文化」が輸出されたことがありました。それらは，主に視覚芸術と呼ぶ分野のものです。具体的な「もの」として浮世絵，陶磁器・漆器，着物などです。また，そうしたまさに即物的なものだけではなく，日本へ来た欧米の人々がそれぞれに帰国し，その見聞記を出版し，あるいは講演をして日本という未知の国を紹介しました。そうした1人がエドワード・シルヴェスター・モース（1838-1925）です。モースは，日本では大森貝塚の発見者として知られていますが，故郷のセーラム（アメリカ合衆国）では日本文化に精通したピーボディー科学アカデミーの館長として有名でした。この博物館には，モースが3度の来日で集めた膨大な民具が所蔵されています。また『日本のすまいとその周辺』（1886年）といった本を執筆し，日本についての講演会はいつも盛況だったようです。モースが他でもない日本へ興味を抱いたのは，1860年代のアメリカに日本の文物がぞくぞくと輸入されていたからです。これは，ちょうどヨーロッパで「ジャポニスム」というものが流行していたことが影響しています。万国博覧会などで紹介された日本という国の文物に人々は魅かれます。そうして日本の幕末から明治中頃まで大量の浮世絵や陶磁器が輸出されていきます。英語で，漆器のことをジャパン（japan）と呼ぶようになるのもこの頃からです。ちなみに陶磁器のことはチャイナ（china）と言います。
　「ジャポニスム」は，欧米近代文化に大きな影響を与えました。そこで，芸術学の1つのリテラシーであるこの「ジャポニスム」によって，欧米の視覚芸術を読み解いていきたいと思います。また，そうすることは，影響の源である日本の視覚芸術を読み解くきっかけとなりえるでしょう。

2　ジャポニスムとは何か

　ジャポニスム（japonisme）は，元々フランス語で「日本趣味」と訳せますが，日本の文化の影響を受けた欧米の芸術文化の表現方法，敷衍して日本の芸術や精神（思想）の研究を意味します。1つの文化的な現象として，1860年代頃から欧米で流行しました。私たちの外国への興味と同様に欧米の多くの人々が日本という東洋の小さな国に興味を持ったのです。17世紀以降ヨーロッパの

アジア諸国への進出は、異文化への興味と憧れ（エキゾティシズム）を生み、オリエンタリズム（東洋趣味）へと発展していきます。オランダ東インド会社（VOC）などを通じて、ヨーロッパにアジアの陶磁器などの工芸品、シルク製品、家具、香辛料、茶などが大量にもたらされました。特に中国からの文物の形・色・素材の扱い方などがヨーロッパの伝統的なスタイルに大きな影響を与えました。これをシノワズリー（chinoiserie 中国趣味）と呼びます。異文化を受け入れ、それを己のものとして活用していく。ジャポニスムの流行の素地はすでに十分にあったということです。

　ジャポニスムは、フランスでは1870年代熱狂的に流行します。1878（明治11）年パリで開催された万国博覧会において「ジャポニスム！　現代の魅惑。我々の芸術、モード、趣味、そして理性においてさえも、すべてを侵略し、すべてを支配し、すべてを混乱に陥れた無秩序な熱狂」とアドリアン・デュブシェという人は書いています。この万博で日本の工芸品が多数紹介されました。すでに1867年のパリ万博に江戸幕府と薩摩藩が出品しており、日本文化に対する大きな反響がありました。

　こうしたフランスにおける日本美術の受容について、次の4段階が見られるとジュヌヴィエーヴ・ラカンブルは定義しています。

　　──折衷主義のレパートリーの中に、日本のモティーフを導入すること。これはほかの時代や他の国の装飾的モティーフを排除せずに加わったものである。
　　──日本のエキゾティックで自然主義的なモティーフの選択的模倣。自然主義的モティーフは特に急速に消化された。
　　──日本の洗練された技法の模倣。
　　──日本の美術に見られる原理と方法の分析と、その応用。

　また、異文化の受容には「発見」「採用」「同化」「創造」という古典的な過程があると言います。日本の浮世絵や工芸品に見られるモティーフ、竹・魚・鳥・虫・野草といった自然界のモティーフは、ヨーロッパではあまり見向きも

されなかったものです。例えば「とんぼ」。これがモティーフとされていることを彼らは発見します。日本人にとっては当たり前のことも彼らにとっては発見なのです。それを自らの作品のモティーフとして「採用」する時に、日本人の自然観を理解し思想的な「同化」を得ます。そうした過程を経てその先に彼ら自身の新たな創造物が完成されるのです。

ジャポニスムとは、単なる日本趣味ではなく、日本文化が欧米に新たな文化を創造する1つの糧を担ったということを表しています。

ジャポニスムの影響は、芸術のヒエラルキーにも及びました。ヨーロッパでは、芸術に「大芸術」と「小芸術」または「純粋芸術」と「応用芸術（装飾芸術）」という区別がありました。工芸はこれでいくと「純粋芸術」ではなく「応用芸術（装飾芸術）」で、価値の低いものとして扱われていました。しかしながら、日本美術（そのほとんどが優れた工芸品）に接することによって、応用芸術（装飾芸術）の見直しが図られました。19世紀後半イギリスで起こった芸術運動であるアーツ＆クラフツ・ムーヴメントを牽引したデザイナー、ウィリアム・モリス（William Morris, 1834-96）の「The Beauty of Life 生活の美」という思想も装飾芸術の復権に基づいて語られるものです。少なからず日本美術の影響を受けたモリスの思想は、やがて柳宗悦に感銘を与えます。

さて、ジャポニスムによって新たな美の規範を得た欧米ですが、それは、人々が日本の文化を受け入るところから始まります。次に欧米が日本文化を受容する過程を追ってみましょう。

3　欧米における日本文化の受容

欧米の人々は、どのようにして「日本」を知っていったのでしょうか。ここでは、万国博覧会と日本に関する出版物を中心にその手がかりを探ってみたいと思います。

博覧会の時代　1854（安政元）年、日本は開国します。これ以後急激に日本と欧米の情報交換が始まりますが、鎖国状態にあっても日本のことは欧米に知られていました。長崎の出島に来ていたドイツ人医師シーボルトは、1832年から

『ニッポンの記録集』を出版し，1837年には彼が日本から持ち帰った文物をコレクションとした博物館がオランダのレイデンに作られたほどです。また，1851年「万国の産業の成果の大博覧会」として初めての万国博覧会がロンドンで開催され，オランダによって日本の屏風などが陳列されました。これを契機に各国が競って博覧会を開くようになります。この万国博覧会というものが欧米の人々に「日本」という国の存在を知らしめる絶大なる役割を果たしました。1862年のロンドン万博には，江戸幕府から，駐日英国大使であったラザフォード・オールコックらが日本で集めた614点もの陶磁器や漆器が出展されました。翌年には，ラザフォード・オールコック『大君の都』が出版されます。1867年パリ万博には，初めて江戸幕府と薩摩藩，佐賀藩が出品しました。さらに日本という国家として公式参加したのは1873年ウィーン万博からです。明治新政府は，日本の文化，技術を示すために名古屋城の金鯱，大仏，五重塔の模型などかなり大型の展示品を並べます。日本館は，目を見張るような会場ディスプレイで人々を引きつけ，大盛況でした。また，当時の欧米先進国の文化技術を学んで自国の産業発展に活かすため，多くの日本人がウィーンへやって来ました。ウィーンの街を闊歩する初めて見る日本人に皆驚きました。

　アメリカの万博にも参加します。1876年フィラデルフィア万博では，非常に高い技巧によって完成された工芸品を多数出展するだけではなく，庭つきの茶室を建て人々に日本の風習を体感してもらいました。この年，イギリスのデザイナー，クリストファー・ドレッサー（Christopher Dresser, 1834-1904）が来日します。日本政府の依頼によって各地を巡り，日本工芸の発展へのアドヴァイスを惜しみなくしています。帰国後，日本各地で蒐集した工芸品を研究し，『日本の建築，美術，美術工芸』（1882年）を著すとともに，イギリス工芸の新たなデザイン・ソースとして活用しました。ドレッサーのデザインしたものを見ると，日本の陶磁器として，絵付けされた磁器だけでなく信楽や瀬戸といった釉薬(ゆうやく)の流れが美しい陶器も大きな影響を与えていることが分かります。イギリスにもジャポニスムの波が押し寄せました。オスカー・ワイルドは，ジャポニスムに対するアンビヴァレントな思いを文章にしています。ドレッサー来日の翌年，1877年にはイギリスの建築家ジョサイア・コンドル，そしてエドワー

図Ⅰ-4-1　ビング『芸術の日本』

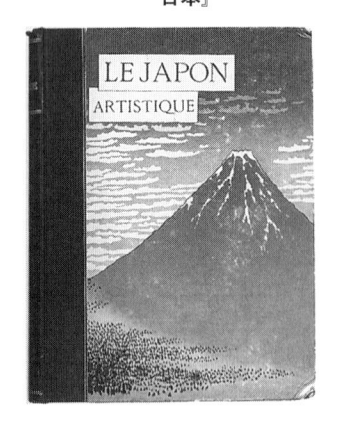

ド・S. モースが来日します。

1878年パリ万博で日本の展示は2つの会場で行われ，出展総数は4万5316点にも及びました。トロカデロ会場に建てられた「日本の農家と庭園」には盆栽も置かれ，会期中に1600万人もの人々が入場したようです。万博は実に大勢の人々に直接日本文化を体験してもらえます。この時，通訳として渡仏した林忠正（1853-1906）がパリに留まります。彼は，日本美術愛好家のゴンクール兄弟や印象主義の画家や批評家と交流を持ち，のちに日本美術の店を構えます。林の力添えによって，ルイ・ゴンス『日本の美術』（1883年），エドモン・ド・ゴンクール『北斎』（1896年）などが出版されます。林は，フランスへの日本美術の紹介に大きく寄与しました。

また，ハンブルク生まれの美術商サミュエル・ビング（Samuel Bing, 1838-1905）のパリ・プロヴァンス通りの店も日本の美術・工芸品を扱っていました。S. ビングは『LE JAPON ARTISTIQUE 芸術の日本』という雑誌を発行しますが，その創刊号で日本美術を「瞑想好きな好事家のための楽しみ」とするのではなくヨーロッパの産業美術を革新できるような一種の材料とすべきだと主張しています。

大日本ブームが起こったウィーン万博から27年，1900年のウィーン分離派第6回展「日本展」で691点が展示されました。仏教美術から工芸品，能面も出品されました。この展覧会は，多少なじみのあった日本美術をあらためて見る機会を得たウィーンの芸術家たちにとってとても有意義でした。この年に開かれたパリ万博は，全盛期であったアール・ヌーヴォーの作品が数多く展示されました。また，川上音次郎一座がアメリカからロンドンそしてこのパリ万博で大成功を収めたことも，欧米の日本文化の受容に寄与しました。

最後に写真の果たした役割についても書いておきます。1848年長崎にダゲレオタイプ（銀板写真）の写真機が輸入されて以来，日本の姿は写真に写されて

きました。それが海外へも渡りました。来日した人々の「見聞記」や「滞在記」とともに，例えば写真を使った絵はがきが日本を知る１つの手段となりました。

こうして，実際に日本を訪れる機会のなかった人々も万博や印刷物によって日本文化を知り，受け入れていったのです。

それでは，ジャポニスムの諸相をいくつか具体的に見ていきましょう。

4　ジャポニスムの諸相

印象主義 impressionnisme

パリの「カフェ・ゲルボワ」は，印象派誕生の地として知られています。そして，日本美術への並々ならぬ関心を持った人々が集ったところでもあります。第１回印象派展のメンバーでもあったエドゥアール・マネ，クロード・モネ，ポール・セザンヌ，エドガー・ドガ，カミーユ・ピサロ，オーギュスト・ルノワール，版画家のフェリックス・ブラックモン，批評家のエミール・ゾラも常連でした。印象派は，フランス絵画の旧態依然とした状態から新しい芸術の創出を模索している中で日本の美術に出会いました。特に江戸時代の浮世絵版画は，彼らに衝撃を与えました。この「浮世絵」は，いつヨーロッパにもたらされたのでしょう。

浮世絵の'発見'　1856年に日本からフランス向けて輸出された陶磁器の詰め物として使われていた浮世絵をブラックモンが'発見'したというのは伝説のようです。これ以前にすでにヨーロッパに浮世絵はもたらされていましたが，のちの熱狂とはほど遠い関心だったようです。それは，明治中頃までは喜多川歌麿や鳥居清長が１枚30銭から40銭というのが相場だったことからも分かります（今日の取引額からはとうてい考えられないような値段です。）ですから，ビングの店においてあったたくさんの浮世絵も１枚３フランから５フランという安価でした。それをゴンクール，モネやゴッホが肩を触れ合うようにして見ていたようです。ビングは1875年の初来日以来，横浜や神戸に支店を設けて浮世絵を大量に蒐集し，「浮世絵展」も開き反響を巻き起こしました。ここでは，

図Ⅰ-4-2　モネ「船遊び」

図Ⅰ-4-3　鈴木春信「蓮池船遊び」18世紀中頃

浮世絵に大きな影響を受けたモネとゴッホについて見ておきましょう。

　クロード・モネ（Claude Monet, 1840-1926），フランスの睡蓮の画家として有名です。パリのオランジュリー美術館のものがよく知られていますが，日本にも数点あります。おだやかな色調，輪郭線を曖昧にぼんやりと水面に浮かぶ睡蓮を数多く描いています。この「睡蓮」。仏教からくるイメージによって東洋的な印象を受けます。モネが後半生を過ごしたジヴェルニーの家のその庭に蓮池がありました。そこは，ところどころ日本的に造られています。池にかかる太鼓橋，藤棚，菖蒲や牡丹の花壇。家の壁には浮世絵が飾られています。モネのコレクションした200枚以上の浮世絵です。モネはこの浮世絵を様々な視点から研究します。そして独自の新しいスタイルを生み出しました。日本文化の直接的な影響が伺える，つまり見てすぐ「日本」と分かるのが「ラ・ジャポネーズ（日本の女）」（1876年，ボストン美術館蔵）です。金髪に歌舞伎の衣装のような着物を羽織ったモネの妻カミーユが手に扇子を持っています。床には花蓙が敷いてあり，壁に団扇がたくさん貼ってあります。こうした，着物を纏って日本のものに囲まれた西洋の女性

64　第Ⅰ部　人文社会系

を描くことはすでにジェームズ・マックニール・ホイッスラー「ばら色と銀色——磁器の国の姫君」(1864年)にも見られます。日本のモティーフを直接的に採用する無邪気な日本趣味という感じです。

次は、浮世絵の影響を受けて描かれたと言われる「船遊び」(1887年)を見てみましょう。一見、どこに浮世絵の影響があるのか分かりません。しかし、鈴木春信「蓮池船遊び」(東京国立博物館)をそれぞれ並べて見比べてみましょう。モネが浮世絵の構図にヒントを得ていることが分かります。また、「船遊び」では自然の中の人間という主題こそを春信の浮世絵から得ています。

図Ⅰ-4-4 ゴッホ「種播く人」

印象派は、絵の主題、モティーフ、画面構成、色彩など浮世絵から影響を受け、新たな表現を生み出しました。

同じように浮世絵に魅せられ、その模写までして研究したのがひまわりの絵で有名な画家ヴィンセント・ヴァン・ゴッホ(Vincent Van Gogh, 1853-90)です。ゴッホはオランダで生まれ、パリへ来て印象派に出会います。そして、S.ビングの店で浮世絵を熱心に見て、何枚か購入もします。それを模写したり、画中画として描きました。浮世絵を通してゴッホは日本への憧れを募らせていきます。1888年早春、ゴッホは新しい絵画の創造のために南仏のアルルへやって来ます。そこから送られた手紙には「この地方が空気の透明さと明るい色彩の効果のために僕には日本のように美しく見える」と書かれています。生涯、物心両面から支えた弟テオへの手紙にも新しく借りたアトリエの壁に浮世絵を何枚か懸けるつもりだと書き送っています。ゴッホはこのアトリエでゴーギャンと短い共同生活をします。この時に描かれた「種播く人」(1888年)は、ちょっと不思議な構図です。画面の前景右半分を梅の古木が占めています。これは、歌川広重「名所江戸百景 亀戸梅屋舗」を模写した成果なのです(「花咲く梅の木」1887年)。

図 I-4-5　歌川広重「名所江戸百景　亀戸梅屋舗」19世紀中頃

図 I-4-6　ゴッホ「花咲く梅の木」

アール・ヌーヴォー Art Nouveau

　アール・ヌーヴォーは，フランス語で'新しい芸術'を意味します。1890年代から1910年代にかけて主に工芸や建築で流行したスタイルです。この名前は，1895年パリに美術商S.ビングがそれまでの店を改装し，店名も新たに「L'ART NOUVEAU アール・ヌーヴォー」としたことに由来します。アール・ヌーヴォーは，応用美術や建築における特異なスタイルであり，バロックやロココ，あるいはイスラム美術などから影響を受けています。そして，日本の美術にも。

　S.ビングは，アール・ヌーヴォーが確立されていく過程に大きく貢献します。彼は，1875年と1880年に来日し日本の美術品を大量に買い付けパリで販売していました。ここへパリのジャポニザンたちが集いました。

　また，日本の文物を紹介する雑誌『芸術の日本』を1888-91年の3年間発行しました。全36巻の内容は，日本の建築，版画，刀，櫛，芝居といったテーマの論文と豊富な図版からなり，北斎や広重も紹介されました。フランス語の他，英語，ドイツ語でも出版されたのでヨーロッパに広く日本文化の情報を伝えたことになります。

　アンリ・ド・トゥールーズ・ロートレック（Henri de TOULOUSE-LAUTREC,

1864-1901) もこの雑誌を読んでいたようです。彼もまた，ジャポニザンであり，浮世絵をたくさん蒐集していました。中でも東州斎写楽の役者絵の寄り目で苦虫嚙み潰したような表情を自らの画面に取り入れました。ロートレックが描くポスターの人物達は独特な存在感を示しています。そのルーツが浮世絵にあります。

図Ⅰ-4-7　ガレ「鯉文花器」

図Ⅰ-4-8　葛飾北斎『北斎漫画』十三編，19世紀中頃

　フランスのアール・ヌーヴォーは，パリとナンシーで特に発展しましたが，後者で活躍したのがエミール・ガレ（1846-1904）です。アール・ヌーヴォーの代表的なガラス工芸家で，日本美術に大きな影響を受けています。ガレは，1878年のパリの万国博覧会に出品し，ガラス器と陶器の部門で銅賞を獲得しています。その時の作品が「鯉文花器」です。鯉の文様は，江戸の浮世絵師葛飾北斎の「魚藍観世音図」（『北斎漫画十三編』）より採られています。梅鉢や桜の文様も入っています。また，伊万里の絵付け磁器を写した「伊万里写し絵皿」などもあります。伊万里と言えば，マイセン。ドイツのマイセン窯は1710年に開設され，伝統的な磁器を制作するとともに東洋から輸入された磁器を写すことも行っていました。特に伊万里（有田）焼の柿右衛門や金襴手が模倣されました。このようにすでに18世紀後半から日本の陶磁器の写しはあったのですが，ガレは絵柄や技法などを咀嚼し，新たな表現の陶磁器を制作しました。また，ガレの幸運は，1885年から3年間ナンシー森林学校に留学していた農商務省の技師であった高島北海（得三）との交流です。ガレは植物学を修めていました

ので，北海から聞く日本人の自然観に共感し，蝶，蜻蛉，蜘蛛，蝙蝠など「小さきものたち」をモティーフとしました。さらに日本の茶碗や漆器を所有していたガレは，それらを「触れて愛でる」という感覚を理解し作品に反映することを試みました。茶の湯で使かわれるような焼締の茶碗にヒントを得たようなガラスの器を造っています。

　アール・ヌーヴォーの担い手は，アメリカにもいました。今もニューヨーク5番街に店を構えるティファニー宝石店の御曹司として生まれたルイス・C. ティファニー（Louis C. Tiffany, 1848-1933）です。ステンドグラスの新たな可能性を切り拓いたデザイナーです。彼は，独自にティファニー・グラス・カンパニーを設立し，経営者としても成功します。ティファニーの製品は，S. ビングの店「アール・ヌーヴォー」でも販売されました。ティファニーのデザインしたステンドグラスには，格子の向こうに見える藤の花，紅葉に囲まれた岩場の渓流が描かれ，ランプ・シェードにも竹，しだれ桜，紫陽花といった日本的なモティーフが使われています。

ウィーン分離派

　1897年オーストリアのウィーンで，時代にふさわしい芸術を求めて分離派が結成されました。メンバーは，画家，彫刻家，建築家そして工芸家といった人々です。初代会長は，画家のグスタフ・クリムト（Gustav Klimt, 1862-1918）です。ウィーン分離派は，潤沢な資金を持って拠点となる会館（「分離派館」1898年，設計ヨーゼフ・マリア・オルブリッヒ）を建て，展覧会を企画し，機関誌『ヴェル・サクルム（聖なる春）』を発行していました。この雑誌で2度にわたって日本特集が組まれ，1900年には分離派館で「分離派展第6回　日本展」が開催されました。ウィーン分離派の日本への高い関心が伺われます。特にクリムトの絵画には，日本の影響が見られます。全体として平面的で装飾的な画面。細部に渦巻文様，鱗文様を描き，屏風に貼られた金箔を彷彿とさせる画材の塗り方。クリムトは，女性を多くモティーフとしていますが，彼女たちのドレスは体に纏った時の三次元的な表現ではなく，浮世絵の女性たちの着物のように平面的に描きます。クリムトは日本美術に関する書物やコレクション

図 I-4-9　モーザー，肘掛椅子，1904年　　図 I-4-10　マッキントッシュ，ハイバック・チェア，1903年

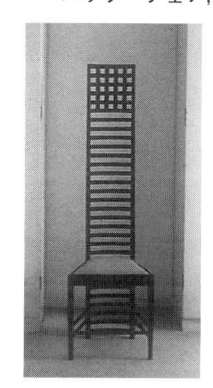

を持っており，それらを熱心に研究した結果が表れたと見てよいでしょう。コロマン・モーザー（Koloman Moser, 1868-1918）の版画やテキスタイル・パターンにも，日本の影響が如実に見られます。モーザーとともにウィーン工房を設立したのがヨーゼフ・ホフマン（Josef Hoffmann, 1870-1956）です。ウィーン工房の活動綱領（1905年）に「我々が求めているものは，日本人がずっと行ってきたことである。日本の美術工芸品の何らかのものが機械生産されたなどと一体誰が想像できよう」とあります。彼らが質の低い大量生産品を排し，良質でシンプルな手仕事による製品を造ることを目的としていたことが分かります。

　分離派展第8回（1900年）は応用美術を中心とした内容で，グラスゴーのチャールズ・レニー・マッキントッシュ（Charles Rennie Mackintosh, 1868-1928）らを招いて展示室の一室を任せました。本国イギリスよりもいち早くグラスゴーのマッキントッシュの才能を評価したのがウィーンの建築家オットー・ワグナーや分離派でした。

　マッキントッシュは建築家であり，また数多くの家具もデザインしています。彼のデザインした家具は，日本の工芸品に着想を得たと思われるものがかなりあります。ハイバック・チェアは，それまでにないプロポーションで木材を黒塗りにした直線的なデザイン。高い背もたれ（ハイバック）は，日本の抽象的幾何学文様，というと何やらしかつめらしいですが，要は縞模様と格子柄を組

第4講　芸術学　69

み合わせています。マッキントッシュの出身校でもある「グラスゴー美術学校」の新校舎の設計をしますが，その柵の一部に日本の家紋をお手本としたデザインがあります。また，校舎北向きのアトリエ空間は，格子，障子，縁側といった日本家屋の影響が伺われます。ヘレンズバラに建つ「ヒル・ハウス」を訪れた時，その広大な庭の片隅に日本風の小さな蓮池のある庭が造られているのを見つけました。マッキントッシュのデザインが日本で人気があるのも道理です。

アール・デコ Art Deco

アール・デコは，1925年パリで開催された「L'Exposition Internationale des Art Décoratifs et Industriels Modernes 現代装飾美術産業美術国際博覧会（通称アール・デコ博覧会）」の装飾美術から生まれたスタイル名です。この時期，ジャポニスムの熱狂的なブームは過ぎ去っていました。それでも，工芸品やモードの中には，まだまだその影響を見ることができます。

ルネ・ラリック（René Lalique, 1860-1945）は，アール・ヌーヴォーの時代は宝飾品を，アール・デコの時代にはガラス工芸品をデザインした工芸家です。1900年パリ万博に出展された宝飾品のモティーフは，とんぼ（「コサージュ　蜻蛉の精」）。造形的にも櫛や簪など日本女性の装飾品に着想を得ています。1905年には今も続くラリック社を設立し，コティー社の依頼で香水瓶をデザインします。これが大成功を収めたことによって，ラリックはガラス工芸家の道を歩み始めます。アール・デコ博覧会ではシンボルとなった大噴水とパビリオン，豪華客船ノルマンディー号の内装，そして朝香宮邸（現東京都庭園美術館）の正面玄関レリーフやシャンデリアなどをデザインします。

ラリック社のガラス製品，花瓶や置物には植物，魚，虫，ツバメやチャボといった日本美術でよく見られるモティーフが使われています。ちょうどこの頃ラリックは，東京白金台の朝香宮邸の仕事を手がけていたのです。一度も日本へ来たことのないラリックですが，日本への深い思いが伝わってきます。

1933（昭和8）年朝香宮邸が完成します。アール・デコ博覧会を見学された朝香宮ご夫妻が，帰国後アールデコ・スタイルの新宅を望まれました。そこで

全体の設計は，宮内省内匠寮の技師たち，内装をフランスの装飾家アンリ・ラパンが担当することとなりました。

日本に建つアール・デコの館。広い敷地と周りの木立のおかげかもしれませんが，ほとんど違和感がありません。アール・デコ・デザインのすっきりとした華やかさ，明るく軽やかな雰囲気には，日本にある美意識と相通じるものがあるのでしょう。今は，美術館となった朝香宮邸ですのでぜひいつか訪ねてみてください。

図Ⅰ-4-11　ラパン，朝香宮邸，宮内省内匠寮

図Ⅰ-4-12　ライト，帝国ホテル

朝香宮邸が完成する10年前の1923年9月1日。関東大震災当日に落成式を迎えた建築がありました。東京日比谷の帝国ホテルです。幸いにも倒壊を免れ，1967年に取り壊されるまで大勢の人々をもてなしました。このホテルを設計したのは，アメリカ人建築家フランク・ロイド・ライト（Frank Lloyd Wright, 1867-1959）でした。ライトは，ずっと日本に憧れていましたので，どれほどこの仕事が誇らしかったことでしょう。ライトは日本美術を愛し，特に浮世絵を蒐集していました。この浮世絵から多くのインスピレーションを得て，ライトは独自の有機的建築，プレーリー・スタイルを生み出したと言っています。ただ，実際には1893年のシカゴ万博（コロンビア万博）で初めて接した日本建築にかなり感化されているようです。万博会場には広大なラグーンがあり，その浮き島に「鳳凰殿」（設計　久留正道）と名づけられた日本館が建てられまし

第4講｜芸術学　71

た。宇治の平等院鳳凰堂をモデルとして，内部を岡倉覚三（天心）が校長であった東京美術学校の教授と学生が設えました。ライトは「鳳凰殿」を繰り返し訪れています。この「鳳凰殿」が帝国ホテルのデザインに大きな影響を及ぼしているのは確かでしょう。また，ライトは岡倉の THE BOOK OF TEA（茶の本）(1906年）も読んでいます。紙と木でできた世界に類を見ない茶室の「簡素清浄」（第4章　茶室）ということも彼は理解したようです。彼はもちろん，モースの『日本の住まいとその周辺』を読んでいたのでそれも手助けとなったのでしょう。

　1920—30年代のアメリカは，東海岸のニューヨークではアール・デコ・スタイルの摩天楼が次々にそびえ建ち，西海岸のカリフォルニアではインターナショナル・スタイルの住宅がルドルフ・シンドラーやリチャード・ノイトラによって建てられていました。彼らの建築の中にも日本建築の影響が見られます。

　アール・デコの時代は，女性のモードに大きな変革が行われます。ココ・シャネルが誕生した時代です。女性たちを締めつけていたコルセットがドレスから外され，より動きやすい服装がデザインされ始めました。パリのデザイナーたちは，新しいモードのために日本的な要素を取り入れます。その中で最も分かりやすいものが着物です。マリアノ・フォルチュニィの「キモノ　ジャケット」（1925年）は，和装の着物とは一見して違うのですが，生地の模様，襟のつけ方や長い袂が着物を彷彿とさせます。アメリカでも「キモノ・スリーヴ」が流行しました。アール・デコの終焉とともにモードのジャポニスムも消えてしまうのですが，1960年代に再び着物のイメージを持ったデザインが登場します。日本の衣装として欧米のモードにも影響を与えた着物。その美しさを再認識したいものです。

バウハウス Bauhaus

　バウハウスは，1919年ヴァイマール・国立バウハウス（ドイツ）として設立された美術工芸学校です。この校名は，バウヒュッテ（Bauhutte：ゴシック期に結成された大聖堂などを手がける職人の組合）に由来し，Bau（建築）と Haus（家）を合わせた語です。バウハウスは，日本近代の造形活動に絶大な

る影響を及ぼしています。初代校長のヴァルター・グロピウス（Walter Gropius, 1883-1969），3代目のミース・ファン・デル・ローエ，そしてマイスター（教授）であったヴァシリー・カンディンスキーやパウル・クレー。日本の建築家，画家，デザイナーたちが彼らの作品や思想を一生懸命に吸収しようと努めました。水谷武彦，山脇巌，道子夫妻といった日本人留学生もいました。ただ，バウハウスと日本の影響関係は一方通行ではありませんでした。バウハウスの人々も日本美術や建築に深い関心を寄せていました。

図Ⅰ-4-13 グロピウス，バウハウス校舎

　バウハウスは，グロピウスの方針によって，建築家の養成を最終目標として教育課程が組まれていました。学生は，予備過程の造形演習を経て，工房へ入っていきます。バウハウスは，優れた教育機関でもあり，さらに革新的なモダンデザインの実験場としてその成果を製品化し，市場に出すところまでを目的としました。しかしながら，新しいデザインはなかなか受け入れられず，ヴァイマール市は援助を打ち切ります。幸いにもデッサウ市が手を差し伸べ1925年にバウハウスはデッサウへ移ります。翌年にグロピウス設計の新校舎と教員住宅が完成します。早春にバウハウスを訪ねた時，マイスターたちのオフィスの廊下がまるで日本家屋の縁側のようでした。外は，零下でしたがそこはぽかぽかして暖かく感じました。グロピウスの建築は，機能的でシンプルです。彼は，日本建築の「空間と尺度」の独自性を強調して賞賛しています。その造形原理をどのように日本のものと結びつけて考えられるのか今後の課題です。

　欧米の建築における日本美術とりわけ建築との影響関係は，「ジャポニスム」を敷衍して考えていく必要があります。これについては，また稿をあらためて書きたいと思います。

図Ⅰ-4-14 ボークラー，ティー・ポット

バウハウスで日本の影響がはっきりと現れているのは，陶器工房で造られたものです。テオドール・ボークラーの「側面に取手のついたコンビネーション・ティー・ポット」(1923年) は，まさに「急須」です。釉薬の色と質感も日本の陶器を思わせます。日常で何気なく使っているこの形の急須が，このティー・ポットの存在によって，かえってそれが日本独自のデザインであったことを知らされることになります。1933年ナチス・ドイツによってバウハウスは閉校に追い込まれます。グロピウスをはじめ，多くのマイスターたちが海外へ移住し，結果として活躍の場が広がりました。14年間という短い期間でしたが，バウハウスで育まれた造形理念，美意識は今日までのデザインの大きな源流となりました。

5　おわりに

　印象派や同時代のヨーロッパの画家たちが影響を受けた葛飾北斎の浮世絵に見られる構図法「三つわりの法」(『北斎漫画三編』) は，元を正せばフランスアカデミズム絵画の透視図法にあります。つまり，絵画の透視図法がオランダ経由で蘭書の銅版画として日本に渡来し，それを北斎や歌川国芳らが熱心に研究します。また，浮世絵は，中国の影響も受けています。清国から輸入された蘇州版画などです。各国の絵画が相互の影響関係の中で成立していることが分かります。

　本講では，日本の近代において，欧米と相互に影響関係があることを述べてきました。近代以前は，多くのことをアジアの特に中国や韓国に習った (負うていた) ことも一言添えておきたいと思います。

　ある日，パリの街角で「東京製」という縦書きの黒い大きな文字が入ったジ

ャージをはいている男の子を見かけました。この場合，文字は意味よりもその形自体が魅力となってジャージの模様になっているようです。ハリウッド映画の中で日本の着物とおぼしきものをガウンのように羽織っている女優さんがいました。長い袂，文様の美しさが彼女を魅了したのでしょうか。オーストラリアのお寿司屋さんに張り出してあるメニューのほとんどが「鮭」を使っていました。これは「勘違いジャポニスム」なのかもしれません。でも，「東京」「着物」「寿司」が日本に由来していることを知るきっかけとなってくれればと思います。

　「ジャポニスム」を知ることは，日本文化を見つめ直す機会ともなります。さらに「ジャポニスム」について考えていると，そのうち「日本的なもの」がいったい何であるのかというそもそもの問いが浮かんできます。直線的でシンプルで洗練されたデザインを見るとついつい「日本的」だと思いたいのですが，それは，日本側から見た'ひいき目'であるかもしれません。「日本美のプロポーション」「日本的な空間構成」といった表現は，実は感覚的で曖昧であるのかもしれません。何を以てして「日本的」なのでしょう。日本は，どのような国なのでしょうか。

　国というものは武力によっては滅びず，その国の言葉や文化を奪った時に滅びてしまうものです。私たちは，自国の文化の歴史を知り，それを大切に思い，伝統の継承とともに現状を見据えての次なる「日本的なもの」を創造していかなければなりません。私達が文化を大事にすることを自覚するならば，おのずと世界各国の文化を尊重せずにはいられません。

　文化の1つである視覚芸術の過去から現在までを読み解くこと，つまり，視覚芸術史のリテラシーは，私たちのそうした未来の創造に欠かせないものです。

(岡山理香)

第 5 講

倫理学──私とは何か

1 倫理学が対象にすることとしないこと

倫理学って，善いことを探究する学問なの？

「倫理」という言葉には，どこか口うるさい響きを感じませんか。「ゴミを捨てるな」「環境のためにエアコンを消せ」「病院で携帯電話を使うな」。どの主張も正しい。どの主張も善いことを述べている。でも，そんな正しさや善さを他人から口うるさく言われたくはない，と思うのが普通でしょう。正しさや善さを盾に命令されると，「この世に絶対的に正しいことなんてない」「善さは人それぞれ」と嘯いてみたくもなります。

もちろん，倫理にそのような側面があることは確かですから，倫理を探究する学問，すなわち倫理学（ethics）は，正義や善を研究対象にします。「正義や善とは何か」「何が正しく，何が善いのか」といった問いは何となく胡散臭いですが，それを考えるのが倫理学です。でも，最初に断っておきますが，それはあくまでも狭義の倫理学のイメージにすぎません。倫理学は正しさや善さばかりを研究するわけではありません。逆説的に聞こえるかもしれませんが，むしろ不正や悪こそすぐれて倫理学的な課題なのです。殺人，暴力，詐欺，差別，裏切り，不倫，非寛容，格差，不自由，抑圧。こういったネガティヴな課題が表立つ時に，世間では倫理学の必要性が声高に叫ばれます。

以上は，このように言い換えられます。道徳的な（moral）ことはもちろん倫理学の課題であるが，しかし同時に，不道徳的な（immoral）ことも倫理学の課題なのだ，と。そしてここからさらに先へ一歩進んで考えると，倫理学は「道徳／不道徳」の領域は扱うが，非道徳的な（amoral）ことは扱わないと言えます。「非道徳的＝アモラル」とは，道徳的でも不道徳的でもないこと，もはやモラリティが圏外になった状態を指します。では，「不道徳」と「非道徳」の違いは何なのでしょうか。簡単に言えば，それは複数の人間が関与するか，しないかの違いなのです。

人間学としての倫理学

　倫理学は哲学（philosophy）の一分野です。哲学は，すべての学問の中でおそらく唯一，研究対象が限定されていない学問です。古今東西の森羅万象，何を研究してもいいのです。こんなに自由な学問は他にありません。ただ哲学には哲学たるための要件が1つだけあります。それは，どんな対象でもいいから，自分の頭で徹底的に考え抜くことです。哲学で大事なのは対象ではなく，その対象に向かう姿勢だと言えるでしょう。

　倫理学も哲学の一分野だと言いました。ですから，倫理学においても当然「自分の頭で考え抜く」姿勢が求められます。倫理学は，誰かから「していいこと／してはいけないこと」を教わるのが目的ではありません。はっきり断言しておきますが，誰かが一方的に教えることを覚えるだけの倫理学はニセモノです。それは哲学の原義に反しています。倫理学のリテラシーは，善いことが何かを覚えることにあるのではなく，なぜそれは善いことなのか，本当に善いことなのかと疑いながら，ならばああか，それともこうか，と自分で考えることにあります。その結果，複雑に対立する価値や規範の中で，自分がどういった考えの持ち主なのかが客観的に把握され，社会における自分の立ち位置が見えてくることが大切なのです。

　ところで，「善い／悪い」「正しい／正しくない」といった事柄は，人間がいなくても成立するでしょうか。答えは，否です。もし人類が全滅したら，あるいは全滅しないまでも自分一人しか生存していないならば，善いも悪いもあり

ません。無人島に自分一人だけがたどり着いて，その島の動植物を食い尽くしても善いのか，と自問しても意味がありません。それは「非道徳的＝アモラル」なことなのです。人間が複数いるからこそ，価値観のせめぎ合いが起こり，そこに道徳や不道徳が生まれます。倫理学は，要するに，人間が絡む限りの問題すべてを扱う哲学のことです。もっと端的に，倫理学は人間学だ，と述べることもできるでしょう。これが広義で捉えた倫理学です。

語源から考える

　語源からも考えておきましょう。「倫理学」は英語でエシックスと言い，エシックスはギリシア語のエートス（ēthos）に由来します。「エートス」は日本語には訳しにくい概念ですが，慣習，習性，しきたり，気風，性格などを意味する言葉です。ある地域やある時代，あるいはある個人を規定する価値の特徴，それがエートスです。このエートスは，人間がいるから生まれるのであり，人間がいなければ存在しません。ここからも倫理学が人間学であることが理解できます。

　漢語としての語源も考えておきます。「倫理」の「倫」は仲間，人間関係を意味し，「理」はことわり，筋道を意味します。誰が仲間で，誰が仲間でないかは，文脈によってその妥当範囲が様々に変化しますが，少なくとも確かなことは，複数の人が共有することわりが「倫理」なのですから，ここからも人間が存在しなければ倫理はないことが帰結できます。日本を代表する倫理学者である和辻哲郎（1889-1960）は，倫理は「人の間」において成立するとし，「人間の学としての倫理学」を主張しました。

　本講では，倫理学を広義に解釈しながら，人間を考える上での基本的な問いである「私とは何か」を取り上げます。これから述べることは，あくまでも本講の執筆者が考えたことの軌跡にすぎません。肝要なのは，その軌跡を鵜呑みにするのではなく，ここで述べられていることは本当なのかと疑いながら，自分の頭で徹底的に考えることです。それが哲学／倫理学のリテラシーなのです。ですから，皆さんが本講の内容から自分の足で一歩前へ踏み出せた時，この講義は真の意味で終わることになるでしょう。

2　世界で最も確実な「考える私」

　近代哲学はルネ・デカルト（René Descartes, 1596-1650）とともに始まります。デカルトは，すべての哲学的問題の出発点に「コギト（考える私）」を据えました。そのために，デカルト以降の哲学／倫理学者は，この出発点を常に意識し，デカルトとの格闘から自らの思考を組み立てました。その死闘の果てに見えてきたことは，デカルトが用意した問題設定が，独我論へと行き着く可能性を多分にはらむということでした。独我論はアモラルであり，そこに倫理は存在しません。なぜなら複数の人間がいて初めて倫理が成立するということは，私以外の他者がいることが前提になりますが，独我論の世界には唯一の私しか存在しないからです。では独我論を回避する道は残されているのでしょうか。この検討をする前に，まずはデカルトの問題提起を把握しておきましょう。

最も確実なことは何か

　この世の中で最も確実なことは何でしょうか？　様々な知識を取り上げながら，その確実性を検証してみましょう。「富士山の高さは3776ｍである」は確実ですか？　誰かが山頂に石を積み上げたり，風雨によって山頂の岩が削られたりしたら，高さは変わってしまいます。したがって，最も確実とは言えません。「電車の運転手は安全運転をしてくれる」。これはどうでしょう。JR福知山線の脱線事故を知る私たちは，この命題を最も確実なものと受け取ることはもはやできません。

　ではもう少し哲学的な命題「他人にも心がある」は確実ですか？　私が自分の心を知る知り方と私が他人の心を知る知り方とは明らかにアプローチの仕方が異なります。となると，前者の知り方の確実性から，後者のそれを導出することはできません。実は，他人にも心があることの証明は，かなりの難問です。ならば「私は死ぬ」はどうか。これは最も確実に思われますが，私は本当に自分が確実に死ぬことを知りうるでしょうか。死が訪れるまで私は自分の死を知らず，死が訪れた時，もはや私は存在しないのですから，私は自分の死を経験できません。これはエピクロス（Epikouros, B.C.341-270）の有名な洞察ですが，

もしこれが正しいのならば，私は自分の死の確実性を主張できません。

デカルトの方法的懐疑

　学問は，確実な知識の積み重ねであると私たちは信じています。しかし突き詰めてみると，すべての学問の基盤はあやしく，まるで砂上の楼閣のようだ，とデカルトは考えました。だとしたら，ありとあらゆる知識を一度徹底的に疑ってみて，最も確実なことを見極める必要があるのではないか。そして最も確実なこと，デカルトのよく使う表現を借りれば「明晰で判明に知られる真理」をまず探し出し，それを基盤にすべての学問を根拠づけようではないか。デカルトはそう宣言します。

　最も確実な真理に到達するための方法として，すべての物事を疑うことを「方法的懐疑」と呼びます。方法的懐疑は，疑うために疑うのとは違い，学問として疑うことですから，何らかの規則に則って疑う必要があります。その規則は，デカルトによれば，以下の4つを遵守すれば十分です。1つ目の規則は「明証性の規則」と呼ばれるもので，明晰かつ判明に現れるもの以外は一切受け入れないという規則。2つ目は「分析の規則」で，どんな問題であれ，それを研究する際には，できる限り多くの小部分に分割するという規則。3つ目の規則は「総合の規則」で，分析の規則に従って一度小分割したものを今度は順序立てて組み立て直す規則です。そして4つ目は「枚挙の規則」と呼ばれ，以上の手続きにおいて見落としがなかったかどうかを検証する規則です。

　デカルトは，疑うための準備をこのようにしてから，まず感覚を疑います。確かに，私たちの五感からくる知識は往々にして不確実です。見間違いや聞き違いは日常茶飯事ですし，アボガドを大トロと間違えたりすることからも分かるように味覚もあてになりません。硫黄の匂いを卵が腐ったと錯覚するのは嗅覚が不確かな証拠ですし，触覚だって人工皮革を本革の手触りだと思い込むことがあるように，すぐに騙されます。感覚が不確かということは，単に日常生活における知識が不確実だというだけに留まりません。その不確実さは科学的知識にまで及びます。というのは，科学の観察や観測は人間の視覚を通して行われることからも分かるように，科学的知識はどうしても感覚に依拠するから

です。

　自然科学に分類される学問の中でも数学の知識は，経験的ではありません。つまり感覚に頼りません。ならば，数学的知識は確実なのでしょうか？　デカルトによれば，答えは否です。数学（幾何学）においてさえ，人は最も単純な証明を間違えたり，誤謬推理をしてしまうことがあるからです。と，このように次々と私たちの知識の不確実性を挙げ連ねながら，最後にデカルトは，精神に入ってくる一切のものが実は疑わしい，と主張します。なぜなら，目覚めている時に抱くのと同じ考えが夢の中でも現れることがあるため，もしかしたらいま感じている一切のものは夢や幻影かもしれないからです。

我思う，ゆえに我あり
　しかし，とデカルトは続けます。ありとあらゆることを疑っているその時，その疑っている私がいることは疑いえないのではないか，と。このことは，何を疑っているかに関係なく，また，疑いの対象が現実か夢かに関係なく，主張可能です。なぜなら，ここで「疑いえない」とされるのは，世界を記述する知識ではなく，世界や知識を考える私であるからです。そして導き出されるのが，有名な「我思う，ゆえに我あり（Cogito, ergo sum）」という真理なのです。デカルトは，この「我思う，ゆえに我あり」を哲学の第一原理と呼び，誰もが揺るがすことのできない，最も確実な真理であり，これがすべての学問の出発点だと主張します。果たして，この真理は本当に疑いえないか，考えてみてください。

　取り敢えず，今ここで確認しておくべきことは，次のことです。最も確実なものは，世界の側にはなく，考える私（cogito）の側にあり，「コギト・エルゴ・スム」は一人称形で表現されているということです。「コギト」はラテン語の「考える（cogitare）」という動詞の一人称形，「スム」は「存在する（esse）」という動詞の一人称形であり，デカルトは非人称形（不定詞形）や三人称形で真理を述べてはいないのです。

3　私があることと私であること

デカルトの主張は後でまた振り返るとして，少し視点を変えて，私とは何かを考えていくことにしましょう。

谷川俊太郎と寺山修司の問い

皆さんは谷川俊太郎（1931- ）をご存じですか。『二十億光年の孤独』『ことばあそびうた』などの独特な詩集で知られる，現代を代表する詩人です。「鉄腕アトム」の主題歌の作詞者としても有名です。では，寺山修司（1935-83）はどうでしょうか。ご存知でしょうか。俳人，歌人，詩人，劇団主宰者，競馬評論家など，1つの肩書に収めきれない活躍をした，マルチな才人です。ちなみに寺山は「あしたのジョー」の主題歌を作詞しています。

この2人が，寺山の死の直前に，当時発売されたばかりの家庭用8ミリビデオを使って自分の思うままの映像を撮影し，それを交換し合う「ビデオ・レター」（1982-83年）という作品を残しました。内容は多岐にわたり，映像も実に詩的で，簡単に紹介できるものではありませんが，その中で「私とは何か」をめぐって映像が交換される箇所がありますので，その場面のさわりだけを紹介しましょう。

想像してみてください。画面には絨毯が映し出されます。谷川が自分の家の天井にビデオをつるして撮影したものです。谷川は「これは，私の絨毯です」と呟きます。そのあと絨毯に電池が投げられ，今度は「これは，私の電池です」。次は巻尺で「これは，私の巻尺です」。様々なものが次々と投げ出され，その度にそれが「私の○○です」と紹介され，画面には投げ出されたものが山積みになります。谷川はだんだんエスカレートしていき，自分の履いていたシャツ，ズボン，ベルト，パンツまで投げ出してしまいます。最後に大きなブルーシートでそれらがすべて隠され「これは私の青空かもしれない。私は，誰でしょう？」と問いかけて，映像は終了します。

その映像を受け，寺山はこのような映像を撮影します。画面には原稿用紙に書かれた「寺山修司」の文字。「これは僕なのか？　いや，これは原稿用紙に

書かれたただの4つの文字である」と寺山は呟きます。次は自分の写真が映され「じゃ，これは僕なのか？ いや，これは1枚の写真である」。そのような試みがいくつか続いた後で，寺山はこのように言うのです。「たぶん，僕は日本人である。たぶん，僕は青森県人である。たぶん，僕は詩人である。たぶん，僕は谷川俊太郎ではない。（中略）たぶん，僕は独身の男である。たぶん，僕は一人息子である。たぶん，僕は肝臓病患者である。たぶん，僕は地球人である。どれがいちばん正しいのか？ 決めかねているのが僕自身というわけか？」。

存在と本質

　ここから何が言えるかというと，私とは「私は〇〇です」のように記述でき，その「〇〇である」の集合体がすなわち私ということです。この「〇〇」は，ラテン語でペルソナ（persona）と呼ばれます。パーソンやパーソナリティの語源となる言葉で，元々は舞踏の際につける仮面を表しました。私は，つまり，時と場所によって様々なペルソナ（仮面）を使い分けて生きているのです。その数あるペルソナの中のどのペルソナが正しいペルソナなのかと寺山は問うわけですが，若者が職を転々とするのは，まさにどこかに「正しい私」「本当の私」があるとの思いにつかれているからでしょう。

　と，ここまでは心理学などでもよく取り上げられる話ですが，考察すべき問題はその先にあります。「私＝ペルソナの集合」と仮定して，そのようなペルソナを集めれば，本当に私の存在は解明されるのでしょうか。「〇〇である」の言語形式で表現されるものを哲学／倫理学では「本質」と呼びます。それに対して「〇〇がある」で規定されるものが「存在」です。「存在と本質」と日本語で表現すると両者はまったく別種に思われますが，西洋語では同起源の言葉であり，存在はラテン語のエッセ（esse），本質はエッセンティア（essentia）に由来します。存在を「がある存在」本質を「である存在」と訳し分ける研究者もいます。しかし，語源の話はともかく，「私があること＝私の存在」は「私であること＝私の本質」とはたして同じでしょうか。両者の関係性を考察していきましょう。

小林秀雄の驚き

　評論家の小林秀雄（1902-83）が，デビュー作である『様々なる意匠』で興味深いことを述べていますので，引用します。「人は様々な可能性を抱いてこの世に生れて来る。彼は科学者にもなれたろう，軍人にもなれたろう，小説家にもなれたろう，然し彼は彼以外のものにはなれなかった。これは驚く可き事実である」。ここでの「彼」は「人」を指しますので，一人称から人を捉えて「私」に置き換えることもできるでしょう。とすると，小林がこの箇所で述べる「驚き」とは，「私が私以外のものにはなれない驚き」です。これは，私が他の存在に置換不可能であることの驚き，私の存在への驚きなのです。

　ペルソナとしての私，つまり私が「○○であること」は，時や場所が変われば失われたり，また逆に生まれたりします。恋人 A さんと別れれば，「A さんの恋人としての私」は失われ，新しい恋人 B さんと付き合えば「B さんの恋人としての私」が生まれます。それはちっとも不思議なことではありません。不思議なのは，A さんの恋人であろうが，B さんの恋人であろうが，誰かの恋人である私があり続けることなのです。難しく言い換えれば，私の本質の変化に関係なく，私の存在の不変性が保たれていることが不思議なのです。さらに，その私の存在は，他の誰かの存在には決して置き換われないものとして常にある，それが「驚く可き」ことなのです。

サルトルの考える実存と本質

　存在と本質の関係について，別の哲学者の言葉も参照しましょう。実存主義を唱えたサルトル（J. P. Sartre, 1905-80）は，「実存は本質に先立つ」という有名な文言を残しました。「実存（existence）」とは，「人間が存在すること」を意味します。存在するものは世界にたくさんあります。ハサミ，椅子，雲，火星，鉱物，ミドリムシ，猿などなど。しかし人間の存在は，人間以外のものの存在とは，何かが異なります。この差異を強調する時に「実存」という言葉が使われます。サルトルの先の文言は，ですから，「人間の問題として存在と本質を考えた場合，存在は本質に先立つ」と解釈できます。

　サルトルがこう説くのには理由があります。ハサミ，ストーブ，自動車など，

道具の場合は関係が逆で「本質が存在に先立つ」からです。例えばハサミは，ものを切る本質のためにハサミが存在するのであり，逆ではありません。自動車も，速く移動する本質のために自動車が存在します。ですから，切れなくなったり，動かなくなったりして，その本質が失われたら，道具は存在する意味を失います。ものを切る必要がない時や速く移動しなくてもいい場合，道具は存在しようが，しなかろうが，どうでもいい存在です。

　でも，人間は異なるわけです。人間はまず存在します。それも他の存在物とは異なった仕方で，つまり，自らの存在を意識しながら存在します。そして存在することで自らの本質「○○であること」を，時に能動的に時に受動的に獲得してきます。その本質が様々に流転変化し，生成消滅しても，存在はあり続ける。それが人間の特徴なのです。どうやら私があることは，私であることの集合では汲み尽くせないことが見えてきました。では，私はどのようなあり方をしているのでしょうか。

4　世界の中心はどこか

　世界の中心はどこでしょう？　政治や経済に関心がある人ならば「アメリカ」と答えるでしょう。サッカー好きならば「ブラジル」でしょうか。でも考えてみると，アメリカに行こうが，ブラジルに行こうが，それとも日本にいようが，その世界は常に私から開けています。ならば，世界の中心は私ではありませんか？「世界は私から開けるというあり方」は，私があることを考える上で重要なヒントを与えてくれます。以下では，5つの私の意味を整理しながら，世界と私の関係性を記述してみます。

①自己としての私

　世界には何十億もの人間が存在しますが，その誰もが自分のことを一人称で名指し，理解しています。つまり，誰もが「自己（self）」を持つわけです。この自己の意味で「私」を捉えることができます。「一般名としての私」と言うことも可能でしょう。「私」とは人間の数だけあるのですから，**図Ⅰ-5-1**

図Ⅰ-5-1

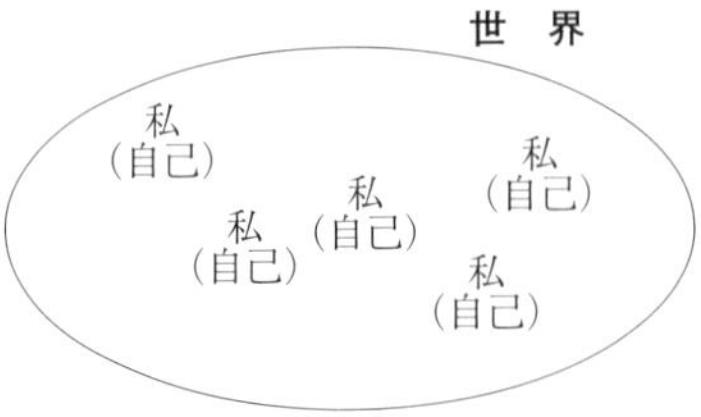

世界
私（自己）
私（自己）
私（自己）
私（自己）
私（自己）

のように私と世界の関係は描出できます。

すべての私が同じ価値づけをされているため，この視座は中和的ですし，マクロ（鳥瞰）的です。特定の人の視座から世界を眺めておらず，言わば映画のカメラのように世界を捉えるわけです。このような視座は現実にはありえません。が，ありえないからこそ，ある意味で客観的に私の一般性を記述できます。

例えば脳科学は，脳の機能や構造から私の意識（自己意識）の問題を解明しようとしますが，それによって解明される私とは，特定の人物の私ではありません。すべての人に当てはまる私です。ですから，誰かがそのような研究に協力して被験者になるとしても，その人でなければダメということはなく，一定の条件さえ満たせば誰でもよく，別の人に置換可能です。自己としての私は，置換可能な私でもあります。

②**固有名としての私**

ところが，すべての人が「私」で自己を名指すとしても，現実的には各人がそれぞれの固有名を持ち，他とは置き換え不可能で，固有な自己を生きています。この固有名の意味で「私」を把握することができます。「固有名としての私」をもとに，私と世界の関係を描出すると図Ⅰ-5-2のようになります。この場合，視座はそれぞれ特定化されています。それが図Ⅰ-5-1との相違点です。「特定化される」とは，それぞれの私がそれぞれの視座と分かち難く結びつき，相互に置換不可能ということです。「相互に置換不可能」は他我問題では重要な意味を持ちます。脳移植の例でその意味を考えてみましょう。

例えば，「千葉Ｎ樹」という固有名の人物と「富田Ｓ伍」という固有名の人物がいるとします。もし千葉さんの脳を富田さんに移植すれば，千葉さんは富田さんの思考や感情を理解できるでしょうか？ 移植して理解できるのは，富田さんの身体を通して感じる千葉さんの思考や感情ではないですか。では千葉さんの脳と富田さんの脳をつなげたらどうでしょう。つなげてもやはり，富田

さんの思考や感情を，千葉さんが理解するだけでしょう。もし千葉さんが富田さんの思考や感情を直接理解できたとしたら，そこには富田さんがいるだけで，もはや千葉さんはいないはずです。紙幅の関係で詳論できませんが，特定の人物が固有名を担い，その名のもとで「私」を捉える時，他の多くの私とは置換不可能な，特定の視座が論理的に要請されてきます。

図Ⅰ-5-2

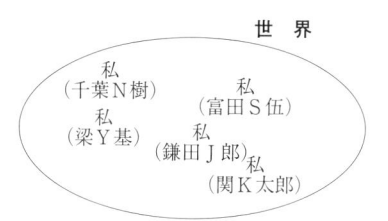

世界
私（千葉N樹）
私（富田S伍）
私（梁Y基）
私（鎌田J郎）
私（関K太郎）

図Ⅰ-5-3

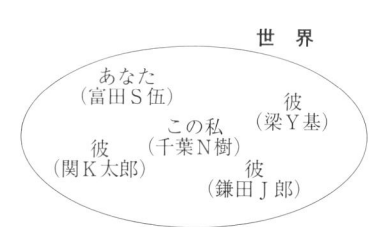

世界
あなた（富田S伍）
彼（梁Y基）
この私（千葉N樹）
彼（関K太郎）
彼（鎌田J郎）

③世界の唯一の中心としてのこの私

「世界は私から開けるというあり方」を問題にする時に重要なのは，その「私」は世界で唯一のものだということです。世界は，②で今見たように，固有名を担う人物で満たされていますが，「私」はその中でたった一人の人物であり，それ以外の人物は「あなた」「彼／彼女」として現象します。中心は複数ありませんし，中心は他と置き換わることもありません。「私」のみが唯一，常に中心を担う存在なのです。そこで，「唯一性を担う私」をこれまでの私とは区別して「この私」と呼ぶことにしましょう。その場合，**図Ⅰ-5-3**のように描けます。この図は，千葉N樹さんの視座に基づいています。

この「唯一性」の概念は，人文科学では特に重要です。自然科学で求められる知識は，基本的に，時と場所を問わずに反復（再現）可能です。反復（再現）可能だからこそ，その知識は普遍妥当性を持つわけです。しかし，世界には再現不可能な，たった1度の出来事がたくさんあります。1人1人の人生は決して繰り返せません。小説はそれがフィクションであれたった1度の物語を描き，歴史はすべて1回性の出来事の記録です。人文科学では，反復不可能な，唯一の出来事が研究対象になります。この私と世界の関係性の解明は，自然科学を超えた課題なのです。

5　はたして，私はあるのか，ないのか

　前節で唯一性について触れたので，少し整理します。「この私があることの唯一性」と「この私であることの唯一性」は異なります。前者は，この私の存在規定，後者はこの私の本質規定になります。後者の規定は，この私が持つ本質の集合，つまり「○○であること」の集合が，あなたや彼／彼女らが持つ「○○であること」の集合のどれとも異なっていて唯一のものだという意味です。これは「余人をもって代え難い個性を持つ」とも換言でき，特に目新しいことではありません。本講で問題にしているのは前者，存在規定です。では，「この私があることの唯一性」はどのように描けるのでしょうか。

④世界の現れとしてのこの私

　③で私たちはすでに「世界の唯一の中心としてのこの私」にたどり着いたわけですが，この私は本当に世界のど真ん中にあるのでしょうか？　20世紀を代表する哲学者ウィトゲンシュタイン（Ludwig Wittgenstein, 1889-1951）が，『論理哲学論考』という一見謎めいた本の中で興味深い主張をしているので，参照してみましょう。

　「私（Ich）は私の世界である。（中略）思考し表象する主体は存在しない。『私が見出した世界』という本を私が書くとすれば，（中略）その本の中で論じることのできない唯一のもの，それが主体なのである。主体は世界に属さない。それは世界の限界である」（5.63～5.632）。

　どうでしょうか？　何を言おうとしているのでしょう？　ここで「主体（Subjekt）」という難しい概念が出てきますが，文脈から考えて，ここでは私の能動的側面を指すと考えてください。要するに，客体的に捉えられた私ではない，ということです。

　例えば，こんな思考実験をしてみましょう。どのくらいの縮尺でも構わないのですが，ある縮尺で，世界のすべてを完全に写し取る世界地図を私が描くとします。ある時点で，オバマ大統領がホワイトハウスで入浴していたら，それを正確に写し取ります。大統領愛用の石けんの種類や色，形も正確に描きます。

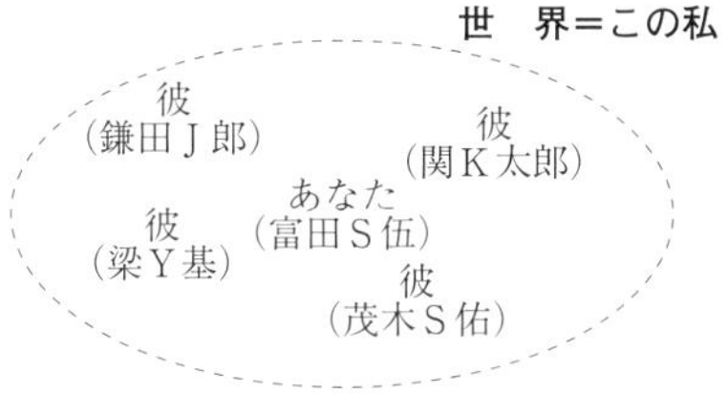

夫人のミシェルが隣室でテレビを見ていたら，それも正確に写すのです。そのようにして，世界の国々で起きているすべてを写す地図がもし完成したならば，その地図の中に私は属しているでしょうか？

図Ⅰ-5-4

世　界＝この私
（鎌田 J 郎）彼　　彼（関 K 太郎）
　　　　あなた
彼（梁 Y 基）　（富田 S 伍）
　　　　彼（茂木 S 佑）

　私は地図を描いている当人です。ですから，もしその地図の中に私を描くとすれば，描かれた私の手元には，描かれている当の地図をさらに縮尺した地図を描かなければなりません。それだけではなく，さらに縮尺された地図に描かれた私の手元には，それよりもさらに縮尺された地図を描き，とこの話は無限後退していくことがすぐに判明するでしょう。この思考実験において，世界地図に対して唯一客体になれない存在，つまり地図に描けない存在がいます。それが地図を描く能動的な私なのです。「私（主体）は世界に属さない」。ウィトゲンシュタインの主張が少し見えてきたでしょうか。

　以上を図式化するのは無謀なのですが，敢えて試みれば図Ⅰ-5-4になります。この私は世界の中に属していないため，世界の枠内にはもはや存在しません。世界の中には，私以外の人物，あなたや彼／彼女のみが属しています。私はむしろ，世界の現れそのものを成り立たせる存在ですから，世界の境界線と一致します。境界線が点線で描かれているのは，ウィトゲンシュタインの「視野のうちに視野の限界は現われない（6.4311）」等の主張を受けて，虚の限界を表すためにそうしてみました。「虚の限界」とは，点線で描かれた枠の外部は実際にはないが，点線を描いておかないと世界がどこにあるか分からないので仮に描いてみたという意味です。この視座は，唯一の特定化された視座に基づき，かつ，世界に属していません。話がかなり抽象的になってきましたが，あと少しだけ続けます。

⑤広がりを欠いた点としてのこの私？

　④で描かれた図は，実は独我論（solipsism）を表しています。ウィトゲン

シュタインも，先に引用した5.63の前の5.62で「独我論の言わんとするところはまったく正しい」と論じてから世界に属さない私について思考しているのです。独我論とは，存在するのは私とその意識内容だけであり，他者や事物はすべて私の意識内容にすぎないとする考え方です。図Ⅰ-5-4を見れば分かるように，この私がすなわち世界であり，この私の中にすべての他者や事物が収まってしまうのですから，そこに倫理はありません。アモラルです。これは，極端な主観的観念論（idealism）と言えます。

と，それだけで終わるならば，哲学／倫理学の言わば正統な解釈なのですが，ウィトゲンシュタインの面白いところは，観念論が極端な形（独我論）にまで行き着いてしまうと，観念論とは正反対の立場である実在論（realism）と一致してしまう，と指摘している点です。実在論は，世界の事物や他者が私とは独立に存在するという立場です。引用してみましょう。「独我論を徹底すると純粋な実在論と一致することが見てとれる。独我論の私（Ich）は広がりを欠いた点にまで縮退し，私に対応する実在が残される（5.64）」。

考えてみると，独我論の私は，世界のうちに唯一ある存在ではなく，世界として唯一ある存在なのですから，それを「私」と呼ぶ必然性はもはや失われています。私と世界は異なる存在で，両者に距離があるからこそ，その関係性を問うことに意味があるわけですが，その前提が崩れているからです。この問題を回避するためには，この私を世界とは別のところに確保しておく必要があります。それを念頭に描いたのが図Ⅰ-5-5です。

図Ⅰ-5-5では，この私は世界と一致せず，そこから一歩手前に，凹レンズの虚焦点のように後退しています。これが「広がりを欠いた点にまで縮退」の意味です。この虚焦点を確保することで辛うじて，この私と世界は別の存在になり，その関係性への問いが意味をなしてきます。しかし，この私は，あってないような点なのですから，それに意味を見出さなければ，私に対応する世界のみがただ残る実在論に近づくわけです。

「広がりを欠いた点にまで縮退」した私は，意味がないと言えば意味がないかもしれません。がしかし，それは言わば世界から超越する地点に位置するからこそ，逆に世界を統べることが可能になります。図Ⅰ-5-5の視座は，唯一

性に基づき，かつ，世界を超越する視座になります。本講では詳細に論じられませんが，カント（Immanuel Kant, 1727-1804）はそれを「超越論的統覚（transzendentale Apperzeption）」と呼びました。「超越論的」とは，「経験的出来事が生じる場，つまり世界の枠を超えている」の意味であり，「統覚」とは「すべての知覚や表象を統べる（統一する）もの」の意味です。デカルト以降の哲学／倫理学者は，以上見てきたような形で，コギトを世界から超越する位置にまで押し上げてきたのです。

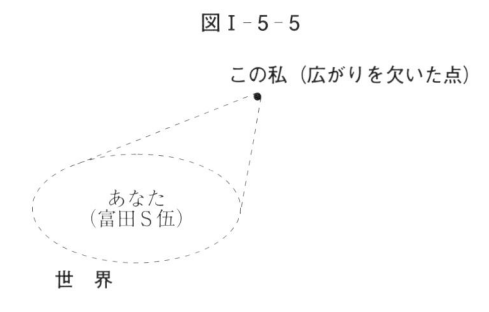

図Ⅰ-5-5

この私（広がりを欠いた点）

あなた（富田S伍）

世　界

6 終わりの手前で

　デカルトは近代の出発点にコギトを据えました。これはとても大きな出来事でした。語弊を恐れずに言えば，最も確実なものを一人称形で表現するということは，それまで最も確実であった神を，私の内に引きずり込むことでもあったからです。ところが皮肉なことに，デカルト以降，いく多の哲学／倫理学者が思考に思考を重ねて行き着いた果ては，今度は私を世界から超越する位置にまで押し上げること，つまり神の居場所に戻すことでした。私が唯一なものと捉えられ，かつ，世界から超越してしまうと，大きな問題が残ります。それは倫理がなくなるということです。机上の思考において倫理がなくなっても，倫理＝エートスは現実的には人と人との間に常にあります。その懸隔をどう埋めればよいのでしょうか？

　この問題に対し近現代の哲学／倫理学者がいかに格闘したかを，最後に日本に眼を遣って簡単に紹介しておくことにしましょう。日本の代表的な哲学者である西田幾多郎（1870-1945）は，主著『善の研究』の序で次のように述べます。「個人あって経験あるにあらず，経験あって個人あるのである，個人的区別よ

り経験が根本的であるという考から独我論を脱することができ」る，と。西田は，西洋哲学／倫理学がはまった独我論を批判し，私などの人称よりも経験が先立つという発想から「善の場所＝倫理の場所」を確保しようとしました。一方，倫理学者の和辻哲郎は，『倫理学』の序論の冒頭で「倫理を単に個人意識の問題とする近世の誤謬から脱却すること」が本書の試みの意義であると述べ，倫理を「間柄＝複数の一人称の間」にすでにあるものと規定することで，倫理をすくい出そうとしました。デカルトの一人称の真理に対して，西田は非人称の真理を，和辻は一人称複数の真理を主張して倫理を確保しようとしたわけです。

　さて，もう終わりの一歩手前まで近づきました。でもまだ終わりではありません。思い出してください。本講の最初に，哲学／倫理学のリテラシーは，「自分の頭で徹底的に考えること」だと言いましたね。ですから，本講の内容にただうなずくのではなく，自分の頭で「私とは何か」を考え，どうぞこの内容への積極的な批判を試みてください。それが終了のための最終課題です。それができた時，この講義は真の意味で終わりになるのです。

（山本史華）

第6講

心理学——こころと行動

1 心理学とは

心理学の研究対象

　心理学とはどんな学問なのか，多くの人は大学に入学して初めて心理学に触れるために，ある意味，大きな期待を持っているように思います。例えば，心理学を学べば，自分や他人の「こころ」が分かるようになるのではといった期待です。しかし，実際に心理学の授業を受けてみるとネズミやハトの実験ばかりでどうも何か違う，なかなか「こころ」が見えてこないといった感じを持たれた方も多いように思います。実は私自身もその1人でした。

　その原因はどこにあるのか考えてみると心理学の研究の対象についての認識のズレなのではないかと思っています。つまり，一般の人々は心理学の研究の対象を「こころ」に決まっていると感じていると思いますが，実はちょっと違います。心理学の研究の対象は少なくとも直接的には「行動」なのです。何か不思議な感じがするかもしれませんが，そうなってしまった経緯を初めにお話します。

　「心理学の過去は長いが，歴史は短い」という言葉があります。心理学が独立した学問としてスタートしたのはそれほど古いことではなく，19世紀後半のことです。国際心理学会ではドイツのライプツィヒ大学にヴント（W. Wundt,

1832-1920）が「心理学実験室」を創設した1879年を心理学の誕生としています。もちろん，それ以前も古くはギリシャの時代から「こころ」や人間のことは論じられてはいました（過去は長い）。しかし，ただ「こころ」を思弁的に論じるのではなく，実証的に「こころ」を研究しようとしたのはこの時からなのです（歴史は短い）。

　ところが，心理学はすぐに壁にぶつかってしまいました。なぜならば「こころ」を実証的に研究するためには，その「こころ」を直接観察しなければいけません。しかし，「こころ」は直接観察できるでしょうか。私たちは自らの「こころ」や意識の動きを実感しているので，「こころ」の存在を自明のことと思っていますが，実は自分以外の他人の「こころ」を見ることはできません。ひょっとすると自分の「こころ」さえ客観的に捉えることはできないような気もしませんか。そもそも「こころ」はどこにあるのでしょうか。「失恋してこころが張り裂けそうだ」といって胸を押さえる人がいますが，もちろんそこに「こころ」はありません。

　私たち現代人は，「こころ」の所在地はどうやら脳であると思っています。しかし，脳を取り出してみてもやはり「こころ」は見えないのです。脳のニューロンの活動はある程度捉えることはできても，残念ながら「こころが張り裂けそうになっている」という人の「こころ」そのものを見ることはできないのです。

　そこでスタートしたばかりで壁にぶつかってしまった心理学は研究の対象を「こころ」から「行動」に変更したのです。「行動」ならば，「こころ」と違って直接観察できます。失恋して泣いたり，落ち込んだりしていることはすぐに観察できます。「行動」ならば色々な条件のもとでのデータを集めて比較したり，ある刺激を与えるとどう変化するかを実証的に研究できます。こうしてようやく実証科学としての心理学が進み始めたのです。ここの所をきちんと理解しておくことが心理学のリテラシーとして重要です。

　しかし，「行動」を研究すれば，「こころ」は理解できるのでしょうか。ここからは心理学者の間でも意見が分かれるところです。多くの心理学者たちは，「行動」を研究していくことで少しずつでも「こころ」を解明していけるので

はないかと期待して研究しています。例えば認知心理学の研究者は，外界からの刺激と個人の「行動」の関係から個人の内部にある情報処理システムと考えられる認知構造を探求したいと考えています。一方，行動主義心理学の研究者たちは，直接観察できる外界からの刺激と個体の「行動」の関係そのものを追求します。「行動」の法則を見出していければ，「行動」の予測やコントロールは可能になるのだから「こころ」そのものは分からなくてもいいのだと考えています。そうした違いは「学習」という心理学の基本的な言葉の定義にさえも表れています。行動主義的に学習を定義すると「経験による比較的永続性のある行動の変容である」となりますが，認知心理学的には「経験による比較的永続性のある認知構造の変容であり，それに伴う行動の変容である」となります。行動主義的に考えると，直接観察できない認知構造を仮説的に概念化しても意味がないということになりますし，認知心理学的の視点からすれば，行動主義が言うほど，「こころ」は単純ではないという反論になります。研究者によって考え方に違いがあることを了解しておくことも心理学のリテラシーでしょう。

行動の法則性

いずれにしろ，「行動」を直接の研究対象とするならば，心理学とは「行動」の法則性を追求することになります。ここで，参考になるのがレヴィン（K. Lewin, 1890-1947）の有名な関数式です。

$B = f(P \times E)$
（B：behavior　　P：person　　E：environment）

この関数式は，BはPとEの関数であるということを示していますが，B，つまり行動はP，すなわち人の内的条件とE，すなわち環境の条件の相互作用によって決まってくるということを意味しているのです。

例えば，食事をするという行動は，その人がおなかを空かせているかどうかといった内的条件と，その人の周りに食べものがあるか否かといった環境の条件によって決まります。どんなにおなかが空いていたとしても，身近に食べものがなければ食行動は生じませんし，逆にどんなに身近に食べものがあったと

図Ⅰ-6-1 教授法と学習者の対人積極性との交互作用

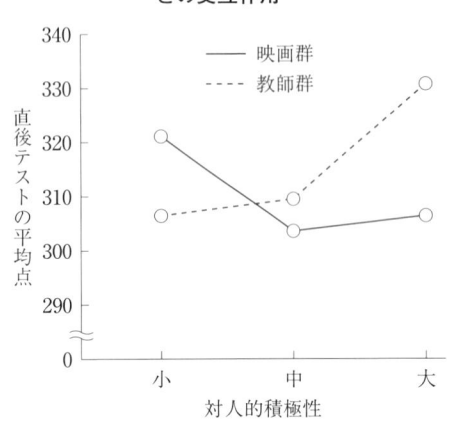

（出所）Snow *et al.*, "Individual Differences and Instruction Film Effects," 1965：川床他編『教育心理学入門』八千代出版，1987年より。

してもおなかいっぱいの時は食べません。ただ，ここで少し本題から離れますが面白い実験があります。ニワトリに好きなだけエサを食べさせておいてエサがあっても見向きもしなくなった状態で，別の数羽のおなかを空かせたニワトリを放してやります。すると夢中になってエサを食べているニワトリたちに触発されて（？）満腹のはずのニワトリまでがまたエサを食べ始めるのです。こうした行動を「社会的促進」と呼んでいますが，一見単純そうに見える行動も実はかなり複雑なのです。私たちも周りの人たちの影響を受けてしまうことはよくありますよね。もちろんここで言う他の人（もしくは他のニワトリ）は，行動する人自身にとっては環境の一部です。しかも非常に重要な環境要因の1つです。

　もう1つ実験例をご紹介します。こちらは教育場面での応用例で，適性処遇交互作用（Aptitude-Treatment Interaction 略してATI）と呼ばれているものです。教育心理学版 $B=f(P \times E)$ だと理解していただければよいと思います。図Ⅰ-6-1に示したように，学習者の適性と教授法との関係を実験で確かめました。ここで取り上げたのは学習者の対人積極性という適性（Aptitude）です。これがPにということになります。処遇（Treatment）に当たるものが教授法で，ここでは教師による指導と映像教材を視聴するという方法の2つの教授法を取り上げました。Bは学習者の学習成績ということになります。もし，学習者の対人積極性の高い低いにかかわらず，教師による指導の方が映像による方法よりも常に学習成績が良ければ，教師による講義の方が教授法としてよりすぐれていることになります。ところが，実際の結果は単純ではありませんでした。図Ⅰ-6-1のように対人積極性の高い学習者は教師による講義の方が

より成績が良くなりましたが，対人積極性の低い学習者は逆に映像教材を視聴する方がより学習成績が良くなったのです。適性と処遇の間に交互作用があることが確認されました。つまり，人によって効果的な教育方法は異なっており，すべての人にとって最適な教授法があるわけではないと考えるべきだと思われます。

このようにある行動が，人のどのような内的条件とどのような環境の条件で決定されているのかを実証的に探求していく学問が心理学であると言えます。先の実験例のように「学習行動」を対象として研究している心理学が教育心理学であり，「働く」という行動を取り上げて研究していくのが産業心理学であるということです。

人と環境の相互作用

この B=f(P×E) という式は，心理学者だけでなく，一般の人々にとっても有効な含蓄を持っています。私たちはたとえ心理学を学んでいないとして，それまでの経験の中から，その人なりの人間の「行動」についての思い込みというか，法則性を作り出してきています。その法則性を言葉にしてみると意外にPもしくはEの要因しか考慮していないものが多いことが見えるでしょう。例えば「非行少年は社会が生み出してるのだ。社会が悪い」とか「世の中には生まれつきのワルがいてどうやっても変わらない」といった単純な思い込みです。前者は B=f(E) という思い込みですし，後者は B=f(P) ということになります。しかし，実際にはほとんどの行動はPとEの両方の要因が絡んでいるのです。かく言う私も若い頃，「美人は冷たい」という法則性を信じていました。もちろん，今ではそれが間違いであって，「美人には冷たい人もいるし，優しい人もいる，同じ人でも状況によって行動は変化する」と思っています。なぜそうした間違った思い込みをしてしまったのか，は大体想像していただけるのではないかと思います。おそらくその通りです。皆さんもご自身が持っている人間の「行動」についての思い込みを一度再検討してみてはいかがでしょうか。その時に個人の条件と環境の条件の両方をきちんと考慮しているかどうかを確認していただきたいと思います。

2　行動を規定している要因の考察

行動に影響する人の内的条件

　P，すなわち人の内的条件とは，行動する人自身の持っている要因のことで，遺伝的要因や個人の持っている欲求，また性格特徴や能力，自分自身をどのように認知しているか（自己認知）など，色々なものが考えられます。中には，「こころ」と同じように直接観察できないものもありますが，色々工夫して何とか客観的，実証的に捉えようとしています。例えば，一卵性双生児の研究は，遺伝的要因の影響の強さを調べるために行われます。ご存じのように一卵性双生児は遺伝的にまったく同一の人間と考えられますので，2人の間の行動の類似性の高さは遺伝的要因の強さを示していることになります。ただ，同じ家庭で成長している双子の場合には，遺伝だけでなく，その環境要因もほぼ同一であると考えられますので，純粋に遺伝的要因の影響だけを取り出すためには，異なった環境で育てられた一卵性双生児のデータが必要になります。

　また，性格や知能などを調べるために様々な心理テストを開発しています。知能テストで測定された結果は厳密に言えば知能ではありません。知能そのものは観察も測定もできません。あくまで知能テストの結果はテストを通して現れたある個人の知能の活動のサンプルであり，そこからその個人の知能を推定しているのだということです。

　Pの要因としては，他にも自分自身のことをどのように認知しているかという自己認知などもありますが，この点はまた後ほど取り上げます。

心理的環境と物理的環境

　Eは環境ですが，環境には2つのレベルがあります。それは私たちが知覚する以前の実体としての環境である物理的環境と，その物理的環境からの刺激を私たちの持っている感覚器官で受け止めて知覚しているところの心理的環境です。前者は客観的な存在で単一のものですが，後者の心理的環境はそれぞれの種の持つ感覚器官の特徴によって生物ごとに異なっています。

　例えば，人間には聞こえない高周波の音を犬は聞き取ることができます。

「犬笛」のように犬の心理的環境には存在している音刺激が，人間の心理的環境にとっては存在していないことになります。人間は色を知覚していますので，色のついた世界を体験していますが，色を知覚しない動物もあり，その場合の心理的環境は白黒の世界になります。

　また，同じ人間でも年齢によって聞こえる音域が変化します。年齢が高くなるのにしたがって高音域が聞こえなくなっていきます。携帯の呼び出し音を工夫すればまるで犬笛のように先生には聞こえないが，若者には知覚できるようにしてたとえ授業中でも連絡することができますね。まさかそんな悪いことはしないと思いますが。

　また，心理的環境とは，単に物理的環境を人間の知覚能力で捉えただけの受け身的なものではなく，むしろ知覚する側が積極的に再構成している側面もあるのではないかと思われます。

　学生時代，心理学の先生から「音をなぜ外界に知覚するのか」という問題を出されたことがあります。その時は意味がよく分からなかったのですが，後でよく考えてみると確かに面白い問題だと思いました。例えば，サイレンが聞こえて振り返ると救急車が走って来るのが見えたので，当然救急車からサイレンが聞こえてきていると知覚します。しかし，実際には音刺激は耳で受け止めて感じているのであって，救急車の視覚刺激は眼の網膜で受け止めています。2種類の異なった感覚器官からの情報を統合しているのは，実は脳の内部での働きであり，乱暴さを承知で簡潔に表現してしまえば，頭の中で外界から入ってきた様々な情報をもう一度再構成して作っているのが，心理的環境なのだと言えるのではないでしょうか。つまり，頭の中に作られた心理的「外界」にある救急車の像と，サイレンの音刺激を関連させているのは知覚している脳の働きなのです。

仮現運動・逆さメガネ
　ゲシュタルト心理学（心的現象は要素には分解できない全体的力動性を持つと主張した学派）が発見した「仮現運動」の事実も知覚する側の要因が絡んでいます。

仮現運動とは，本来物理的には存在していない運動を知覚することです。例えば，2つの光点AとBを少し離して固定します。まず，光点Aを点灯させ，消します。しばらくして光点Bを点灯させ，消します。これを被験者に少し離れた所から観察させます。当然Aが光って消えた，次にBが光って消えたという知覚が生じます。ところが，Aを消してからBを点灯させるまでの時間間隔を少しずつ短くしていくとある所で，Aの光がBに移動した，つまり光が動いたという知覚が生ずるのです。これが仮現運動です。何と言うことはない，映画の原理そのもので当たり前のように思われるかもしれませんが，よく考えると不思議ではありませんか。存在していないものを知覚しているのです。なぜそう知覚したのかと問うてもそれが一番ありそうなことだからとしか説明できませんが。

　ストラットンが行った逆さメガネの実験からも興味深い結果が得られています。実は網膜には外の世界は倒立して映っています。しかし，私たちは普通に外界を正立しているものとして知覚しています。なぜ網膜像は倒立しているのに私たちは正立像として知覚しているのかという問いは以前からありました。ストラットンは，自ら特殊なメガネをかけることによって一度反転した像を眼に送ることによって網膜像を正立させたのです。初めのうち，外界は倒立していると知覚され，自分の体も頭上に手や足が見えますし，手を上に挙げる視覚的には下に手が動くわけで日常生活もままならない状態でした。ところが，8日間メガネをかけ続けると何と外界が正立し始めたのです。さらに，その逆さメガネと外すと，しばらくは不安定になりますが，やがて元の正立像に戻るようです。視覚情報と他の感覚情報との関連づけのシステムはかなり柔軟性を持っており，協応関係が再構成されたと言えるのではないでしょうか。繰り返しになりますが，心理的環境とは単に物理的環境を人間の知覚能力で捉えただけの受け身的なものではなく，むしろ知覚する側が積極的に再構成して作り出している世界なのだと言えます。

3 今後の問題点の徒然なる考察

人の内的条件と心理的環境との関係

　さて，ここまで考察してくると実は同じ物理的環境にいても，個々人の心理的環境は異なっていると言えます。行動に影響を及ぼす環境とは物理的環境なのか，心理的環境なのかははっきりしていると思います。当然，個人に知覚されているところの心理的環境以外に行動に影響しうるものはないと言えます。ただ，個人が物理的環境を再構成して作り出していると考えられる心理的環境は，その個人の内的条件と関連性が出て来ることになり，独立しているとは言えなくなってきます。$B = f(P \times E)$ のPとEは独立変数ではないということになってしまいます。

　実はこの関数式を考案したレヴィン自身もそのことを想定していたようです。そこで，PとEを切り離せないものとして統合し，生活空間（S：life space）と名づけ，

$$B = f(P \times E) = f(S)$$

と表現しました。この場合，PもSの内側に存在しているのだと位置づけられました。

　ただ，ここまで個人の生活空間，心理的環境を考慮し始めるとある程度の大きさの集団データを集めて統計的な処理をすることによって実証しようとする研究は非常に難しくなります。むしろ，人間としての知覚能力に基づいて再構成されている心理的環境はかなりの程度人間に共通したものと考え，個人差は研究上重要であると考えられる要因のみを取り上げて，その他の要因は誤差要因として対応しているのが，現状の研究だと言えます。先ほど述べた適性処遇交互作用にしても，個々人の適性をどこまでも考慮した教授法を開発していくことは現実的ではありません。

　しかし，心理療法やカウンセリングの分野では，この個人の独自の生活空間，心理的環境という考え方はとても重要なのです。来談者中心療法という心理療法やカウンセリングの基本となっている理論の中で，ロジャース（C. R. Rogers,

1902-87）はカウンセラーの取るべき3つの態度として，自己一致，無条件の肯定的関心，共感的理解を挙げています。この共感的理解という言葉は，まさしくこの個人の独自の生活空間，心理的環境を理解することだと言えそうです。

ロジャースは，人間はそれぞれ独自の主観的な世界に生きていて，その悩みや問題も独自のものであり，他者がその世界を完全に理解することはできないと考えています。さらにその問題の解決さえもひとりひとり違ってくることになります。そこでカウンセラーは，眼の前にいるクライエント（来談者）独自の主観的世界をできる限りそのままの状態で感じ取って理解する。クライエント自身の視点，立場に立って，あたかもその人自身になったかのように，その世界を理解しようとする姿勢が共感的理解です。もちろん完全に理解することは不可能なのですが，カウンセラーの理解しようとする姿勢がクライエントに伝わることで，「この人になら分かってもらえそうだ，少なくとも分かろうとしてくれている」といった形でクライエントとの信頼関係が形成されていくのです。さらにカウンセラーが自分自身の内的なこころの動きに対して素直に感じ取ることができること（自己一致），そしてクライエントの存在そのものを無条件に受け容れる姿勢があるということ（無条件の肯定的関心）などの条件が満たされることで，クライエントがそれまでできなかった自分自身を受け容れることが少しずつ可能になり，徐々に自分の課題に対してもその人独自の解決を見出して，歩み始めるのです。もちろん，実際のカウンセリングはそんなにきれいに流れていくわけではありませんが，ある意味でカウンセリングの基本中の基本となる考え方だと思います。最近よく耳にする「傾聴」の本質的な意味はここにあるのです。コミュニケーションのリテラシーと言えるかもしれません。

意識と無意識

多くの人は，自分の行動はすべて意識しているし，「こころ」の動きも自分で分かっていると素朴に考えているようですが，実は無意識に行ったりしている行動もありますし，本人にも意識されていない「こころ」の動きもあります。

無意識というとまず浮かんでくるのは，フロイト（S. Freud, 1856-1939）という名前ではないでしょうか。精神分析の創始者のあのフロイトです。フロイト

の言う無意識とは、「意識に上らせたくない衝動や出来事を無意識の領域に抑圧する」といった場合の無意識のことです。フロイトとしては、意識も無意識も「こころ」に含まれると考えました（実は前意識という言葉もあります）。しかし、こうした無意識の働きについては実証できていないということで、あるともないとも言えないというのが実証科学としての心理学の立場です。

一方で、脳の活動の多くは意識されていないという意味で、無意識に行われていることも事実です。先に述べた「仮現運動」も、「逆さメガネ」も意識的なものではなく、脳が自動的に行っていることです。

また、ある種の行動でさえも無意識に行われています。例えば、車の運転も慣れてくれば、かなりの部分、意識しないでできていますし、呼吸も普段は意識しません。こうした無意識のどこまでが「こころ」に含まれてくるのでしょうか。さらに脳の活動のどこまでが「こころ」に含まれるべきでしょうか。

これらの問題はそれぞれの言葉の定義によって変化することであって、心理学や脳科学の間での共通の認識が深まれば、解消される問題ではありますが、現在ではまだそこまで進んでいないようです。フロイトの無意識も含めて定義されることが必要だと思います。

人間には自由意志があるのか

もう1つ考えておきたいことは自由意志の問題です。この問題も先の意識、無意識とも関連してきますが、行動の法則性と自由意志の関係には、相容れにくい側面があります。もし、完全な自由意志を人間が持っているならば、どんな行動の法則性も完璧ではなくなります。なぜならその法則性に従わないという行動を選択できることになるからです。一方で無意識の行動や脳の働きがあるということは、少なくともそこには自由意志がないことになります。意識できないのですから当然です。

行動主義心理学のスキナー（B. F. Skinner, 1904-90）は人間に自由意志があるかないかを問題にしません。「ない」というのではなく、問題にしないのです。スキナーのオペラント条件づけの理論について簡単に紹介します。彼は自らを徹底的行動主義者と呼び、直接観察できない「こころ」やその他の一切の仮説

的な概念を自分の理論に組み入れることをしませんでした。彼のオペラント条件づけの基本的な考えは，反射的な行動以外のすべてのオペラント行動は，その行動が自発された直後に「エサ」や「ごほうび」といった強化を与えられるか否かによってその行動の後の自発する頻度が影響を受けるというもので，強化に伴われた行動は自発頻度が高くなり，強化が伴わなかった行動の自発頻度は低下するというものです。スキナーによれば，ほとんどの行動は強化によってコントロールすることができることになります。よって，たとえ人間に自由な意志があると感じていようがいまいが，結局はその行動が強化を受けるか否かによって，コントロールされていくことになり，結果的には，自由意志があってもなくても同じだということです。

　しかし，本当にそうなのでしょうか。もし，スキナーの言うように個人の行動が環境からの強化刺激によってコントロールされていたとします。例えば経営者が，社員の営業成績によって報奨金を出すことによって，社員の営業行動をコントロールしようとする場合を考えてみましょう。自らの営業行動が報奨金という強化刺激によってコントロールされている事実に気づかずに，がんばっている時は確かにそうなのかもしれません。しかし，一旦「経営者は報奨金でコントロールしようとしているんだ」と気づいたならば，それに対して対抗する行動を取ることもできるのではないかと思います。もちろん，コントロールに気づいてもそのまま従う場合もあるとは思いますが，少なくとも従うか従わないかの選択権は自身の手の内にあると考えます。

　また，脳科学者の中にも，「手を動かそうと意識する前に，すでに手を動かすための脳の運動野の活動が始まっている」という実験結果から人間の自由意志の存在に疑問を投げかける人もいます。結局のところ，人間には自由意志があるのか否かその結論は今はまだ出ていません。分かっていないのです。いずれ脳科学や心理学の進歩によって結論はでるのかもしれませんが，私はちょっと違った視点で考えています。実際に自由意志があるのかどうかではなく，個人が自分の自由意志についてどう認知しているかの方がより重要であり，その個人の行動に影響を与えるのではないかと思うのです。これは以前第2節の「行動に影響する人の内的条件」のところで述べた自己認知の問題です。

人間の動機づけが本人の自己認知の影響を受けると考える研究者がいます。指し手・コマ理論のド・シャームや認知的評価理論のデシなどです。ド・シャームが重視するのが，「自らの意志で行動を起こしている」という指し手意識であり，そうした自己認知を強く持っているほど，行動への動機づけ（意欲，やる気）が高くなると言うのです。逆に「どうせ，自分は会社に歯車の1つにすぎないのだ」といったコマ意識を持ってしまうと，言われたことしかしない消極的な行動になってしまうと言います。

　デシは，「自分の行動を自分で決定していると感じている」という自己決定感と「自分の行動が外界に対して影響を与えているのだ」という有能感を重視していて，2つとも高い自己認知が動機づけを最も高くしていくと考えています。逆に，「他者に報酬や罰などでコントロールされている」といった否定的な自己認知は動機づけを低下させてしまうと言います。スキナーの考え方とは逆で，報酬や賞賛でさえ使い方を間違えれば逆効果になりうるという警告ではないでしょうか。

　また，どんな行動をしても自分の置かれている状況に変化を引き起こせないという経験を繰り返してしまうと，「どうせ何をやってもしようがない。自分にはどうすることもできないのだ」といった無力感を学習してしまうこともある。そうなるとまったくやる気，意欲をなくしてしまうということを実証している実験もあります。

　日本の子どもたちの自己認知は，実際にどうなっているのでしょうか，とても気になっています。いじめの問題や家庭内での児童虐待など，子どもたちの自己認知に悪影響を及ぼしかねない出来事が山積しています。実際に大学の学生相談室で出会う人々の自己認知が非常に否定的になってきていると感じています。特に対人関係の面での脆弱性が目立ちます。友人や先生からちょっと言われた一言で，学校に来られなくなったりします。子どもたちがどのように自己認知を形成してきているのかについて，家庭や学校や社会がしっかり注目していくことが今求められているのではないかと考えています。的確な自己認知，これこそが人生を健全に生きていくためのリテラシーであると言ってもいいのではないでしょうか。

（千田茂博）

第7講 情報学——現代社会のキーワード「情報」

1 情報学ってどんな学問

文系から理系まで

「情報学」と聞くと，どのような学問をイメージしますか。平成生まれの人であれば，高等学校の教科「情報」を思い浮かべることでしょう。また，いわゆるインターネット世代よりも上の年齢の人であれば，図書館情報学を思い浮かべる人も多いと思います。ここでは，まず，情報学とはどのような学問なのかについて，明らかにしていきます。

そもそも情報学は理系の学問でしょうか，それとも文系の学問でしょうか。情報学という学問は，その名の通り「情報」に関する学問だということは明らかです。一般に情報＝コンピュータというイメージが定着していますから，理系のように思えます。ところが，この情報という語の意味を辞書で調べてみると，

1 事物・出来事などの内容・様子。また，その知らせ。
2 ある特定の目的について，適切な判断を下したり，行動の意思決定をするために役立つ資料や知識。
3 機械系や生体系に与えられる指令や信号。例えば，遺伝情報など。

4　物質・エネルギーとともに，現代社会を構成する要素の一。

（『研究社　スーパー大辞林3.0』より（一部省略））

とあります。

1と2は，内容やら知識といった説明が書かれていますので文系的な語という印象を受けます。それに続く3と4では，理系の意味合いが強い説明になっています。このように，「情報」という語は，文系から理系まで，幅広く関わっている語なのです。同様に，情報学も文系から理系まで，幅広く学際的に関わる学問なのです。

情報学の誕生

　情報学はとても新しい学問です。哲学や数学のように何世紀にもわたって続けられてきたものではなく，ほんの十数年程度（数年と考える人もいます）の歴史しかありません。「情報」という概念自体は古くから存在しており，哲学の世界でも「情報から知識が抽出され，知識から知恵が生み出される」ということが古くから言われています。しかし，情報自体が主役となるような学問は，図書館の書籍を内容ごとに分類するための図書館情報学のように，とても限られた範囲の学問でした。ところが，新聞やラジオ，テレビといったマスメディアの登場により，様子が激変します。

　それまで情報と言えば，教育を受け，書籍を読むことなどができた一部の人々を除いては，自分の周辺から得られる局所的なものがほとんどでした。それが，マスメディアの登場により，国中や世界中から集まる大量の情報を，簡単に得られるようになったのです。

　その結果，人々の考え方や生活は大きく変化を遂げます。つまり，情報が社会に大きな影響をもたらしたのです。当然，社会学者たちは，情報と社会の関わりについての研究をこぞって始め，メディア論やコミュニケーション論といった「社会情報学」が生まれました。一方，通信技術やコンピュータの登場により，計算機科学や情報工学といった学問が登場します。そして，それらの技術が急速に発展，世界中に広まるのとともに，「情報科学」という学問が確立

しました。

　特に情報科学は急速に進歩しました。コンピュータは広く普及し，家電製品のような身の周りの多くのものに組み込まれるようになりましたし，インターネットが国境を越えて瞬時に様々な情報を届けてくれようになったことは皆さんも知っている通りです。世界中の国々は，いわゆるIT推進のための政策を目玉にし，これらの技術が使えない人には将来はない，と言わんばかりに力を入れてきました。しかし，ITの発展に伴い，インターネット掲示板上での誹謗中傷や機密情報の漏えいといった，負の側面が社会問題としてクローズアップされるようになりました。これらを扱うには，情報科学ではなく社会情報学が必要です。

　このような社会背景もあり，平成15年度に施行された高等学校の学習指導要領では，教科「情報」が必修化されました。それは，「情報活用の実践力」「情報の科学的な理解」「情報社会に参画する態度」を3本柱に，コンピュータやネットワークの利用方法から，情報科学，社会情報学までを幅広く扱う，とても革新的な教科でした。なぜなら，それまで情報科学や社会情報学を「情報」という括りでまとめる学問分野，つまり，現在の「情報学」は一般に認知されていなかったからです。

　実は「情報学」という名称は，以前は図書館情報学を指していました。その頃の情報は文献情報くらいしかなかったからです。しかし，社会情報学や情報科学の誕生により，文献以外にも様々な情報が扱われるようになりました。そこで，それらを幅広く包含するような学問分野として「情報学」という名称が使われるようになりました。ただし，これは学際領域といって，様々な学問分野を横断的にまとめるための一種のキーワードにすぎませんでした。ですから，情報学自体を1つの学問として考えようとする人はあまりいませんでした。

　ところが日本では教科「情報」が登場したことで，その親学問であるはずの「情報学」がないのは問題ではないか，という議論が起こりました。これにより，本当の学問としての「情報学」を確立しようと言う研究活動が始まったとも言えます。そして，その研究は現在進行形で行われているのです。つまり，学問分野としての「情報学」は今まさに誕生しようとしているとも言えるのです。

2 情報とは何か

情報という語の定義

ここではそもそも情報とは何なのか,ということについて考えます。これがはっきりしていないと,この講の目的である情報学リテラシーについて論じることができませんし,身につけることもできません。

前節で,情報学が理系から文系まで含む学問分野であることは説明しましたが,情報という語に対する考え方も,理系と文系ではかなり違っています。ここでは,理系の代表として情報科学,文系の代表として社会情報学を例に,その違いを確認します。

情報科学における情報は,文字や記号で表されており,それに従って処理を行ったり,それを変形・加工したり,通信で別の場所に届けたりする理論や技術が情報科学の研究対象です。ここで使われるのは物理や数学の理論であり,工学的な技術です。一方,社会情報学における情報は,人と人,人と社会の間で伝わる意味・内容であり,その伝え方や伝わり方が社会情報学の研究の対象です。そこで役に立つのは,心理学や社会学です。

このように文系の社会情報学と理系の情報科学では,情報の扱い方が大きく異なります。図Ⅰ-7-1は,情報が情報源から受信者に伝わる様子を示しています。

図Ⅰ-7-1　情報伝達モデル

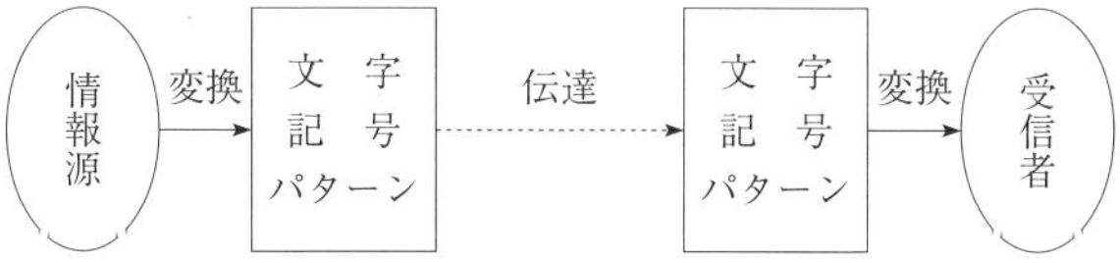

情報源 →変換→ 文字記号パターン ⋯伝達⋯→ 文字記号パターン →変換→ 受信者

社会情報学的な情報伝達とは,情報源を誰かが変換(解釈)した結果を文字やパターンにして伝達し,それを受信者が変換(解釈)することまでの過程を指します。この時,途中の変換は人間の主観や文脈に依存するので,関わる人によって伝わる情報が変わってしまうことがありますが,社会情報学ではそれを認めた上で,情報伝達を考えます。

一方，情報科学的な情報伝達とは，情報源を機械的に変換（エンコード）した結果を文字やパターンにして伝達し，それを受信者が変換（デコード）するまでを指します。そしてどんな時でも，文字やパターンが正しく伝わることが求められます。

　フランスの文豪ビクトル・ユーゴー（1802-85）は，著書『ああ無情』の売れ行きを出版社に聞くために，「？」という1文字の手紙だけを送ったところ，「！」という返事が返ってきたという話があります。これで，「(本はどれくらい売れた)？」「(驚くほど売れたよ)！」という意味をお互いに伝えたというのですが，ユーゴーと出版社のそれまでの付き合いがなければ，このように情報は伝わらないでしょう。

　このような時，社会情報学では，これで情報が伝わるのか，伝わるのだとすればそれはなぜか，逆に伝わらないのはなぜか，という点が問題になりますが，情報科学では，正確に「？」「！」という文字が伝わることと，そのためにどのような手段を用いるかが問題で，どのような意味が伝わるのかはそれほど重要ではありません。

　これで，理系と文系での情報という語の捉え方の違いが明らかになりました。しかし，このままでは情報学という1つのまとまった学問分野における定義にはなりません。次は，この両者を包含するような情報学としての情報の定義を見てみましょう。

情報学における情報

　情報学における情報という語の定義は，まだ確立していませんが，おおよそ次のようなものとされています。

　　2つのモノの関係において，一方のモノが「送り手」になり，他方のモノである「受け手」に変化を与える時，その変化の原因を「情報」と呼ぶ。

　先ほどの図Ⅰ-7-1と対比して考えると，送り手が情報源，受け手が受信者に相当します。情報科学的に解釈すれば，「変化」とは情報を受け取った結果，

受信者側（機器）で行われる処理に相当します
し，社会情報学的に解釈すれば，受信者（人）
が受け取った情報によって何かを感じ取ること
が「変化」というわけです。

図I-7-2　情報のピラミッド

```
        知恵
       知識
      情　報
     データ
    事物・事象
```

　この定義を逆説的に捉えると，受け手に変化をもたらさないモノは情報とは呼ばない，ということになります。例えば，送り手が伝えたいことを暗号にして受け手に送ったとします。受け手がこの暗号を復号する方法を知っていれば，その内容について理解することができ，内的変化が生じますから，これは情報です。しかし，復号の仕方を知らなければ何も理解できませんから，情報とは呼べないわけです（実際は，暗号という怪しげなものが届いた，ということで生じる気持ちの変化があるので，まったく情報ではない，とは言い切ることはできませんが）。

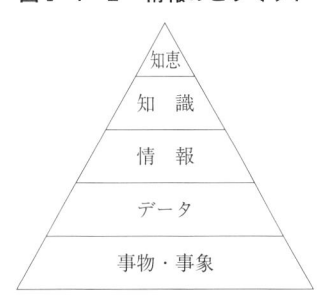

情報とデータ，知識の違い

　情報に似た語として，「データ」「知識」というものがありますが，次は，それらの違いを明らかにしましょう。図I-7-2は「情報のピラミッド」と呼ばれるもので，この図に示された各語は，お互いに階層関係にあることを表しています。

　世の中の様々な「事物や事象」を文字や数値などにして抽出したものが「データ」であり，その中から受け手に変化をもたらすものが「情報」となります。さらに，その情報から，一般性を見出されたものが「知識」，さらにそこから体系化・普遍化されたものが「知恵」となります。

　例えば，天候という事象に対して，それを気象観測装置などで測定することで，気象データを得ることができます。これを気象予報士のような人が見れば，意味のある情報として見ることができます。また，それらの情報から地域ごとの気温や天候に関する知識を取り出し，さらにその知識から，その地域に適した天気予報を行うための知恵を手に入れることができるでしょう。

　このように見てくると，情報とは測定データのような客観的な現実世界のモ

ノを，知識という主観的に心的世界のモノにするための中間物，と言えるでしょう。それは情報学という学問が，現実世界を扱う理系の学問と，心的世界を扱う文系の学問の中間に位置するという構図ととてもよく似ています。

3 情報学リテラシー

情報学におけるリテラシー

　ずいぶん前置きが長くなりましたが，情報とは何かが大体分かったところで，情報学におけるリテラシーを紹介していきましょう。すでに別の講でも述べられているかと思いますが，「リテラシー」とは，学びのために必要となる基本的な知識や技能を指す語です。すでに何度も言及していますが，情報学は理系と文系の両方に関わる学問分野ですから，当然，そのためのリテラシーも多岐にわたります。

　ここでは，情報化社会と呼ばれる現在の世界において，特に重要なものとして，コンピュータリテラシー，メディアリテラシー，情報科学リテラシーについて取り上げます。いずれも，現代社会のキーワードである「情報」を理解する上で必要なものです。

コンピュータリテラシー

　まずは，コンピュータリテラシーからです。コンピュータリテラシーとはコンピュータを使うために必要な技能（スキル）と知識を指す言葉です。つまり，コンピュータを道具として使うためのスキルとコンピュータという道具の仕組みに関する知識です。

　スキルには電源の入れ方や，ファイル操作といった基本的な操作の仕方と，ワープロソフトや電子メールソフト，インターネットブラウザといった，アプリケーションソフトの使い方などが含まれます。一方の知識は，CPU，メモリー，ハードディスクといったコンピュータのハードウェア構成要素や，OSやアプリケーションソフトといったソフトウェア構成要素に関するものです。

　ここで注意しなければならないのは，特定のコンピュータや特定のソフトの

使い方を習得することがスキルを習得することではない，という点です。

　例えば，コンピュータで文書を作成する時，今まで使ったことのないワープロソフトしかないとしたらどうしますか。多くの人は作業を諦めてしまうのではないでしょうか。確かに，使ったことのないワープロソフトでは思い通りに文書は作成できないでしょうが，元々文書を作成するという目的は同じソフトですから，使ってみればある程度のことは十分できるはずです。

　多くの人が諦めてしまう原因は，文章を書くとか文字の体裁と整えるといった「ワープロソフト」の持つべき機能を一般化して習得せず，ある会社のワープロソフトに特化した操作方法を身につけることで終わってしまっているためです。これが自動車の運転であれば，どの会社の自動車でも，右ハンドルでも左ハンドルでも，完璧ではないでしょうが，最低限の操作くらいはできるものです。

　このような臨機応変な対応をするためには，特定のコンピュータやソフトの使い方の習得をするだけでなく，より一般化したスキルを習得する必要があるのですが，残念ながら，そのようなスタンスでスキル教育を行うケースはとても限られているのが現状です。

　コンピュータの仕組みに関する知識が乏しいことも，一般化したスキルを習得できないでいる原因となっているようです。コンピュータについて初めて学ぶ時に，「テレビのようにいきなりスイッチを切ったりすると壊れる」とか「間違って操作すると動かなくなることがある」といった，ある種の脅し文句を聞いたことがある人も多いかと思います。これが一種のトラウマとなり，トライ＆エラーでスキルを習得していこうという気持ちになれないのです。このトラウマを解消する特効薬はコンピュータの仕組みについて知ることです。

　コンピュータは，処理の中枢であるCPUと処理中の情報を記憶するメモリー，すべての情報を蓄えておくハードディスク，そして，表示用のディスプレイ，操作用のマウスやキーボードなどの機器から構成されています。これらを総称してハードウェアと呼びます。

　一方，ハードウェアの動きを決定する情報がOS（コンピュータの基本的な動作を決定）やアプリケーションソフト（応用的な動作を実現）といったプロ

グラムです。また，ワープロソフトで作成した文書情報などはデータと呼ばれます。これらを総称したものがソフトウェアです。

一般にコンピュータとは，このハードウェアという機器とソフトウェアという情報をセットにしたものを指し，どちらか一方しかない場合は，コンピュータは動作できず，役に立ちません。両者の関係は，人間における人体と魂（心）にたとえると分かりやすいでしょう。人間から魂が抜けてしまった状況は，通常，人間の死を意味し，残った遺体（人体）はもはや人間とは呼べませんし，魂だけの存在も，俗に霊と呼ばれ，やはり人間ではありません。

ただし，人間が怪我をする，という場合，多くは人体に何らかの損傷が生じることを指しますが，コンピュータの場合は逆です。コンピュータが壊れる，というのは，ほとんどの場合，ソフトウェアの損傷，正確にはメモリーやハードディスクに記録されているソフトウェアの情報が何らかの不具合を起こしてしまうことを指します。

ここで重要なポイントがあります。それは，ソフトウェアは簡単に複製が作れる，ということです。そして，たとえ損傷してしまっても，複製があれば元に戻すことができるのです。それも，わざわざメーカーや購入店にお願いする必要もなく，自分で実施できます。

このように，以前の状態にコンピュータを戻すためのソフトウェアの複製を「バックアップ」と呼んでいます。もちろん，バックアップがなければ元に戻すことはできませんが，バックアップを作る作業も自分でできますし，最近では，プログラムであるOSが，自動的にバックアップを作成し，トラブルが発生したら，最新のバックアップの状態に戻せるようになってきています。

確かに，こまめにバックアップを用意することは面倒ですし，バックアップがあるからといって，いつでも簡単に元の状態に戻せるわけでもありません。しかし，少なくともコンピュータが壊れるといっても，コンピュータ自体が火を噴いたり爆発したりするわけではない，ということが理解できれば，もっと気軽にコンピュータを操作できるようになるでしょうし，その結果，スキルも知識も高まるわけです。

メディアリテラシー

　メディアとは，日本語では「媒体」と言い，情報を送り手から受け手に伝達する経路を指します。新聞，テレビ，ラジオ，ウェブページ，電話，メールなどが代表的なメディアですが，町内会の回覧板や伝書鳩もメディアと言えます。メディアリテラシーとは，情報の伝達に関するリテラシーで，メディアによる情報伝達の特性に関する知識と，特性を生かして情報伝達をするために必要なスキルを指します。

　例えば，火事の現場に遭遇し，これをケータイで友人に伝えることを考えます。電話をかけた場合，あなたの声による状況説明以外にも，サイレンや野次馬のざわめきといった周辺の音で，その場の雰囲気も伝わるでしょう。また，デジカメで撮影した画像を送れば，炎の大きさや隣家への延焼の恐れなどを相手が感じ取るかもしれません。一方，メールの場合，あなたが書いた文章から，その場に遭遇してあなたがどのように感じたかを伝えることができるかもしれません。

　このように，同じ事象に対しても，それをどのようなデータ（音声，画像，文字など）にして相手に伝えるかで，伝達される情報というのは大きく異なってくるのです。これがメディアによる情報伝達の特性です。

　メディアによる情報伝達の特性には，もう1つの側面があります。もしも，あなたからのメールが絵文字つきのものだったらどうでしょう。また，撮影した写真に写っている炎がたまたまとても小さくなっていたら，多分，相手はあまり重大な火事ではないのだろう，と感じてしまうことでしょう。

　このように，ある事象を情報の受け手に伝えるためには，送り手がその一部分をデータとして切り出す必要があるため，その切り出し方次第で，受け手に届く情報は大きく異なってくるのです。そして，その切り出し方は，送り手の主観によって決まります。つまり，情報伝達には必ず送り手の主観が影響する，というわけです。

　このようなメディアの特性を考える上で，最も注目しなければならないのが，マスメディアです。マスメディアは，大量の受け手（大衆，mass）に対して情報を伝達することができますから，その影響力は絶大です。独裁国家では，

マスメディアを規制して不都合な情報を国民に流さないようにするのが普通ですし，ある食品が健康にとてもよい，という情報がマスメディアから発せられれば，すぐに話題となり，どの店でも売り切れ続出，ということも珍しくありません。

このような力をマスメディアは持っていますから，公正で中立な情報を伝達しようと，送り手も十分に気を使っています。しかし，先ほど述べたように，事象を送り手の主観でデータにしたものしか伝達できないのですから，完全な公正や中立などは存在しないのです。さらにマスメディアの多くは企業ですから，収入を増やすことが至上命題です。通常のマスメディアは広告による収入が中心であり，受け手が多いほど，その広告収入は大きくなります。つまり，マスメディアは受け手に受ける情報を送らなければならないのです。

かつて日本では日清，日露戦争の頃に，ある新聞社が戦地での軍の活躍や勇敢な兵士たちの様子を報道することで，大衆の人気を得て，売り上げ部数を大きく伸ばしたことをきっかけに，各社がこぞって戦争賛美の報道を行いました。逆に，戦争を批判する新聞はどんどん衰退し，その結果，国民全体が戦争へ向かって突き進んでしまったのです。

現在でも，特にテレビにおいては人気を取るために「やらせ」が後を絶ちませんし，スポーツ新聞や週刊誌などでは，スキャンダラスなゴシップ記事が毎日掲載されているのはご存知の通りです。

このようなメディアの特性，特にマスメディアの特性を知ることは，メディアを批判的に見る力となりますが，逆に，自らが送り手となって情報を伝える，つまり，どのようにすれば自分の考えを受け手に伝えることができるか，という力にもなります。これは情報デザイン力とも呼ばれ，この力を生かして，情報伝達のためにメディアを活用するスキルが，もう1つのメディアリテラシーです。

メディアの活用スキルは，実際にメディアを使った情報伝達の実践を行うことで身につけていきます。例えば，地元の情報を伝えるためのミニ映像を作成するなどです。そこでは，撮影機器や録音機器，編集装置（最近は動画編集ソフトによるコンピュータ上でのディジタル編集が一般的）の使い方，カメラワークやシナリオ作成などを身につけます。

このように情報の送り手としてのスキルを身につけ，実際に作品を制作していく作業を行うことは，伝えたい情報を実際に伝えることの難しさといったメディアの特性を再認識することにもなります。

　なお，ホームページや電子メールといったインターネットに基づく情報伝達手段に関する特性や活用スキルも，メディアリテラシーで取り上げるべき事柄だと考えられますが，インターネットはマスメディアとは一線を画した存在として考えられているため，マスメディアを主な対象とするメディアリテラシーとは区別されるのが一般的です。

情報科学リテラシー

　最後に紹介するのは情報科学リテラシーです。情報科学リテラシーは，情報処理や情報通信の原理，コンピュータの仕組みに関する知識です。気をつけなければならないのは，コンピュータを使えることと情報科学リテラシーを身につけることは違うという点です。

　実際，コンピュータを使わないで情報科学を学ぶ「アンプラグドコンピュータサイエンス」という教育手法が世界的に注目されています。コンピュータを使いながら情報科学を学ぼうとすると，どうしても使い方を学ぶコンピュータリテラシーになってしまいがちです。しかし，いくらコンピュータの使い方に詳しくなっても，情報処理の原理を理解したことにはならないのです。

　コンピュータは電子計算機とも呼ばれ，人間に代わって計算処理を行うために作られました。当初は，私たちが日常使用しているのと同じように，10進数を用いて計算を行う装置として開発されましたが，20世紀前半にクロード・シャノン（Claude E. Shannon, 1916-2001）によって2進数を使って計算をするコンピュータが考案されたことで，急速な進歩を遂げます。

　なぜ10進数ではなく2進数が良いのかというと，2進数は0と1の2つの数字だけを使った数の体系なので，2つの状態を区別することができれば，計算装置を作ることができるためです。つまり，電灯のスイッチのようにONとOFFの区別がつけばよいということなので，とても簡単に実現できます。実際にコンピュータを実現するため使われている半導体素子は，分子レベルの大

きさでスイッチを実現できるため，複雑な計算装置も非常に小さく実現することができます。また，ONとOFFの切り替えにかかる時間も非常に短いため，結果的に高速な計算処理を実現できるのです。

さらにシャノンは，2進数を用いた計算に限らず0と1だけのパターン（これをバイナリ表現と呼ぶ）で表現されたデータであれば，単純な処理の組み合わせでどんな複雑な処理でも実現できることを示しました。このことは，数値だけでなく，文字や画像，音声であってもバイナリ表現にすることができれば，処理の対象にできることを意味しています。

またフォン ノイマン（John von Neumann, 1903-57）により，プログラム（ソフトウェア）で処理の手順をコンピュータに与える方法が確立されました。この結果コンピュータは単なる計算装置ではなく，様々な情報を処理できる現在の姿になったのです。

ただし，画像をバイナリ表現できるようになったといっても，人間が芸術的な絵画を創作するように，コンピュータが画像を創作できるようになったという意味ではありません。コンピュータにできるのは，プログラムとして与えられた手順の決まった処理，より厳密には有限回の計算で結論に到達することができる処理だけです。ですから，直感や想像といった，手順として決めることができないような処理は実現できないのです。

このように，コンピュータは人間のような臨機応変さを持っていないので，様々なところで問題が発生します。例えば，数年前に発生した1円61万株事件はその典型です。この事件は，みずほ証券がある会社の株式を1株61万円で売却しようと処理したところ，誤って1円61万株で売却処理してしまったというものです。この時，株式の売買システムのコンピュータが60万円程度で取引されていた株を1円で売却するなんてありえない，という直感を働かせることができていれば，みずほ証券は数百億円もの損失をこうむることはなかったでしょう。

コンピュータウィルスも同様です。コンピュータウィルスとは，コンピュータが記憶している情報を外部へ流出させてしまったり，他のコンピュータに対して不正なアクセスを実行してしまうようなプログラムのことです。このように悪事の片棒を担がされていても，コンピュータはその処理は悪いことである

ということを想像することはできないので，ただ，それに従って処理を実施するしかないのです。

コンピュータは，様々な処理を人間には真似できないほど高速に行うことができます。ただし，それはプログラムとして決められた処理の手順を用意できる場合に限られますし，決められた処理をそのまま忠実に実行するだけです。そこには人間のような柔軟さはまったくないのです。

情報科学リテラシーは情報処理や情報通信の原理，コンピュータの仕組みに関する知識だと説明しましたが，それだけではありません。この知識を身につけることで，コンピュータができることだけでなく，できないことも理解できるのです。現在の情報化社会を支えている技術の原理を知ることは，個人情報の流出やコンピュータウィルスのような危険性から身を守ることにもつながります。このように，情報科学リテラシーはコンピュータの専門家だけに必要なリテラシーなのではなく，すべての人にとって必要なリテラシーなのです。

4　情報学を学ぶために

この講では，様々な学問分野を横断的に結びつける情報というキーワードを柱とする学問，「情報学」について紹介してきました。すでに述べたように，情報学はまだ1つの学問体系として確立されているとは言い難いのが現状ですが，今後は，情報学に含まれる理系と文系の学問の融合が進んでいくでしょう。例えば，情報科学に人間の感性を取り入れる感性工学やファジィ理論は，その典型です。そして近い将来，真の意味で1つの学問体系となった情報学が完成することでしょう。

情報学は現在，そして未来の世界を読み解く上で，非常に重要な学問であることは明らかです。そして，その基礎となる情報学リテラシーは，子どもから大人まですべての人が身につけるべき大切な力として，幅広く学ばれていくべきものなのです。

（安井浩之）

第II部 自然科学系

■第Ⅱ部では自然科学系（Natural Science）の諸分野の講義を紹介します。

自然科学系の諸学問の意義は「自然や宇宙に対する観察を通して法則を見出し，人類の未知の領域に関する推論を導く」ことだと言ってよいでしょう。古来より人類は自然や環境に対して様々な観察を行い，現在までに多くの知見を得ました。そして今や人類の知識は，ミクロでは実際には肉眼で見ることができないクォークやニュートリノ等の素粒子の挙動，さらにマクロでは実際には辿り着けない宇宙の遠方の状況にまで及びます。特に，20世紀は自然科学系のあらゆる分野にとって「奇跡の100年間」と言うべき大発展が遂げられました。

そのような膨大な情報量の中から正しい知識と不正確な知識を判別することは，自然科学を学ぶ上でより重要性を増してきています。第1講「科学論」では，読者が知識の大海原に乗り出す際に「真贋を見極める目」を持つことの重要性を，敢えて逆説的に「偽物の（＝エセ）科学」を例に取りながら解説されます。

一方で，ある自然科学の理論が正しいことを実証するのは容易ではありません。読者たちが理論の真贋を理解する力を養うためにも，構造や普遍性を語る「ことば」としての数学を，第2講「数学（代数学）」と第3講「数学（幾何学）」の講義で学んでほしいと思います。

古来より検証され続け「絶対に正しい」と思われた理論ですら，より一般的な理論で書き換えられることが稀にあります。とりわけ有名な事例は，20世紀初めにアインシュタインの相対性理論が約200年以上完全な理論と信じられたニュートン力学を書き換えたことでした。第4講「物理学」では，相対性理論が出現した必然性と背景について丁寧な解説がなされます。

第5講「化学」では，日頃私たちの周りにある物質を分子や原子レベルで理解することの重要性を，大学初学年の学生に対しても無理なく理解できるよう様々な例を取り上げて解説します。これは，読者が大学で化学を本格的に学ぶための確かな礎を築く手助けになることでしょう。

20世紀に人類の自然科学系の知識が飛躍的に増えたのと同時に，人間が自然界を操作することに対する様々な弊害も生じてきています。第6講「環境学」では，現在の環境に適応している生物達（人類を含む）にとって地球環境を悪化させることなくサステイナブル（＝維持可能）な発展を遂げるにはどうすればよいかを問題提起します。

私たちは環境問題というと壮大な事を考えがちですが，実は日々過ごしている身の周りの自然環境を愛する気持ちが基になるのではないでしょうか。第7講「地学」の講義は，武蔵野台地や周辺の地層を例に取って毎日眺める地形や川の流れの成り立ちに思いを馳せる楽しさを教えてくれます。

単に教養の枠に収まる自然科学の知識のみならず，それらの知識を活用して現代を生き抜くための「サイエンス・リテラシー」を身につける学習の羅針盤として各講義を役立ててほしいと思います。

（中井洋史）

第1講
科学論——科学とオカルトのあいだで

1 科学の周辺

大人の科学

　大学に入学すると,「これまでは教科書に書いてあることを覚えればよかったけれど,これからは自分で考えなければいけない」といった言葉を聞かされると思います。この言葉は,自然科学の場合,特に大きな意味を持っています。自然科学は,自然界から新しい現象を見つけるのが仕事です。そのためには,すでに知られていることを研究しても意味はなく,教科書に載っていない新しいことを考える必要があるのです。

　高校の教科書はきわめて安全な世界です。内容はその分野の専門家の99％が納得したものであり,産業界からも不平不満がでないように作られています。大学入試も同じです。したがって,教科書を勉強し,入学試験を受けている限り,物事の是非を判断する機会はありません。

　しかし,大学に入って科学に関わるようになると,科学的な事柄の是非を判断する必要が生じます。是非というのは,社会的に望ましいかどうかといった生やさしいことではありません。書いてあること自体が誤っていたり,意図的に偽っていたりすることもあるのです。近年では,情報技術の発達により,誰でも手軽に研究成果や商品広告を発信できるようになりました。このような時

代だからこそ，科学的な言説の真偽を見極めることが現代人の「リテラシー」として求められています。

本講では，「科学」とは何かを考えるために，疑似科学（pseudo science）などの「科学でないもの」について論じていきます。読者の皆さんには，「科学」と「科学でないもの」の微妙な境界を感じていただき，大人としての「科学」との関わり方を考えてほしいと思います。

科学と技術

本講では，高校で習った物理，化学，生物，地学の他，薬学，医学，電子工学，機械工学などの応用分野を含めて，科学あるいは自然科学と呼ぶことにします。科学（science）と技術（technology）を区別する考え方もありますが，人間の営みとして考えた時には，大きな違いはありません。

科学と技術を区別する時には，自然界の法則を探求するのが科学であり，その応用を考えるのが技術であると言われます。しかし，科学と技術の境界は時代とともに変わります。近代のヨーロッパでは科学と技術を区別する傾向が強かったと言われますが，現代の日本やアメリカでは，応用と関係のない科学など，見向きもされないのが実状です。

もっと昔に目を向ければ，天文学の起源は農業のために暦作りでした。そして，航海のための天体観測が物理学の発展に寄与しました。化学はもっと世俗的で，金を作る錬金術や不老長寿の薬を作る錬丹術が進歩の原動力となりました。人間の欲望を離れて，自然の摂理の探求することなど，実際は少なかったのだと思います。

科学の座標軸

現代社会には，科学的な言葉を使いながら，「科学」とは呼べない主張が多くあります。しかし，「科学」と「科学でないもの」に分けるのは，難しいこともあります。そこで，怪しげな主張に出会ったら，取り敢えず，図Ⅱ-1-1のような座標軸のどのへんに位置するかを考えてみるとよいでしょう。

一番右側の領域は，確立された科学です。これは専門家のほとんどが認める

図Ⅱ-1-1　科学の座標軸

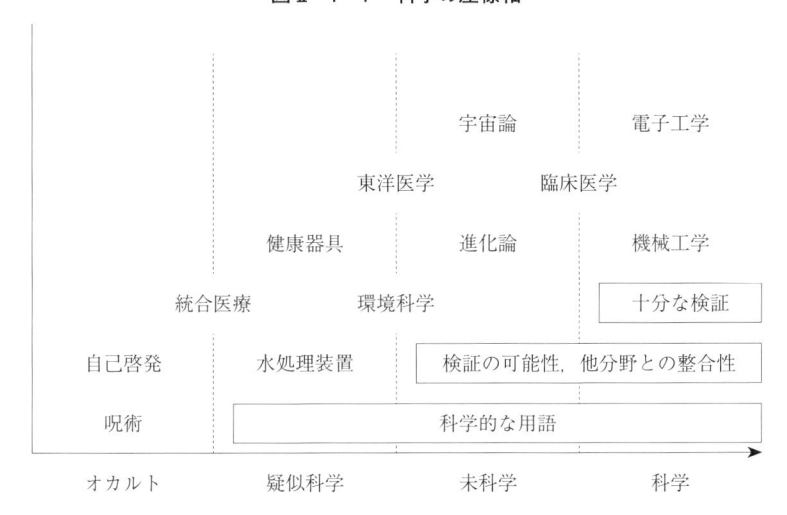

```
                         宇宙論           電子工学

                  東洋医学          臨床医学

              健康器具        進化論           機械工学

         統合医療       環境科学        ┌─────────┐
                                        │ 十分な検証 │
                                        └─────────┘
   自己啓発      水処理装置  ┌──────────────────┐
                              │ 検証の可能性, 他分野との整合性 │
                              └──────────────────┘
   呪術         ┌────────────────────────┐
                │        科学的な用語        │
                └────────────────────────┘                →

   オカルト     疑似科学        未科学         科学
```

主張であり，十分に確かめられている事柄です。高校の教科書や大学入試などは，この領域が対象になります。次に来るのが未科学（proto science）の領域です。これは，科学的な方法論に従って研究しているが，十分に確かめられていない事柄です。

その左側が，疑似科学（pseudo science）と呼ばれる領域です。この領域の特徴は，科学的に感じられる言葉を使いながら独自の論理を展開することです。例えば，電子，イオン，エネルギー，波動などの言葉を使うのですが，その意味は通常の科学とは異なっています。この他，捏造された論文や恣意的に編集された報告書なども疑似科学の領域でしょう。

一番左側が，オカルト（occulta）です。迷信と言ってもよいでしょう。この領域では，科学的な言葉をほとんど使われません。商品としては，お金が儲かる財布，幸せになる壺，寺社のお守りなどがあります。

2　疑似科学の世界

研究室日記

　大学にいると，色々な人が訪ねてきます。中には，永久に動力として利用することのできる永久機関を発明したという人もいました。その機械は磁石を組み合わせたものでしたが，それまでに世界中の多く発明家が提案し，一度も成功したことのない種類のものだったので，その時は丁重にお引き取りいただきました。そこまでいかなくても，不思議なものが次々と持ち込まれます。

　ある時，初老の紳士がやってきました。彼はバンドエイド（救急絆創膏）のようなテープを取り出し，そのテープの効果について証明してくれと言いました。そのテープは水道管の蛇口に貼ると，水がきれいになるというものです。台所の蛇口だけではなく，貯水池の給水管に貼れば，コケなどの汚れもすべてきれいになり，濁った池が澄んだ池になるという優れものです。彼は厚さ10cm近くあるファイルに綴じられた貯水池の写真をたくさん見せてくれました。テープの中身について質問したところ，特殊なエネルギーを発する鉱物だということです。

　このテープの仕組みは，科学ではうまく説明できません。水道管の中に設置するのであれば，フィルターのような効果で水中のゴミが取れるかもしれませんが，外側からテープを貼っただけで効果があるとは思えません。また，給水管から出る水がきれいになったところで，貯水池の汚れがきれいになる説明にはなりません。私は正直に，彼の主張が理解できないと伝え，そのテープが発する不思議なエネルギーについて説明するように求めました。しかし，彼は，今の科学では説明できないかもしれないが，効果があるのは確実だといって，分厚いファイルを見せるばかりでした。

　その紳士は不満そうでしたが，仕組みが納得できないものについて，コメントをすることはできません。そのようなことをしていると，ある日突然，漫画週刊誌の裏表紙に，○○大学○○教授推薦という顔写真が載ることになります。結局，水がきれいになる不思議なテープについては，私自身が実験をしてみることにして，彼には帰ってもらいました。後日，その実験のことで連絡をした

のですが，水をきれいにする実験については，あまり興味がないようでした。しかし，彼は新しい提案をしてきました。例のテープをクルマのエンジンに貼ると燃費がよくなるので，一緒に研究しないかというのです。私はエンジンについては何も知らないので，この話は断りました。

　また，ある時は，小さな商社の社員が訪ねてきて，海外から仕入れた医薬品を売るために，資料を翻訳してくれと言いました。そのクリームは筋肉痛を和らげる他，皮膚から浸透してガンにも効くというものです。資料には，これらの効能が書いてあるだけで，その根拠は何も書かれていませんでした。また，公的機関によって実施されたという分析結果は，缶詰の成分表示と大差なく，特別な効能が予想されるものは何一つありませんでした。海外の特許を取っているということでしたが，それは原料を加工する技法に関するもので，クリームの効能とは無関係でした。

　この話では，いくつか勉強したことがありました。1つは，不思議な商品がまかり通っているのは日本だけではないということです。日本でも，アメリカのテレビ通販を見ることができるので，その様子は想像できると思います。ヨーロッパも同じようなものです。欧米諸国の人々は理性的であり，日本人と違うというのは大きな間違いです。クリームを仕入れた商社員は騙されていることに薄々感づいていたようでした。こんなものを売ると刑務所行きになると，はっきり言っておきました。

マイナスイオン

　2000年頃から，疑似科学が新聞や雑誌に取り上げられるようになりました。それまでも，怪しげな理論はたくさんあったのですが，書物で自説を発表するだけで，商品として売られるものは目立ちませんでした。このため，疑似科学はSF（サイエンスフィクション）の一種と考えられ，真面目に批判するのは野暮であるといった風潮もありました。疑似科学に関する書物（トンデモ本）を評論する「と学会」という団体がありますが，この団体ができた1990年頃はSF愛好者の集団に近いものでした。

　疑似科学に寛容だった科学者たちが立ち上がったきっかけは「マイナスイオ

ン」を発生させるエアコンでした。当時，すべての大手家電メーカーのエアコンには，効能どころか存在すら明らかでない「マイナスイオン」の発生器がついていたのです。

　イオンというのは，電気的に中性でない原子や分子のことです。正の電気を持つものを陽イオン（cation），負の電気を持つものを陰イオン（anion）と呼びます。上述のエアコンには，高電圧の電極がつけられ，空気がその間を通る時に，「マイナスイオン」が発生するそうです。確かに，大気中で放電すると，酸素，窒素，水蒸気などが陽イオンや陰イオンになったり，酸素がオゾンになったりします。実際に，工場などでは，陽イオンと陰イオンを吹き出して，製品の静電気を除去する装置が使われています。

　しかし，エアコンのメーカーは，「マイナスイオン」の正体を明らかにしませんでした。また，健康によいという根拠も示しませんでした。これが何かの陰イオンであれば，陰イオンだけ吹き出すのは奇妙な話です。自然界は，全体としては電気的に中性なので，陰イオンと陽イオンは対になって生まれないとおかしいからです。また，オゾンが発生しているとすると，人体に有害な恐れもあります。これらのことを物理学者たちが指摘するようになり，2005年頃には，「マイナスイオン」は電器店の店先から姿を消しています。

　「マイナスイオン」の騒動には，いくつか学ぶべきことがあります。まず，その起源がとても古いということです。1892年にフィリップ・レーナルト（Philipp Lenard, 1862-1947）が滝の近くで発生する霧状の水滴は負の電気を帯びていると報告しました。もう少し正確に言うと，小さな水滴は負の電気を帯びて空中に舞い上がり，大きな水滴は正の電気を帯びて水面に落ちるというものです。その後，滝の近くは気持ちがいいから，負の電気は身体によいのだろうと思われるようになり，1940年頃まで，ドイツや日本の医者たちが研究を行いました。中には，銭湯が気持ちいいのは，湯気が負の電気を持っているからだという主張もありました。

　この時，負の電気は身体によい，正の電気は身体に悪いという根拠のない二元論が生まれました。これが，50年後の「マイナスイオン」の宣伝では，現代風にアレンジされ，負の電気は免疫力向上や精神安定に寄与し，正の電気は動

脈硬化や痴呆症を引き起こすとされました。臨床医学の研究は，患者の心理や生活環境に左右されるため，よほど注意をしないと，商店街のアンケート調査と大差ないものになります。「マイナスイオン」の騒動は，50年前の医学論文を持ち出せば，怪しい話はいくらでもできることを教えました。

多くの人に衝撃を与えたのは，有名な大企業が，何の臆面もなく，疑似科学商品を売っていたという事実です。何万人もの技術者を抱え，スーパーコンピュータや原子炉などを作る会社なので，違和感を持った技術者もいたはずです。しかし，負のイオンだけを放出し続けるという不思議な商品に異議を唱えることはできませんでした。大企業だからといって，信頼することはできません。

水 商 売

マイナスイオンは下火になりましたが，世の中には不思議な商品があふれています。インターネットで，イオン，電子，水，金属，鉱石，磁石，エネルギー，波動などのキーワードを検索してみると，たくさんの商品が見つかります。いくつか紹介してみましょう。

市場規模が一番大きいのは水に関連した商品です。人々の関心が非常に高いのに対して，水の性質があまり知られていないことが理由でしょう。ある物理学者がこれらを「水商売」と名づけ，その真偽をウェブサイトなどで論評しています。浄水器などの処理装置だけでも，数十種類の商品がありますが，通常の科学で説明できるものはわずかです。

これらの処理装置で注目すべきことは，装置を通った後で，水の性質が変わると主張していることです。装置によって不純物が取れたと言うならばよいのですが，その装置を通過すると水そのものが変化して，例えば，金属が錆びない水，植物が腐らない水になるというのです。このような効果は，水が「活性化した」というように抽象的に言われることもあれば，水の「クラスター」が小さくなったと説明されることもあります。

処理装置は1台あたり数万円〜数百万円するので社会問題も生じています。例えば，浄水器を対象としたマルチ商法では多くの被害が報告されています。

友人知人に浄水器を売れば利益が得られると勧誘して保証金などを騙し取る手口です。また，大型のものは，学校，病院，庁舎など公共施設に売り込まれますが，購入担当者が科学に疎いために騙されるケースが多く見られます。

　2000年頃『水からの伝言』という写真集が話題になりました。氷の結晶を撮ったものですが，水に「ありがとう」と書いた紙を貼って凍らせると，対称性のあるきれいな結晶になり，「ばかやろう」と書いた紙を貼ると，醜くゆがんだ結晶になるというものです。もちろんフィクションなのですが，ある教職員団体がことばの大切さを伝える教材として紹介したため，各地の学校で紹介されました。子どもたちが信じたかどうかは定かではありませんが，この本は，続編も出版され，英語版も各国で売られています。

健康用品

　ゲルマニウムの指輪，ブレスレット，ネックレスなどが健康用品として売れています。その効能は血行促進などですが，その根拠は傑作です。ゲルマニウムは32℃以上にすると電子を放出し続けるというのです。おそらく，1960年頃まで売られていたゲルマニウムラジオが電池なしで使えたことからの類推でしょう。2009年に国民生活センターが健康促進の効果はないとの見方を発表しました。

　肩凝りや筋肉痛に効くというチタンテープも有名です。その根拠はチタンが生体電流を調整するというものですが，そもそも生体電流という概念はありません。チタンは人体のアレルギー反応などが少ないため，人工骨などに使われています。このことが，チタンは健康によいものだという印象を作ったのでしょうが，毒にならないものは薬にもなりません。

　永久磁石は，磁気ネックレスや磁石のついたテープ（絆創膏）として，売られています。その効能は血行促進などですが，現在の科学では説明できません。磁石のついたテープを身体に貼ると体温が上がるといったデータを業者が持っており，これを根拠に医療機器の認証を受けています。ゲルマニウムやチタンもそうですが，何か異物を身体に貼るだけで体温は上がるのかもしれません。

健康食品や化粧品にも怪しいものがたくさんあります。人体に必要なものだからといっても，食べたり，塗ったりして補給できるかどうかは疑問です。例えば，コラーゲンやヒアルロン酸を飲んだら，これらの高分子は胃や腸で分解されるのがふつうです。皮膚や関節まで届くのでしょうか。また，皮膚に塗っても，高分子が皮膚から吸収されることはありません。この他，食品関係では，活性酸素，抗酸化物質などの言葉があふれていますが，科学的な用語として正しく使われているかどうか疑問です。

3　疑似科学の背景

業者の言い分

　大学には，不思議な商品を持って多くの人たちが相談にきます。彼らに共通していることは，とても善良そうだということです。怪しさは微塵もありません。私は何十人もこのような人たちと会ってきましたが，彼らと話しをしながら，彼らが何を考えているのか分からなくなることがよくあります。しかし，彼らの言い分を聞いていると，いくつかの共通点が見えてきます。

　疑似科学商品を持ち込む人たちが最も強調するのは，「実際に効果があった」ということです。たとえ「自然科学の体系」に反するものであっても「実際に効果があった」のだから，何も遠慮することはないという態度です。一方，科学者にとってみれば，「自然科学の体系」に反するものが「実際に効果があった」というのは大変なことです。もし，それが本当であれば，「自然科学の体系」を作り直さなければならないからです。彼らの主張を聞いていると，科学に対する考え方の違いが見えてきます。

　彼らは，「自然科学の体系」を定める機関がどこかにあると信じているようです。このため，自分の商品が「科学の体系」に反するならば，あらたに登録してもらえばよいと考えています。彼らが大学教員を訪れる理由もそこにあります。大学教員には，そのような手続きができると思っているのです。だから，私が協力を渋っていると，この男には権力がないのだろうと考え，もっと権力のある教授を紹介してくれという話になります。ちょうど，法令に合わな

い商売を始めようとする時に，法令の改正を国会議員に陳情するようなものです。

しかし，「自然科学の体系」を定める機関は地球上のどこにもありません。日本の文部科学省は，小学校，中学校，高等学校の学習指導要領を定め，教科書を検定していますが，それは「自然科学の体系」の中から教えることを選んでいるだけです。また，自然科学の分野ごとに学会と呼ばれる組織がありますが，そこでは，専門用語の使い方などを決めているだけであって，「自然科学の体系」を定めているわけではありません。

また，彼らの中には，自分の商品だけに当てはまる「新しい理論」を主張する人たちもいます。実際に「自然科学の体系」は「新しい理論」が付加されながら日々成長しているわけですが，その場合「新しい理論」が他の理論と矛盾しないこと，自然科学全般にわたる幅広い分野の実験結果と矛盾しないことが前提となります。相対論にしても量子論にしても，中世から蓄えられた各分野の実験結果と矛盾しないからこそ，「自然科学の体系」に付加することが許されたのです。

騙される幸せ

疑似科学商品は，買っている方にも問題があります。その1つは，科学的知識が貧弱なことです。世の中の物質は，100種類あまりの原子から成り立っていて，原子は原子核と電子からできています。そのことさえ理解していれば，ゲルマニウムが永遠に電子を放出し続けるのはおかしいと感じるはずです。

また，原子や分子といった「物体」を議論する前に，「体にいいもの」「環境にいいもの」といった「機能」に意識が向いてしまう傾向も見られます。そういった「機能」が納得できれば，「物体」にまで目を向けないのです。疑似科学商品の隆盛は，物事を細かく分けて理解するという要素還元主義（reductionism）の衰退が背景にあるようです。

要素還元主義が見放された理由はよく分かりません。電化製品などが精密になり，ブラックボックスとなったために，細かい内部にまで興味を持つ機会を失ったためだろうという説もあります。また，1960年代の構造主義（structuralism）や1980年代のシステム理論（system theory）が理科教育に影響を与えたのではないかと考えることもできます。

　日本には，和魂洋才という言葉があります。元になったのは，和魂漢才という菅原道真の言葉です。これらは日本の精神を失うことなく，西洋や中国の知性を受け入れようという考え方です。つまり，菅原道真の時代から，知性は借り物であり，役に立てばよかったのです。日本における疑似科学の背景には，科学に対する当事者意識の欠如もあるようです。

　疑似科学商品の愛好者は，マルチ商法（multi layer marketing）の支持者と重なります。マルチ商法というのは，消費者が友人知人に商品を転売することを前提とした商売です。騙されやすい人たちと言ってしまえば身も蓋もないのですが，いずれも1980年代から流行しだしたニューエイジ（new age movement）が背景にあります。既存の自然科学や経済秩序に不満を覚えた人たちが，神秘的な力に魅せられて近づいていき，ある種の洗脳によって抜け出せなくなってしまうのです。

科学者の悲哀

　1989年，常温核融合が発表されて話題になりました。1億℃以上の高温で起こる核融合が，25℃の試験管の中で起こるというのです。しかし，多くの研究者が再現を試みましたがうまくいきませんでした。結局，この実験は，専門外の研究者が比較的簡単な装置で行ったものなので，何かの間違いだろうということになりました。ただ，発表されたのが，専門的な学術雑誌ではなく，有名な経済紙『フィナンシャル・タイムズ』であったことから，捏造かどうかはともかく，功名を求めたのは確かでしょう。

　一方，社会のあり方を考えさせられる事例もあります。2002年，アメリカのベル研究所で発覚した常温超伝導の捏造事件です。ベル研究所は，元々，電話会社の研究所でしたが数千人の研究者がおり，その研究はノーベル物理学賞を7回（13人）受賞しています。この研究所に常温超伝導を研究する若手研究者がおり，ノーベル賞候補とまで言われたのですが，これに関する十数本の論文が捏造でした。

また，韓国では2005年，ヒトの体細胞を使ったクローン胚からES細胞（万能細胞）を作ったとして，国家的に賞賛されていた研究がすべて捏造であったことが発覚しました。この背景には，政府がノーベル賞の受賞を増やすため，特定の研究に対して多額の資金を提供してきたことがあると言われています。政府の期待に応えるため，研究者が論文を捏造したというわけです。
　今，大学や企業の研究のほとんどは，3年程度の期限つきプロジェクトです。それぞれのプロジェクトは，事前に設定された目標に向けて，計画的に研究が進められます。このため，研究者たちは計画通りに成果を出さなければ，無能な研究者と見なされて，場合によっては失業することもあるのです。
　科学全体のことを考えれば，「この方法ではできないことが分かりました」というのも立派な成果ですが，それは通用しません。大学や企業の研究者たちは，期限内に成果を出すように追い詰められているのです。論文捏造の背景には，このようなプロジェクト主義があります。
　科学の世界は，今時珍しく性善説で成り立っています。研究成果を発表する学術雑誌には審査がありますが，データのばらつき，論理展開などをチェックするだけで，本気でだまそうとしたら，防ぐことはできません。特許も同じことです。すでに同じことを申請している人がいないか，基本的な科学法則に反しないかを調べるだけです。論文も特許も追試はしません。

偽薬効果

　実験結果の偽造は，無意識に行われることもあります。例えば，実験結果に対して強い先入観がある場合，予想と違う結果が出ると「実験に失敗した」と考えて，その結果を捨てることがあります。そして，予想通りの結果が出るまで，実験を繰り返すのです。このような行動は，結果として，予想にあった都合のよいデータだけを集めることになります。
　無意識の偽造は，薬学や医学など，人間の心理が関わる分野では，さらに大きくなります。例えば，何かの病気に苦しむ人たちに，画期的な新薬だと言ってデンプンなどで作った錠剤を渡すと，約3割の人は効き目があったと答えます。これを偽薬効果（placebo effect）と言います。医療機器，健康器具，健

康食品などは，使用者が効いていると答えても，心理的な効果を無視することはできません。

製薬会社が新薬の効き目を確かめる時には，このような偽薬を使います。患者を2つの集団に分け，一方には新薬を飲ませ，もう一方には形のそっくりな偽薬を飲ませます。患者に薬を渡す医者にも，どちらが新薬であるか伏せることもあります。そして，新薬の効き目が，偽薬の「効き目」よりも十分に大きい時，新薬は効果があったと判断するわけです。偽薬にはデンプンではなく，既存の医薬品を使うこともありますが，考え方は同じです。

4　科学と社会

科学の論理

論理の展開の仕方には，大きく分けて2種類あります。その1つは演繹（reduction）と呼ばれます。例えば，「すべての猫は，魚を食べる」「わが家のタマは，猫である」，ゆえに「わが家のタマは，魚を食べる」という論法です。猫に関する一般的な法則から，「タマ」の性質を導いているわけで，前提の2つが正しければ，結論は正しいだろうと，すべての科学者が信じています。

これに対して，帰納（induction）と呼ばれる論法があります。例えば，「わが家のタマは，魚を食べる」「隣家のトムは，魚を食べる」「野良猫のミケは，魚を食べる」という事実から，「すべての猫は，魚を食べる」と推論するものです。「タマ」や「トム」や「ミケ」に関する個別の情報から，猫についての一般的な法則を導いているわけです。しかし，この推論には弱点があります。何らかの方法で確かめないと，推論が正しいとは言えないのです。帰納により推論しただけでは，どこかに菜食主義の猫がいる可能性を否定できません。

それでは，演繹の方が帰納より優れているのでしょうか。確実に正しい推論をするという意味では，その通りです。しかし，演繹では知識の量は増えません。演繹は公式を使って練習問題を解くこと，帰納は公式を新しく創ることに相当します。科学という行為が人類の知識を増やすものだとしたら，科学者は帰納を避けて通ることができないのです。

自然科学の法則は，ほとんどが帰納によって得られたものです。初めから正しいことが保証されているわけではないので，仮説と呼ばれることもあります。仮説というものは否定するのは簡単ですが，肯定するのはとても難しいものです。例えば，「すべての鳥は空を飛ぶ」という仮説はペンギンに出会ったとたんに崩壊します。一方，「すべての鳥は卵を産む」という仮説は，地球上のすべての鳥を調べるまで正しいとは言えません。そして，最後の鳥にも「最後」という札がついているわけではありません。それでも，科学者たちは，仮説の正しさを確かめるために，研究を続けています。

　このことを強調したのがカール・ポパー（Karl Popper, 1902-94）です。科学においては，反例を探すことが大切であり，反例を探すという試練に耐え抜いた仮説ほど，信頼できる仮説であると主張しました。そして，科学の体系は，反証可能性（falsifiability）のある仮説の集まりであると主張しました。つまり，検証された仮説が科学になるのではなく，反例を探している途中の仮説でよいと考えたのです。

　別に開き直っているわけではありません。むしろ，科学に対して厳しい注文をつけることになりました。この考え方によると，反証可能性のない理論は，そもそも，科学とは認められないことになります。例えば，フロイト（1856-1939）やマルクス（1818-83）の論文は反証可能性がないので，科学ではないとされました。現在で言えば，疑似科学や捏造論文の多くは，反証することができません。

科学の哲学

　人間は自然法則をどこまで知ることができるのか，古くから哲学者たちは議論をしてきました。例えば，人間の目に見えないものについては，人間が自然法則を知ることはできないのではないかという考え方があります。目に見えない世界について仮説を立てても，その真偽を決めることはできないだろうというのです。

　例えば，構成的経験主義（constructive empiricism）という考え方は，目に見えない世界の自然法則は，それをもとにして，目に見える世界が説明できれ

ばよいのではないかと主張します。そうなると，目に見えない世界の自然法則は何通りあってもよいことになります。このような科学観は「目に見える効能があったのだから，原子レベルの説明はどうでもよい」という疑似科学商品を容認する背景にもなっています。

さらに難しく考えていくと，目に見える物体であっても，人間の意識と無関係に，物体が存在するのか，自然法則が存在するのか，という話になります。古くから，物体が存在するのは，それを認識する人間がいるからだという考え方があります。また，物体の存在は人間の意識と無関係であるが，自然法則は人間の意識による産物であるという考え方もあります。つまり，自然界には客観的な自然法則などないのに，物体の運動を記録した人間が，勝手に数式で「表現した」のが自然法則だというわけです。

そうすると，自然法則は科学者の数だけあることになります。それでは，教科書に載っている自然法則は何なのでしょうか。社会構成主義（social constructionism）という考え方では，何通りもありうる自然法則のうちから，科学者たちが合意の上で選んだものが，自然科学の体系だということになります。つまり，自然法則は，科学者たちの仲間内の決め事にすぎないというわけです。

科学思想の現代史

科学に対する人々の考え方は時代とよって変わります。最近の50年で，注目すべきことは，人々が科学と距離を置くようになってきているということです。誰かが「科学によって，人類は幸せになれる」と言えば，多くの人が「ちょっと待って」と思うでしょう。このような感覚が，この50年間，日本や欧米で育まれてきました。

第2次世界大戦後，アメリカは工業化社会を大きく発展させましたが，1960年代になると，環境汚染などの弊害も現れました。1962年，レイチェル・カーソン（1907-64）が『沈黙の春』という書物で，アメリカにおける農薬汚染を告発して大きな反響を呼びました。この時の衝撃が，紆余曲折を経て，現在の環境保護運動につながっていきます。また，同書に見られる自然への賛美は，自然界の神秘的な力を信じるというかたちで，後述するニューエイジ（new age movement）などに引き継がれていきます。いずれにしても，科学が万能ではないことに人々が気づいたのがこの時期です。

　一方，政治的なことに目を向けると，この時代はキューバ危機（1962年）に代表されるように，世界中が核戦争の恐怖を感じた時期でした。核兵器や核実験に対する反対運動が各地で展開されました。環境保護団体として有名なグリーンピースも，当初は核実験の阻止を目的としており，クジラの愛好家団体ではありませんでした。核兵器の問題は，人々に自然科学に対する嫌悪感を抱かせました。

　ヴェトナム戦争（1965-75年）はアメリカが初めて負けた戦争です。アメリカ本土が繁栄する中で，20万人以上の米兵が死傷し，徴兵制が敷かれていたアメリカの若者の間に戦争に反対する機運が高まりました。その一部は，徴兵を逃れて放浪し，ヒッピー（hippie）と呼ばれました。その後，若者たちの反戦思想は，伝統的な文化を否定するカウンターカルチャー（counterculture）と呼ばれる文化的流行を作り出し，欧米各地に広がっていきます。カウンターカルチャーは自然科学にも敵対しました。自然科学は中世以降の実験や理論を慎重に積み上げた伝統的な文化だからです。

　欧米人が，禅，ヨガ，老子など，東洋的な思想に興味を持ち始めたのは，この頃です。欧米人が伝統的な文化に反発することは，正統的なキリスト教を否定することを意味しました。日本なら，いくら反抗的な若者でも，神社仏閣に反感を持つことはありませんが，事情が違うようです。彼らは，キリスト教的な唯一神教（monotheism）に反する思想であれば，手当たり次第に取り込んでいき，1980年頃にニューエイジと言われる風潮を作り出しました。

　ニューエイジには，禅，道教，老荘思想，チベット仏教，ヒンズー教など，様々な思想が混ざっています。その特徴は，森羅万象に神が宿るという汎神論（pantheism）であり，人間にも神秘的な力を認めています。近年，ニューエイジは，禅，気功，ヨガ，瞑想，統合医療，心理療法，超能力，チャネリング，ヒーリング，スピリチュアル，自己啓発など，様々なかたちで社会に広がっており，疑似科学の精神的な拠り所の1つになっています。

5 おわりに

　本講では，「科学」とは何かを考えてもらうため，「科学でないもの」を紹介してきました。高校の教科書から，一歩踏み出すと，科学的な用語を使いながら，怪しいものがあふれています。これから，科学と関わっていく皆さんには，「科学」と「科学でないもの」を区別する嗅覚を養ってほしいと思います。

　単純なことですが，うますぎる話は要注意です。商品ならば効能が複数あるもの，論文ならばデータが整いすぎているものです。また，目に見える結果を論じるだけで，原子や分子といったミクロな視点で説明できないものも，現代の科学としては認められません。この他，既存の研究と関連づけられないものも検討が足りないと言えるでしょう。

　最後に，少し真面目な話をしておきましょう。これまで他人事のように疑似科学を論じてきましたが，皆さんにとって一番大事なことは，疑似科学の作者にならないことです。現代社会に生きる皆さんは，たとえ悪意がなくても，詐欺師になってしまう可能性を持っています。

　論文や報告書を捏造するほどの創造力がなくても，都合の悪いデータを隠すことは誰にでもできます。自然科学の実験では，期待している結果だけを無意識に集めてしまうこともよくあります。

　文系の皆さんも同じです。何かの資料をまとめる時，恣意的に情報を選んでいれば，内容に手を加えてなくても，立派な詐欺師です。インターネットの普及により，情報検索は日常的な作業になっていますが，「検索する」という行為自体，「自分の欲しいものを選ぶ」ことを意味します。

　自然界には未知の現象が山ほどありますが，研究者は社会的評価や仲間の評判を気にしながら研究課題を選びます。しかし，研究成果の真偽に関する議論だけは，社会情勢や人間関係とは無関係に公平に行われるものと認識されています。現代社会では，物事の真偽について議論することを避ける傾向にあります。何かおかしいと思っても，考え方の違いということにして，逃げてしまいます。それは争いを避けるための知恵なのでしょうが，自然科学に関しては，白黒をはっきりさせることが求められています。

自然科学に関して，大学で身につけるべき「リテラシー」の第一歩は，客観的に研究を進めていく態度であり，他人の研究を評価する能力です。そのためにも，怪しげな疑似科学を笑いとばしながら，論理展開の真偽を見極める訓練をしてほしいと思います。

（吉田真史）

第2講

数学(代数学) ——婚姻の数理

1 世界を読み解く数学

イタリアの科学者ガリレオ(1564-1642)の有名なことばに,「自然という書物は数学のことばで書かれている」というものがあります。本書の題に即して言うならば,「数学は自然という書物を読むための**リテラシー**である」ということになるでしょう。

数学のことばが用いられるのは,物理学や化学などの自然科学だけではありません。ここでは,文化人類学に数学のことばが鮮やかに用いられた例を紹介します。

2 婚姻規則

レビラート婚の話

新約聖書「マルコによる福音書」第12章18節以下に,次の話があります。

　復活はないと言っているサドカイ派の人々が,イエスのところへ来て尋ねた。
　「先生,モーセはわたしたちのために書いています。『ある人の兄が死に,

妻を後に残して子がない場合，その弟は兄嫁と結婚して，兄の跡継ぎをもうけねばならない』と。ところで，七人の兄弟がいました。長男が妻を迎えましたが，跡継ぎを残さないで死にました。次男がその女を妻にしましたが，跡継ぎを残さないで死に，三男も同様でした。こうして，七人とも跡継ぎを残しませんでした。最後にその女も死にました。復活の時，彼らが復活すると，その女はだれの妻になるのでしょうか。七人ともその女を妻にしたのです」。(新共同訳)

これは，レビラート婚という習慣についての話です。現代の目からは，女性の人権を無視したひどい風習にも見えます。

レビラート婚に対してソロレート婚というものもあります。これは一夫一婦制の社会では，妻の死後その姉妹と再婚することですし，一夫多妻制の社会では，妻の姉妹をもう1人の妻にするということです。例えば旧約聖書の創世記では，ヤコブがレアとラケルという姉妹を妻にしています。

婚　姻　型

2009年10月にクロード・レヴィ＝ストロース (1908-2009) が100歳で亡くなりました。彼の博士論文「親族の基本構造」(1949年) では，世界の諸部族の婚姻規則について考察がなされています (クロード・レヴィ＝ストロース『親族の基本構造』青弓社，2001年)。婚姻規則の基本は次の2つです。

(M1)　部族のメンバーは，それぞれある「婚姻型」を持っていて，結婚できるのは同じ婚姻型を持つ男女同士に限る。

(M2)　婚姻型は，本人の性別と親の婚姻型 (規則 (M1) により，両親の婚姻型は同じ) で決まる。

したがって，同性のきょうだいは同じ婚姻型を持つことになります。このことがレビラート婚・ソロレート婚の前提になっているわけです。

妻が夫に先立たれた場合，同じ婚姻型を持つ新しいパートナーを身近に見つけることができれば，これまで築いた生活基盤を失わずに済みます。そして身近で同じ婚姻型を持つことが確実なのが亡夫の兄弟，というのがレビラート婚

の論理だったのではないでしょうか。

　むしろ自分の子が兄の跡継ぎになってしまうという点で弟側に不満があったようで，旧約聖書の創世記第38章には，レビラート婚の制度のもとで兄嫁タマルとの間に子をもうけるべきだったオナンが，これを拒もうとして神に罰を受ける話があります。タマルは結局，娼婦を装って舅であったユダと関係し子をもうけます。その子孫になんとダビデ王がいます。

禁　　忌

　婚姻型という概念を用いると，「親子は結婚できない」「きょうだいは結婚できない」と言う禁忌は，

　（T1）　親と子は婚姻型が異なる
　（T2）　異性のきょうだいは婚姻型が異なる

という規則になります。以下，この規則を含む婚姻規則を考えることにしましょう。

　タマルの場合，元々ユダの息子の嫁だったのですから，ユダとは婚姻型が違っていたはずで，その意味でも共同体のルールに反したことだったと思われます。

集合と写像の記号

　レヴィ＝ストロースは，友人の数学者アンドレ・ヴェイユ（1906-98）（思想家シモーヌ・ヴェイユ（1909-43）の兄）の助けにより，婚姻規則とその帰結について論じています。その説明のために，上に述べた婚姻規則を**集合**（set）のことばで記述してみましょう。

　M をその部族の婚姻型全体の集合とします。そして，婚姻型 x の親の息子の婚姻型を $f(x)$，娘の婚姻型 $g(x)$ とします。この時，f, g は M から M への**写像**（map）というものになります。

　この記号を用いると，「親子は結婚できない」「きょうだいは結婚できない」と言う禁忌は，

　　　（T1）　$f(x) \neq x$, $g(x) \neq x$

(T2)　$f(x) \neq g(x)$

と書くことができます。

　このような記号は，高校で関数を習った時に見たことがあると思います。写像は関数の概念をモデル化したものです。ですから，高校で関数を理解した人にとっては，以下に述べる婚姻規則の話を理解することは難しくないでしょう。リテラシーとはそういうことなのです。

　話を進める前に，次節では集合と写像に関する基本的概念・事実について準備することにします。

3　集合と写像

集　　合

　冒頭で「自然という書物は数学のことばで書かれている」ということばを紹介しましたが，現代の数学は集合ということばで書かれています。言い換えると，集合は現代数学のためのリテラシーなのです。

　「複数のものをひとまとめにして扱う」というのが集合の考え方です。例えば，a, b, c というものがある時，これを1つにまとめて名前をつけたもの

$$S = \{a, b, c\}$$

が集合です。a, b, c を集合 S の**元**（element）と言います。

　このように，集合という概念はまったく単純なものです。昔は小学校で習いました。集合およびその基本的な用語が出てくるのは4年生からでしたが，すでに1年生の初めから，数・量・図形に関する諸概念を明確にするために常に必要な基礎的概念として，集合が意識されていたのです。

　一般に，x が集合 A の元である時，$x \in A$ と書きます。

　「複数のもの」と言いましたが，$\{a\}$ のように元を1つだけ持つ集合や，元が1つもない集合（**空集合**）も考えます。空集合を $\emptyset$ という記号で表します。この記号は先ほど言及した数学者アンドレ・ヴェイユによるもので，ノルウェー

語のアルファベットの文字だそうです。

　有限個の元からなる集合を有限集合，そうでない集合を無限集合と言います。

　集合 A, B が等しい（$A=B$）とは，A の元がすべて B の元でもあり，かつ B の元がすべて A の元でもあることです。

　数学では，2 つの対象が「等しい」とはどういう意味なのか，という問いが重要です。

部 分 集 合

　集合 A の元がすべて集合 B の元でもある時，A は B の**部分集合**であると言い，$A \subset B$ と書きます。$\subset$ を**包含関係**と言います。

　包含関係は，「P は Q である」という文の意味内容をモデル化したようなものです。例えば，A を馬の集合，B を哺乳類の集合とすると，A は B の部分集合です。この時 $A \subset B$ という式は，「馬は哺乳類である」といっているわけです。

　集合 A, B, C に対し，次が成立します。

(1)　$A \subset A$

(2)　$A \subset B$ かつ $B \subset A$ ならば，$A = B$

(3)　$A \subset B$ かつ $B \subset C$ ならば，$A \subset C$

上の例で言うと，これは次のようなことを言っています。

(1)　馬は馬である。

(2)　「馬は horse であり，horse は馬である」ということから，「馬であることと horse であることは同じである」が帰結される。

(3)　「馬は哺乳類であり，哺乳類は動物である」ということから，「馬は動物である」が帰結される。

順　　　序

　包含関係をさらに抽象化すると，**順序**の概念に至ります。

　集合 X において，2 つの元の間の関係 $\leq$ が次の 3 条件を満たす時，$\leq$ を**順序**と言います。

(1) $x \leq x$
(2) $x \leq y$ かつ $y \leq x$ ならば, $x = y$
(3) $x \leq y$ かつ $y \leq z$ ならば, $x \leq z$

和と交わり

集合 A, B に対し, A か B いずれかに属する元を集めてできる集合を A と B の**和**と言い, $A \cup B$ と書きます。A と B の両方に属する元を集めてできる集合を A と B の**交わり**と言い, $A \cap B$ と書きます。

写　　像

集合 A の各元 x に集合 B の 1 つの元 $f(x)$ を対応させるもの f を, A から B への写像と言い,

$$f: A \to B$$

で表します。

A から B への写像 f, g が等しいとは, A の任意の元 x に対し, $f(x) = g(x)$ となることです。

全射・単射

A から B への写像において, A のすべての元には対応する B の元がなければなりません。一方, B の元には, 対応する A の元がないものがあっても差し支えありません。

言い換えると, B のすべての元に対し, 対応する A の元があるような写像 $f: A \to B$ は, 写像の中でも特別なものです。このような性質を持つ写像を**全射**と言います。

A から B への写像において, A のおのおのの元に対応する B の元はただ 1 つでなければなりません。一方, B のおのおのの元には複数の A の元が対応していても構いません。

言い換えると, B の 1 つの元に複数の A の元が対応することのないような

写像 $f: A \to B$ は，写像の中でも特別なものです。このような性質を持つ写像を**単射**と言います。

全射かつ単射であるような写像を**全単射**と言います。

全単射 $f: A \to B$ おいては，B のおのおのの元 y に対し，$y = f(x)$ となる A の元 x がただ 1 つ存在します。これを $x = g(y)$ と書くことにすると，g は B から A への写像になります。$g = f^{-1}$ と書き，これを f の**逆写像**と言います。

写像の合成

写像 $f: A \to B$, $g: B \to C$ に対し，写像 $g \circ f: A \to C$ を

$$g \circ f(x) = g(f(x)) \quad (x \in A)$$

によって定義します。これを f, g の**合成**と言います。

(**例**) $\mathbb{R}$ を実数全体の集合としましょう。実数 a に対し，写像

$$t_a: \mathbb{R} \to \mathbb{R}, \quad t_a(x) = x + a$$
$$m_a: \mathbb{R} \to \mathbb{R}, \quad ma(x) = ax$$

を考えます。この時，実数 a, b に対し，

$$t_a \circ t_b(x) = (x + b) + a = x + (a + b) = t_{a+b}(x)$$
$$m_a \circ m_b(x) = a(bx) = (ab)x = m_{ab}(x)$$

となります。

写像 $f: A \to B$, $g: B \to C$, $h: C \to D$ に対し，

$$h \circ (g \circ f) = (h \circ g) \circ f$$

2 つの全射の合成は全射であり，2 つの単射の合成は単射です。したがって 2 つの全単射の合成は全単射です。

全単射 $f: A \to B$, $g: B \to C$ に対し，$g \circ f: A \to C$ も全単射で，

$$(g \circ f)^{-1} = f^{-1} \circ g^{-1}$$

恒等写像

集合 A に対し,写像

$$1_A : A \to A, \quad 1_A(x) = x \quad (x \in A)$$

を**恒等写像**と言います。

こんな簡単なものをわざわざ考えて何になるのか,と思うかもしれませんが,数学では,簡単なものに名前をつけて明示的に扱えるようにすることがことのほか重要なのです。

例えば,0 という概念を表す記号を導入したことによって,どんなに大きな数でも 0 および 1 から 9 までの数字で表せるようになります(漢数字やローマ数字では,より大きな数を表すために新しい文字が必要でした)。このことは社会に計り知れない寄与をもたらしました(吉田洋一『零の発見』岩波書店,1986年)。

写像 $f : A \to B$ に対し,

$$f = f \circ 1_A = 1_B \circ f$$

恒等写像は全単射で,$1_A^{-1} = 1_A$

全単射 $f : A \to B$ に対し,

$$f^{-1} \circ f = 1_A, \quad f \circ f^{-1} = 1_B$$

置　換

全単射 $f : A \to A$ を,集合 A 上の**置換**と言います。これに対し,次の事実に注意します。

(1) A 上の置換 f, g に対し,$g \circ f$ も A 上の置換である。
(2) 1_A は A 上の置換である。
(3) A 上の置換 f に対し,f^{-1} も A 上の置換である。

さらに次が成立します。

(1) A 上の置換 f, g, h に対し,$h \circ (g \circ f) = (h \circ g) \circ f$

(2) A 上の置換 f に対し, $f = f \circ 1_A = 1_A \circ f$

(3) A 上の置換 f に対し, $f^{-1} \circ f = f \circ f^{-1} = 1_A$

以上の置換の性質を抽象化することにより，群の概念に到達します。前に包含関係の性質を抽象化して順序の概念を得ましたが，それと同様です。

4 　群

群

集合 G の上に次のデータが与えられているとします。

(1) G の元 g_1, g_2 に対し, G の元 $g_1 g_2$ を対応させること

(2) G の元 e

(3) G の元 g に対し, G の元 g^{-1} を対応させる写像

このデータに対し，次が成立する時，G を **群** （group）と言い，データを群の構造と言います。

(1) G の元 g_1, g_2, g_2 に対し, $g_1(g_2 g_3) = (g_1 g_2) g_3$

(2) G の元 g に対し, $ge = eg = g$

(3) G の元 g に対し, $g^{-1} g = g g^{-1} = e$

$g_1 g_2$ を**積**，e を**単位元**，g^{-1} を g の**逆元**と言います。

交換則，すなわち群 G の任意の元 g, h に対し, $gh = hg$ が成立する時，G を**アーベル群**と言います。

集合 X 上の置換全体の集合には，群の構造が入ります。これを X 上の**対称群**と言います。特に X が n 個の元からなっている場合，n 次対称群と言います。

群 G の元 g と集合 X の元 x に対し，X の元 gx を対応させる対応が与えられていて,

$$g_1(g_2 x) = (g_1 g_2) x, \quad ex = x \quad (g_1, g_2 \in G, \ x \in X)$$

が成り立つ時，G が X に**作用**していると言います。

$gx = x$ $(g \in G, x \in X)$ の時，g は x を**固定する**と言います。

集合 X 上の対称群は X に作用しています。

部分群

群 G の部分集合 H が次の条件を満たす時, H も群になります。これを G の**部分群**と言います。

(1) H の元 h_1, h_2 に対し, $h_1 h_2$ も H の元になる

(2) 単位元 e は H の元である

(3) H の元 h に対し, h^{-1} も H の元になる

群 G の元 g_1, ……, g_n に対し, これらを含む最小の部分群 H を, g_1, ……, g_n が**生成する**群と言います。H の元は, g_1, ……, g_n およびその逆元のいくつかの積で書けます。

5　婚姻規則と群

婚姻型の置換

婚姻規則の考察に戻りましょう。M をその部族の婚姻型全体の集合とし, 婚姻型 x の親の息子の婚姻型を $f(x)$, 娘の婚姻型 $g(x)$ とするのでした。M は有限個の婚姻型からなるとしましょう。

ある婚姻型が $f(x)$ $(x \in M)$ と書けないとすると, 世代が下ればその婚姻型を持つ男がいなくなってしまうことになります。そこでそのようなことはないと仮定します。すなわち, f が全射であるとします。同様に, g も全射とします。

M は有限個の婚姻型からなるので, この時 f, g は全単射になります。すなわち, f, g は婚姻型の集合 M 上の置換になります。

以下, 有限集合とその上の 2 つの置換の組 (M, f, g) で, M の任意の元 x に対し,

(T1) $f(x) \neq x$, $g(x) \neq x$

(T2) $f(x) \neq g(x)$

を満たすものを, **婚姻規則**と呼ぶことにします。

婚姻規則の群

婚姻規則 (M, f, g) に対し，M 上の対称群の中で f, g が生成する部分群 $g(M, f, g)$ を**婚姻規則の群**と呼ぶことにします．これは，親戚同士の婚姻型の関係を記述するものです．それは，親子の婚姻型の関係が決まれば，親戚同士をつなぐ系図を順にたどっていくことで決まります．

MBD 婚

親が同性のきょうだい同士であるいとこを**平行いとこ**と言い，親が異性のきょうだい同士であるいとこを**交叉いとこ**と言います．

同性の平行いとこは婚姻型が同じです．したがって，規則

(T2)　異性のきょうだいは婚姻型が異なる

より，異性の平行いとこ同士は婚姻型が異なるので結婚できません．これに対して，交叉いとこが結婚する例はよく見られます．特に，男が母の兄弟の娘 (Mother's Brother's Daughter) と結婚することが多くあります．これを **MBD 婚**と言います．女の方から見れば FSS (Father's Sister's Son) 婚と呼ぶべきでしょうが，慣用に従うことにします．

前述の，旧約聖書の創世記に出てくるヤコブの妻レアとラケルは，ヤコブの母リベカの兄ラバンの娘たちでした．

婚姻規則という形で MBD 婚を述べると，

● 男と，その母の兄弟の娘は婚姻型が等しい

ということになります．

MBD 婚とアーベル群

MBD 婚は，結婚する当人同士の関係だけを見ていると，やや複雑な規則のように思えます．しかし，結婚する当人ではなく，彼らの祖父母から見ると，

● 娘の息子と息子の娘は婚姻型が等しい

という簡単な規則になっています．これを写像のことばで書くと，

$f \circ g = g \circ f$

となります。この時，f, g が生成する群，すなわち婚姻規則の群 $G_{(M, f, g)}$ はアーベル群になります。逆に $G_{(M, f, g)}$ がアーベル群ならば $f \circ g = g \circ f$ です。したがって，MBD 婚とは，

● 婚姻規則の群がアーベル群である

という規則なのです。

巡回置換と互換

集合 $M = \{1, 2, \ldots, n\}$ 上の対称群を $\mathfrak{S}_n$ と書く。置換 $\sigma \in \mathfrak{S}_n$ で，M の k 個の元からなる部分集合 $I = \{i_1, i_2, \ldots, i_k\}$ に対し，

$$\sigma(i_1) = i_2, \ \sigma(i_2) = i_3, \ \sigma(i_3) = i_4, \ \ldots, \ \sigma(i_k) = i_1,$$
$$\sigma(j) = j \quad (j \notin I)$$

を満たすものを k 次の**巡回置換**と言い，

$$\sigma = (i_1 i_2 \cdots i_k)$$

で表します。

2次の巡回置換 $(i \ j)$ を**互換**と言います。互換

$$(1 \ 2), (2 \ 3), \ldots, (n-1 \ n)$$

は対称群 $\mathfrak{S}_n$ を生成します。これは，あみだくじによってすべての置換が作れる，ということを意味しています。

巡回型の婚姻規則と南北朝

MBD 婚はどのような状況で生じるのでしょうか。

例えば男が家を継ぐ社会で，A 家の息子が代々 B 家の娘と結婚する，という場合を考えましょう。A 家の息子の母は，元々 B 家の娘だったわけで，現在の A 家の当主はその兄または弟である，という状況が考えられます。この時，A 家の当主の娘は，A 家の息子にとって，母の兄弟の娘になります。

さらに，部族が $A_1, A_2, \ldots, A_n$ という家からなり，$i = 1, \ldots, n-1$

に対し，A_i家の息子はA_{i+1}家の娘と結婚する，という規則であるとすると，これもMBD婚になります。

A_{i+1}家が格上のA_i家に娘を差し出す，という場合にこのようなことが起こりえますが，そうすると，最も格上のA_1家の娘の結婚相手がいなくなってしまいます。日本の南北朝の遠因がここにあるという説があるようです（網野善彦・上野千鶴子・宮田登『日本王権論』春秋社，1988年）。

ここでは，A_1家の娘はA_n家の息子と結婚することにします。このような婚姻規則を**巡回型**と呼ぶことにしましょう。

婚姻規則の分類

$M = \{1, 2, 3\}$の場合，$f(x) \neq x$を満たす置換fは，$(1\ 2\ 3)$，$(1\ 3\ 2)$に限ります。

$$f = (1\ 2\ 3), \quad g = (1\ 3\ 2)$$

が婚姻規則の条件を満たします。これは巡回型であり，婚姻規則の群はアーベル群です。すなわち，MBD婚が許されます。

$M = \{1, 2, 3, 4\}$の場合，$f(x) \neq x$を満たす置換fは，$(1\ 2\ 3\ 4)$の形のもの，$(1\ 2)(3\ 4)$の形のもののいずれかです。婚姻規則としては，

1. （巡回型）$f = (1\ 2\ 3\ 4)$，$g = (4\ 3\ 2\ 1)$
2. $f = (1\ 2\ 3\ 4)$，$g = (1\ 3)$
3. $f = (1\ 2)(3\ 4)$，$g = (1\ 4)(2\ 3)$

の形のものがありえます。いずれも$g \circ f = f \circ g$が成り立ち，MBD婚が許されます。1，2の場合，婚姻規則の群は同じです。

$M = \{1, 2, 3, 4, 5\}$の場合，$f(x) \neq x$を満たす置換fは，$(1\ 2\ 3\ 4\ 5)$の形のものか，$(1\ 2\ 3)(4\ 5)$の形のものかです。

MBD婚が許されるとすると，f, gは5次の巡回置換になります。この時巡回型の婚姻規則ではない場合が1つあります。それは

図Ⅱ-2-1

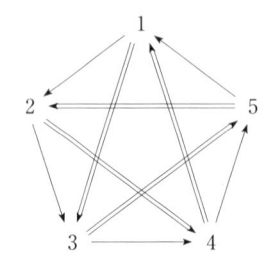

$f = (1\ 2\ 3\ 4\ 5),\qquad g = (1\ 3\ 5\ 2\ 4)$

の形のものです。

ここに現れた5角形とその対角線からなる図形は，豊かな数学的内容を持っています．次節では，婚姻規則の話から離れて，その一端を紹介することにします．

6 五行説とマチウ群

五 行 説

五行説とは，古代中国の思想で，万物を木火土金水の5要素によって理解しようというものです．これらは，相生の関係

- 木を燃やすと火が生じ，火から土（灰）が生じ，土の中から金属が生じ，金属の表面に水滴が生じ（鉱脈の近くには水脈もある，とする説もある），水によって木が育つ

と，相剋の関係

- 木は根によって土を引き裂き，土は水をせきとめ，水は火を消し，火は金属をとかし，金属は木を切る

の2つの形で互いに関係しています（図Ⅱ-2-2）．

婚姻型が5つある場合の婚姻規則で，MBD婚を許し，巡回型ではないものについて前に述べましたが，それと同じ置換の対が現れていることに注意しておきます．

この5文字を，外側の矢印が曜日の順「火水木金土」になるように並べると，内側の矢印は惑星が太陽に近い順「水金火木土」になります（図Ⅱ-2-3および4）．

グ ラ フ

いくつかの点（頂点）を線（辺）で結んでできる図形を**グラフ**と言います

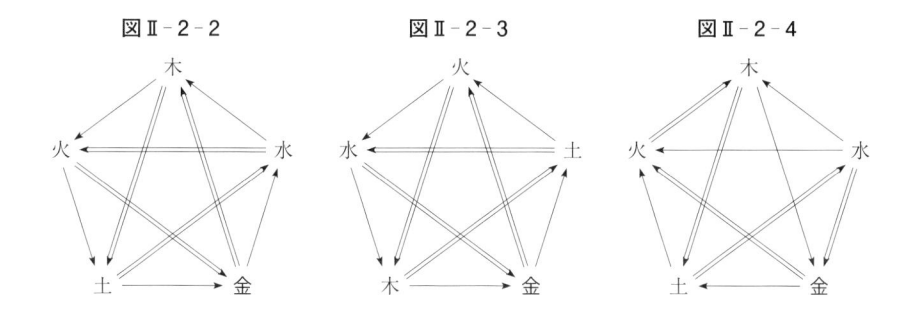

図Ⅱ-2-2　　　　　　　図Ⅱ-2-3　　　　　　　図Ⅱ-2-4

（関数のグラフとは意味が違いますので注意）。

　グラフの頂点の列 v_0, v_1, ……, v_k および v_i と v_{i+1} を結ぶ辺 e_i ($i=0$, ……, $k-1$) の組を，v_0 と v_k を結ぶ路と言います。$v_0 = v_k$ の時，閉路と言います。すべての頂点を1回ずつ通る閉路をハミルトン閉路と言います。

　任意の2頂点がちょうど1つの辺で結ばれているグラフを完全グラフと言います。

　5頂点の完全グラフのハミルトン閉路に対し，通らなかった5辺もまたハミルトン閉路になります。この事実は五行説の相生・相剋に対応しています。

　このようなハミルトン閉路の対を相補的なハミルトン閉路の対と呼び，その集合を H と書くことにします。その元は6つあります（図Ⅱ-2-5および6）。

　5頂点の完全グラフの頂点の集合を V 上の対称群は，集合 H に自然に作用します。この時，V 上のすべての置換によって固定されるような H の元は存在しません。

　n 次対称群 G が $n+1$ 個の元からなる集合 X に作用しているとします。$n \neq 5$ の時，X の元で G のすべての元によって固定されるものが存在することが証明できます。

　V 上の対称群の H への作用は　$n=5$ の場合の反例になっています。

マチウ群

　相異なる3頂点 v_1, v_2, $v_3 \in V$ に対し，他の2頂点を入れ換える互換で写り合う H の2つの元 h_1, h_2 を選び，集合 $\{v_1, v_2, v_3, h_1, h_2\}$ を作ります。この

図Ⅱ-2-5　　　　　　図Ⅱ-2-6

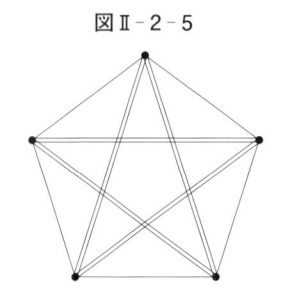

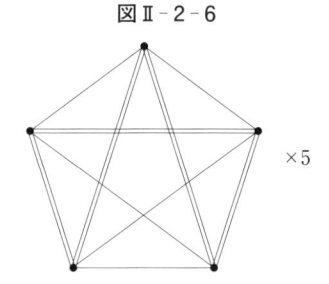

×5

ようなものは，$10 \times 3 = 30$ 個あります．

相異なる2頂点 $v_1, v_2 \in V$ に対し，他の3頂点を入れ換える3次巡回置換で写り合う H の3つの元 h_1, h_2, h_3 を選び，集合 $\{v_1, v_2, h_1, h_2, h_3\}$ を作ります．このようなものが $10 \times 2 = 20$ 個あります．

頂点 $v \in V$ に対し，他の4頂点を入れ換える4次巡回置換で写り合う H の4つの元 h_1, h_2, h_3, h_4 を選び，集合 $\{v, h_1, h_2, h_3, h_4\}$ を作ります．このようなものは，$5 \times 3 = 15$ 個あります．

以上と V を合わせて，$V \cup H$ の部分集合で5つの元からなるものを $30 + 20 + 15 + 1 = 66$ 個指定し，これらをブロックと呼びます．

$V \cup H$ の任意の4つの元に対し，これらを含むブロックがただ1つ存在します．

$V \cup H$ 上の置換で，ブロックを互いに入れ換えるもの全体は $V \cup H$ 上の対称群の部分群になります．この部分群は11次**マチウ群**と呼ばれています．

有限個の元からなる群を有限群と言います．その中で最も謎の多いものが**散在型単純群**と呼ばれる26個の群です．そのうち最も小さいものが11次マチウ群であり，最も大きいものは**モンスター**と呼ばれています．

理工系の大学1年生は，科学・工学のリテラシーとして微分積分と線型代数を習うのが従来のならわしです．これからは，今回紹介した群，そしてトポロジーがリテラシーに新たに加えられることが望まれます．

(橋本義武)

第3講

数学（幾何学）
——次元の高い図形の見方

1 はじめに（位相幾何学概観）

　私たちは「縦・横・高さ」の3つの方向を持つ3次元空間に住んでいますが，「時間」を第4の方向だと考えて「私たちは4次元の時空に住んでいる」と解釈する場合もあります。さらに，最近の物理学では「超弦理論」や「M理論」などの理論が出現していて，「私たちの宇宙は10次元や11次元だとして考えるのが正しいかもしれない」と主張しています。

　このような高次元の対象を調べるには，中学・高校で図形を調べる時に用いた「長さ」，「角度」，「面積」などの詳細なデータについて調べるのではなく，まず「どことどこがつながっているのか」のような条件の緩い基本的データについて調べなければなりません。そしてそれを可能にしたのが，20世紀以降に爆発的な発展を遂げた「トポロジー（位相幾何学）」という学問です。

　トポロジーが創始されたのはオイラー（Leonhard Euler, 1707-83）による「ケーニヒスベルグの橋の問題（経路の一筆書きに関する問題）」が端緒だとされていますが，本格的な研究が開始されたのはポアンカレ（Henri Poincaré, 1854-1912）による研究以降というのが通説です。したがって，高校で習う微積分が17世紀にニュートン（Isaac Newton, 1642-1727）やライプニッツ（Gottfried Leibniz, 1646-1716）に創始されたのに比べて，位相幾何学は格段に若い学問領域で

あると言ってよいでしょう。

　位相幾何学では，中学や高校で習ってきた幾何学とは異なり，図形を引きちぎることさえしなければどんなに伸ばしたり縮めたりして考えても構いません。さらに，角張っている箇所を丸くしてしまっても構いません。このようなことから，トポロジーの研究者を評して "A topologist is a man who doesn't know the difference between a coffee cup and a doughnut." のようなジョークがよく言われます（コーヒーカップをドーナツに連続的に変形される様子が想像出来ますか？）。「伸ばしたり縮めたりしてもよい」という特徴から，位相幾何学のことを「ゴム膜状の幾何学」と呼んだりもします。

　このように，図形の「連続的なつながり方」以外を捨象して非常にアバウトな図形の捉え方をしているため，トポロジーでは図形のきわめて基本的かつ本質的な性質を取り出して理解することが可能になります。また，非常に一般的な設定で理論を展開しているので，トポロジーの帰結として得られる結果からは広範な応用を見出すことが可能です。20世紀以降に発展した理系の学問領域は，多かれ少なかれトポロジーの影響を受けていると言っても過言ではありません（グラフ理論などの分野も位相幾何学に含まれます）。さらには，社会科学の領域においてもトポロジー的な応用が数多く見られ，例えばトポロジーの初期の成果である「不動点定理」は，今では経済学や人文社会学系など様々な領域で欠くことができない基本定理となっています。

　以下では，トポロジーの雰囲気を感じてもらうための入門編として，いくつかの古典的な定理を紹介し（第2節），さらに位相幾何学を展開するために必要な基本的概念について少しだけ数学的に解説して（第3節），最後にその応用として，地球の形や宇宙の形などを捉えようとする際にトポロジー的な考え方がどのように役立つかの例（第4節）を考察してみたいと思います。

2　古典的な定理達

　古典的な位相幾何学の定理のいくつかは，数学の難しい知識を知らなくとも理解することができます。中でも，オイラーが発見したとされる次の定理は最

も古典的かつ基本的なトポロジーの定理として知られています。

定理1（オイラーの多面体定理） 多面体Pを「伸ばしたり縮めたりして」球面に変形できるならば，次の等式が成立する。

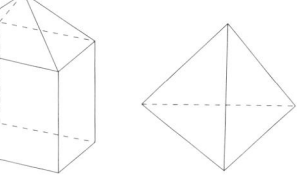

$$（頂点数）-（辺数）+（面数）=2$$

図Ⅱ-3-1　膨らませば球面になる多面体

「伸ばしたり縮めたりして」球面に変形できる多面体の例としては図Ⅱ-3-1のようなものがあり，これらの図形に対しては定理1が成り立っていることが容易に確認できます（その他の多面体でも検証してみてください）。

さらに，定理1は次の定理に拡張することが可能です。

定理2 多面体Pを「伸ばしたり縮めたりして」穴がg個空いている曲面に変形できるならば，次の等式が成立する。

$$（頂点数）-（辺数）+（面数）=2-2g$$

右辺の式$2-2g$は通常記号$\chi(P)$で表され，「種数gの多面体Pのオイラー数」と呼ばれます。

例えば図Ⅱ-3-2のドーナツ面の場合を考えると，頂点数は12，辺数は24，面数は12であり，穴の数は1個であるので，$12-24+12=2-2\cdot 1=0$となり，定理2が成り立っていることが確認できます。

その他にも以下のような定理が知られています。

定理3 面がすべて3角形であるような多面体Pを「伸ばしたり縮めたりして」球面に変形できるならば，各頂点V_i ($i=1, \cdots, n$) に集まる3角形の数を記号$\#V_i$とおいて次の等式が成立する。

$$\sum_{i=1}^{n}(6-\#V_i)=12$$

オイラー数は図形のトポロジー的性質を表す定理や式の中にしばしば表れてくることが知られており，特に今まで見てきた「足しあげれば一定の値にな

図Ⅱ-3-2　膨らませばドーナツ面になる多面体

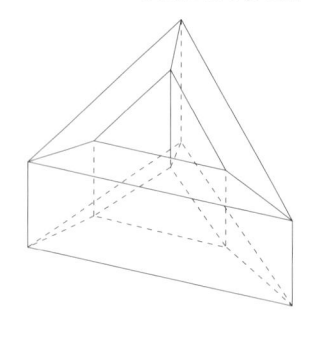

る」というタイプの定理の中に頻繁に現れる量であるため，最も基本的な「位相不変量（第3節で解説）」だと考えられています。

さらに，「各点での数量を連続的かつ無限に足し合わせる」操作は積分することに相当しますが，そのように考えれば次の定理にオイラー数が現れるのはごく自然なことです。

定理4（ガウス・ボンネの定理） M を閉曲面，K を M の上のガウス曲率とするとき，面積分 $\int_M K dA$ の 2π 倍はオイラー数 $\chi(M)$ に等しい。

オイラー数の理論は，20世紀半ばに「特性類（characteristic class）の理論」として位相幾何学の中で一般化されました（本講では詳細を割愛します）。

3　数学的な諸概念

第2節でオイラー数の計算が可能だったのは，頂点・辺・面などの図形の基本構成要素を用いて多面体の上に展開図としての構造が与えられたからでした。このように図形に「展開図の構造」が入ると，様々な組み合わせ論的考察が可能になります（ただし，高次元のすべての図形に展開図を考えられるかどうかは別立ての考察を必要とします。実際，展開図（＝後に述べる単体による分割）を持たない図形が存在することが知られています）。このような手法は化学合成物質の基本構成要素である原子から情報を得ることに似ており，要素還元主義的であると言ってもよいでしょう。

もし4次元以上の図形にも展開図と同様の構造を与えることができれば，トポロジー的性質を調べるのに大変役に立つことが期待されますが，そのためにはまず「次元とは何か」について考察して，頂点（0次元）・辺（1次元）・面（2次元）などを統一的視点で捉えて高次元の基本構成要素へと一般化する方法を考えなければなりません。さらに，高次元の図形をトポロジー的に分類するためには「伸ばしたり縮めたりすれば同じ」とはどういうことなのかを数学

的にキチンと定式化し，それと適合するようなやり方で図形を（オイラー数などに）数量化する手段を考える必要があります。

そのような要請から，以下では「n 次元多様体」，「不変量」，「同相」などの数学的諸概念について順を追って解説していきたいと思います（初めて本講を読む際には，読み飛ばして第 4 節に進んでも構いません）。

図形の基本構成要素（n 次元単体）

高校数学では縦・横・高さの 3 方向を持つ 3 次元空間を表すために座標 x, y, z を用いました。一般に，次元を表す数を「移動可能な方向に対する自由度」だと解釈すれば，座標を表す変数の数（＝仮想的な移動可能な方向）を増やすことで高次元の空間を考えることが可能となります。独立した k 方向に移動可能な空間は「k 次元ユークリッド空間」と呼ばれ，通常記号 $\mathbb{R}^k$ で表されます。

このとき，次の等式で定義される $\mathbb{R}^{n+1}$ の部分集合 Δ^n を「n 次元単体（n-simplex）」と呼びます。

$$\Delta^n = \left\{ (x_0, x_1, \cdots, x_n) \in \mathbb{R}^{n+1} \,\middle|\, \sum_{k=0}^{n} x_k = 1, \ x_k \geq 0 \right\}$$

何だか難しそうな式が出てきましたが，こういう時は実際に小さな n の値を代入して考えてみるのが理解の早道です。実際，$n=0$ の場合は 1 点（すなわち頂点）を，$n=1$ の場合は線分（すなわち辺）を，さらに $n=2$ の場合は正 3 角形（すなわち面）をそれぞれ表していることが分かります（実際に確かめてみて下さい）。

2 次元の展開図に現れる点・辺・3 角形などはすべて単体として捉えられるので，Δ^n を「n 次元の基本図形」と捉えるのは 1 つの考え方としてよさそうです。展開図の中に n 次元単体のみが現れるような図形を「n 次元多様体」と呼ぶことにします。もちろん，n 次元多様体は伸ばしたり縮めたりして変形しても構いません。

n 次元多様体は，「どの場所でも同じような（n 次元の）広がりを持つ」という局所的性質を持ち，現代数学で扱われる最も重要な図形となっています。

「同じ」とはどういうことか？（同値関係の概念）

　幾何学の究極の目標は「図形達をある観点や立場から理解する（＝分かる）こと」であり，「分かる」とは文字通り「分類する」ことだと考えてもよいでしょう。ただ，一口に図形の分類と言っても「どのような図形を同じとして捉えるか」の観点やルールがはっきりしていなければ分類の始めようがありません。そこで，2つの対象が「ある観点で同じ」とはどういうことなのかを，まず数学的にキチンと定式化する必要があります。

　以下では2つの対象が「ある観点で同じ」であることを，通常使用する「同じ」という言葉や「＝(イコール)」という記号と区別するために，「同値関係（もしくは単に同値）」という言葉と「〜」という記号でそれぞれ表すことにしましょう。すなわち，ある見方で「2つの対象 A と B が同じ」であることを「A と B は同値」と呼び，記号「$A \sim B$」で表すというわけです。

　記号「＝」の性質からの類推によって，記号「〜」には次の3つの性質を仮定するべきなのは明らかでしょう。

- （反射律）　任意の対象 A に対して，$A \sim A$ である
- （対称律）　$A \sim B$ ならば，$B \sim A$ である
- （推移律）　$A \sim B$ かつ $B \sim C$ ならば，$A \sim C$ である

　これらの性質を満たすような同値関係「〜」には様々なものがあり，どのような図形を同値と見なすかによって実に様々な幾何学が存在します。

　例えば，中学高校で学んだのは，対応する角度や長さなどがすべて等しければ2つの図形は同値（＝合同）であるとするユークリッド幾何学であり，さらには長さが異なっていても対応する角度がすべて同じならば同値（＝相似）と考えるような幾何学でした。これに対して，トポロジーでは連続的に伸ばしたり縮めたりする操作で互いに移り合える2つの図形 X と Y を同値と考えるのでした。これを数学的により正確に言えば，「2つの図形 X と Y の間に1対1対応の連続写像が存在する場合は同値な図形だと考える」ということです。そのような X と Y は「互いに同相（homeomorphic）」と呼ばれます。

高次元のモノを観測する装置（位相不変量）

　n 次元多様体のような高次元の図形は，多くの変数を持つ式で何とか表現することはできても，私たちが住んでいる 3 次元空間に実際に作ることができないので，長さや角度を測ったり面積や体積などの量を計算することができません。一体どうすれば高次元の図形を調べることができるのでしょうか？

　実は，そのヒントは中学で習った幾何学の中にも見ることができます。例えば，ある 2 つの平面図形の面積が異なることさえ知っていれば，それらの図形を直接見なくとも「互いに合同ではない」と結論づけることができますし，あるいは 2 つの平面図形の対応する角度が 1 箇所でも異なっていれば，それらの図形は「互いに相似ではない」と判断することができるでしょう。同様に，2 つの曲面のオイラー数が異なっていれば，定理 2 により空いている穴の数が異なるので，どんなに「伸ばしたり縮めたり」しても片方をもう片方の曲面には変形できないことが分かります。このことから，高次元の図形を面積やオイラー数などのようにうまく数量化することができれば，直接見たり触ったりせずともそれらの数値を見比べることによって高次元の図形が同値かどうか判定するのに役立てられそうです。

　オイラー数のように，図形を「伸ばしたり縮めたり」しても同じ値のままの数量（または数量化する手続き）は「位相不変量」と呼ばれます。現在では，オイラー数は曲面だけではなく高次元の図形に対しても定義され，他にも後述する基本群などの数多くの位相不変量が知られています。

　本節で出てきた諸概念を用いて位相幾何学の概要を述べるならば，以下のようにまとめることが出来るでしょう。

　　位相幾何学の目的の 1 つは，同相の観点で n 次元多様体を分類することである。そのために n 次元多様体に対して様々な位相不変量を割り当ててその値を比べることで同相かどうかを判定する。

4 多様体の分類問題（地球や宇宙の形の見つけ方）

第3節ではトポロジーに関連するいくつかの数学的な基本概念について解説をしました。ここではトポロジーの応用として，昔の人達が「地球の形が球体である」ことを理解するに至った過程について検証しながら，その類推として現代の私たちがトポロジー的手法を用いることで宇宙の形について何を知りうるかを考えていきたいと思います。

2次元の場合（地球の形）

現在私たちは地球が宇宙に浮かぶ巨大な球状の物体であることを知っていますが，昔の人は宇宙から地球を眺めることはもちろんできないので，多様な地球観・宇宙観を持っていました。

例えば，天動説の1つである古代インドの須弥山説では，地球の中心には須弥山と呼ばれるピラミッド状の山があり，その裾野に広がる平らな大地と海からなる閻浮提と呼ばれる階層に人間世界が存在するとされました。

現代の私たちはこのような地球像をバカバカしいと考えがちですが，人間が地球の大きさに比べてあまりにも小さく，また地球上のどの地点で周りを見渡しても（多少の地形の違いはあるにせよ）四方に一様に広がる大地があるのですから，飛行機も車もなく，水や食料を求めてせいぜい半径数十キロ程度の範囲を移動して人が一生を終えた時代に「大地ははるか彼方まで平坦に広がっているだろう」と人々が誤解していたのはまったく仕方のないことだと言えます。

しかし，「永遠に平坦な大地が続く」とはさすがに昔の人達も考え難かったようで，「平坦な大地説」には「大地のはるか遠方には果て（＝境界）がある」という説ももれなくセットでついてきました（ただし，当然ながら「大地の果て」は途方もなく遠くにあって誰も見たことがないと仮定されました）。ちなみに上で紹介した須弥山説では，大地の下の階層とされる「金輪」との境界は「金輪際」と呼ばれ，「物事の極限」や「最後に行き着く所」などを示す言葉として現在も日常会話の中にもその名を残しています。

人類が「どうやら大地は『のっぺりと平坦な』形ではなさそうだ」と気がつ

いた時期と理由については諸説紛々ですが，もっともらしく伝えられている理由としては

- はるか向こうの海上を進む大きな船が徐々に水平線の下に隠れていくから
- 北極星を見る時の仰角が場所によって異なるから

等が代表的なもののようです。さらには，トスカネリ（Paolo Toscanelli, 1397-1482）の説に影響を受けたとされるコロンブスやマゼランの航海によって，「地球が丸いことが証明された」ということに歴史上はなっています（今となってはもちろん，月面に映る影が丸いことからも地球が丸い事が観測できるわけですが……それには地球と月に関する巨視的な理解が必要なので，「後出しジャンケン」的な理解と言ってよいでしょう）。

縮まらない輪（基本群の考え方）

　しかしよく考えれば，上の事実達は「地球の表面が曲がって」いて，なおかつ「無限には広がってない」可能性を示してはいても，「地球が球体である」ことの証明にはなりません。実際，地表面が曲がっていて，かつ一周して元に戻ることができるような地球の形としては，**図Ⅱ-3-3**のように複数の候補があるのです。

　地球を外側から見ることができる現在では，球面以外の「穴が空いた地球像」など荒唐無稽なものですが，上に述べた事実達だけではそれらの可能性を否定する十分な証拠には残念ながらならないのです。地球を外側から見ることなく「穴が空いた地球像」を何とかして否定することはできないのでしょうか？

　実は，「地球上に居ながらにして」地球に穴が空いてないことを示す方法があります。それは，地球を1周する際に長い長いヒモを持って移動し，結果としてできた輪を回収できるかどうか検証することです。実際，もしもどこかの穴に輪が引っかかってしまって回収することが不可能な場合は「穴が空いた地球像」のいずれかが正しく，また，地球上のどんな輪でも回収できる場合は「穴の空いていない地球像」が正しいことになります（ただし，1つや2つではなく「地球上のすべての輪が回収できる」ことを実際に示す事はテクニカル

図Ⅱ-3-3　地球の形として考えられ得る候補

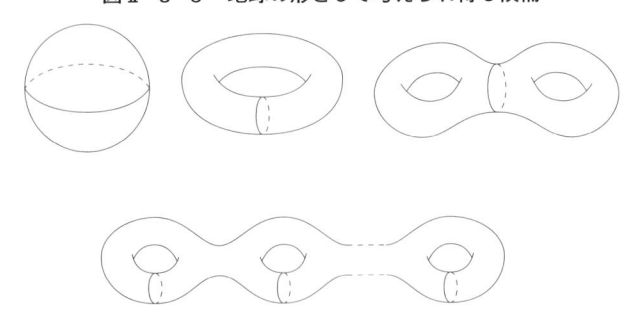

に非常に難しい問題です）。

位相幾何学では曲面に空いた穴の数を表現するために「基本群」と呼ばれる位相不変量が定義されていて、上のような状況は「2次元球面（＝穴が空いていない地球像）の基本群は自明（ゼロ）であり、種数 g の2次元閉曲面（＝穴が g 個空いた地球像）の基本群は階数 $2g$ を持つ」というように表現されます。

曲面の分類定理

ここまでの話を要約すると、以下のようになります。
- 地球上のどこでも（山や川など多少の起伏は無視したとして）大地が平面状の広がりを持ち、しかもどこにも「地の果て（＝境界）」がないと仮定するならば、地球の形は次の3つのいずれかであろう。

　　(a)どこまでも平坦に広がる平面　　(b)球体　　(c)穴が g 個空いた浮き輪状の形

- まっすぐ進んで元の場所に戻る航路があれば、(a)の形ではありえない
- 地球上のすべての輪が1点に回収できるならば、(c)の形ではありえない
- したがって、上の2つの下線部を同時に仮定する場合は地球の形は(b)しかありえない

数学の専門用語では(a)の場合を「コンパクトではない」、さらに(b)と(c)の場合を「コンパクトである」とそれぞれ言います。したがって、私たちの地球の

表面である2次元球面は「コンパクトで境界がなく,しかも基本群が自明であるような曲面」として特徴づけることができます。

　上のような考察を正当化するためには,まず「どの場所でも局所的に平面状の広がりを持つ図形は大域的には上述の(a), (b), (c)の形しかありえない」という事実が示されている必要がありますが,実はこのことは「向き付け可能」という条件のもとで20世紀初めにようやく証明されました。

　ちなみに,曲面が3次元空間の中に完全には埋め込まれていない場合も含めて考えると,「向き付け不可能」という少し変わった性質を持つ曲面が存在することも知られています。これは感覚的には「曲面の上を歩いていたら,いつの間にか面の裏側を歩いてしまうような事態が起こってしまう」ということであり,曲面が「メビウスの帯（Möbius band）」と呼ばれる図形を内部に含んでいることと同じです。ちなみに,「向き付け不可能」かつコンパクトな曲面に関しても,20世紀初頭までに完全な分類理論が確立されています。

　曲面の分類理論が古典的にも見通し進めることができた大きな理由は,曲面の上に頂点・辺・面などを与えて展開図を考えることが容易であり,その結果としてオイラー数のような様々な数量を計算することが可能だったからです。一般に,$n \geq 3$の場合にも様々な種類のn次元多様体が存在することが知られていますが,それらの位相不変量を具体的に計算することはきわめて難しく,n次元多様体を同相の観点から完全に分類することは現在でもまだ未解決の難問です。

3次元の場合（宇宙の形）

　上では地球の形を例に取って2次元多様体の分類に関する考察を行いましたが,同様の考察を宇宙の形について行うとどうなるのでしょうか？　すなわち
- （局所的に$\mathbb{R}^3$と同相）あらゆる地点で3次元の広がりを持つ
- （向き付け可能）どのように進んでも「鏡の向こう側の世界」に行くことはありえない
- （コンパクト性）まっすぐ進み続けると,いつか必ず出発地点に戻る

のような条件を宇宙が満たすと仮定する場合に,宇宙の形にはどんな可能性が

あるのでしょうか？

　これは「3次元多様体の分類問題」であり，既に述べたように一般的な状況では未解決の問題なのですが，特別な場合として2次元の場合に考察したのと同様に次の問題が考えられます．

　　　「あらゆる輪が1点に縮まる場合は『3次元の球面』と同じ（＝同相）だろうか？」

　これこそが約1世紀の間未解決であり，2003年にペレルマン（Grigory Perelman, 1966- ）によって肯定的に解決された（3次元）ポアンカレ予想なのです．すなわち，今では次の定理が知られています（文中の「連結」とは，図形が途切れないで一つながりであることだと思ってください）．

定理5（ポアンカレ・ペレルマンの定理）　コンパクトかつ連結な3次元多様体 M の基本群が自明ならば，M は「3次元の球面」と同相である．

　宇宙がビッグバンによってある1点から急激に膨張してできたと仮定すれば，時間を逆回しにすることで現在の宇宙を1点に戻すことを想像できるので，宇宙の中であらゆる輪を1点に縮めることができるような気がしなくもありませんが，実際それが正しいかどうかを確認する術はもちろんないので，宇宙が「3次元球面」と同相かどうかは今もって不明です．それどころか，ひょっとすると私たちの宇宙は「輪が1点に縮まらない穴が空いた形」をしているのではないか？　との説も最近浮上しているようで，例えばNASAによるWMAP観測プロジェクトの結果は，宇宙の形が「ポアンカレホモロジー球面」または「正12面体空間」と呼ばれるものである可能性を示しているそうです．宇宙の外部から宇宙の大域的な姿を直接見ることができないにもかかわらず，局所的な情報を積み上げていって全体像を把握するという方法論は，まさに位相幾何学の醍醐味の1つと言ってよいでしょう．

　語りたいことは他にも山のようにありますが，どうやら紙幅が尽きてきたようなのでこの辺で筆を置くことにします．

5　おわりに

　私たちを取り巻く宇宙の摂理は実に不思議なものです。惑星は自分の軌道を一々計算しているわけではないのに正確な楕円軌道上を動いていますし，蜂は自分の住処を6角形の集まりにしようと意識してそうしているわけではきっとありません。また，コインを10回程度投げただけでは法則性がハッキリしませんが，1000回も投げれば不思議なことに表と裏がほぼ半々ずつ表れてきます。自然界にこのような法則性や構造が現れることに対する好奇心こそが，人類が自然科学の研究と理解を進めてきた原動力なのでしょう。

　自然の法則性や宇宙の構造などの「理（ことわり）」を理解することを試みるのが自然科学の役割だとすれば，自然科学の各領域に対して「論理展開のモデルや普遍的現象の構造を理解するための一般言語（ことば）」を提供するのが数学の役割だと言えます。

　私たちがある現象を理解しようと思う際に，「情報をすべて捨て去る（＝何も区別がつかなくなる）」とか，「すべての現象をあるがままに受け入れる（＝何も区別しようとしない）」というのでは学問的な意義がないので，まず現象から情報を取捨選択して，それらを適切に「数学化（あるいはモデル化）」するプロセスを経ることが必要です。そして，現象を一旦数学化してしまえば，数学の体系の中で人類が育んできた精緻な理論を活用して様々な問題を考察することが可能になります（もちろん，「どの情報を捨ててどの情報を残せば人が『現象の構造を理解した』と感じられるか」は，人の頭脳の仕組みや理解のプロセスと直接関わる大変興味深い事柄です）。

　このような数学の機能は，本書のテーマでもある「リテラシー」というタームを用いて「ある自然現象や事象から適切に情報を抽出して，科学の一般言語である数学を用いて意味ある結論を得ることが数学リテラシーの本質である」と表現し直すこともできるでしょう。

　古来からユークリッド幾何学をはじめとする幾多の幾何学が誕生してきましたが，それらを一層抽象化して「何が図形の本質的な構造なのか」を理解するための1つの方法論として登場したのが本講で紹介した位相幾何学でした。

「伸ばしたり縮めたりして同じになれば2つの図形は同じ」というアバウトな見方のもとですら，このような豊饒な学問の世界が広がるのは実に驚きです。

　この本の読者が，本講を通して数学に対する理解やトポロジーに対する興味を深めてくれたのであれば著者にとって望外の喜びです。

(中井洋史)

第4講

物理学——時空と宇宙

1 ニュートンが考えた宇宙

はじめに

　夜空を見上げて，自分がとてつもなく広い宇宙の中に居るな……とか，この宇宙は一体どこまで広がっているのかな？　とぼんやりと考えたことありませんか？　時間に追われて夜空を見上げることも，ましてや宇宙の果てのことなど考える時間などありません！　と即座に答えが返ってきそうな何かと忙しい現代ですが，私たち人類はいつの時代も持ち合わせる知識や技術を精一杯使って，この宇宙を見つめてきました。

　私たちを取り囲むこの宇宙に対してどんな認識を持つか，その宇宙観でこの宇宙の中の人類を位置づけていくことができると言っても過言ではありません。子どもの頃からの写真を並べて，自分がどんなふうに成長してきたのかを眺めるように，人類が獲得した宇宙観を，時間を追って並べてみると，私たち人類が宇宙に囲まれて「成長」している様子を見ることができます。物理学におけるリテラシーとは，私たちを取り囲む宇宙，この自然界における森羅万象を正確に捉え，その認識を表現するという，これまで人類が地道に行ってきた営みそのものと言うことができます。

16–17世紀までの宇宙観

　17世紀まで，私たちが地に足をつけているこの地球が宇宙の中心でした。いわゆる地球を中心とした天動説です。今も昔も夜空を見上げると，天上には星が完全な，美しい円を描いて運動しているように確かに見えます。一方，地上での物体の運動は直線的だと考えられていました。どんなものでも静かに放すとまっすぐ下に落ちるからです。このような経験事実から，一般に物体の運動を支配する法則は，天上と地上の世界では異なるのだと長く考えられていました。いわゆる目的因という考えに基づく，目的論的世界観です。物体には，本来そのように運動する性質（目的因）を兼ね備えていると説明することで，それ以上の疑問を差し挟む余地をなくしていました。

　実際このような考え方は，より広範な現象をより統一的に説明を試みる，物理学の基本姿勢と相容れないものがあります。後に見るように，天空上の物体（星や惑星，月など）の運動と，地上の物体の運動を統一的に説明するには，天才アイザック・ニュートン（Sir Isaac Newton, 1643-1727）の登場を待たなければなりませんでした。

コペルニクスの「回転」

　完全で美しい円運動を行う星たちの間を，動きまわる惑星の存在は，当時の天文学者たちを非常に困惑させました。天空は神聖な世界であり，すべての星は完全な形である円形の軌道を描くべきであると考えられていたからです。そこで，火星など惑星の運動は，多数の「周転円」と呼ばれる円を組み合わせて，半ば強引に惑星の運動を理解しようとしました。

　この不自然な惑星の運動は，地球を宇宙の中心から太陽の回りを周回する一惑星に降格させることで比較的容易に説明できることにコペルニクス（Nicolaus Copernicus, 1473-1543）が気づきます。約1400年もの長きにわたって信じられてきた天動説を否定し，地動説を新たに主張するにあたり，どれほどの勇気が彼に必要だったか，この現代において私たちが想像することすら困難です。天動説に決定的な打撃を与え，地動説を確立に至るまでに，ガリレイ（Galileo Galilei, 1564-1642）等の天才を要しても，非常に長い苦闘の時間が必要でした。

地動説を主張する科学者に対し，反対する人々は，次のような疑問をぶつけたと言います。「もし，地球が太陽の周りをまわっているのならば，なぜ空を飛ぶ鳥は，地球に置いてかれたり，吹き飛ばされたりしないのか？」と。地球はどの程度の速さで太陽の周りを回っているのでしょうか。太陽と地球の距離は約1億5000万キロメートルです。この距離を半径とする（ほぼ）円周上を1年かけて周るわけですから，その速さは秒速約 30 km にも及びます。すなわち，天道説を支持する人々の疑問は，なぜ空飛ぶ鳥や空中に投げたものが，秒速 30 km で吹っ飛ばないかということになります。

　この疑問に対する答えは，「空飛ぶ鳥も地球も一緒に太陽の周りをまわっているから」ということになります。では，一体何が地球を，また空飛ぶ鳥を，私たちを含めて地球上のありとあらゆるものを，一緒に太陽の周りをめぐらせているのでしょうか？　この疑問に答えを与えたのが，ニュートンでした。

ニュートンの自然観
　ニュートンは運動を引き起こす原因が必ず何かあり，どのような対象であっても，物理法則という形で表現される規則に則り，その結果として物体の運動が引き起こされると考えました。すなわち，この自然界は一種の因果律によって支配されていると考えたのです。ここで，運動を引き起こす原因となるものを力と呼びます。

　りんごが木から落ちるのを見て，ニュートンは万有引力を発見したという逸話は有名です。地球も，空飛ぶ鳥にも，すべて万物には引き合う力が働くと唱えました。太陽からの，この万有引力という原因と，太陽の周りを周回するという結果とを結ぶ因果律の具体的な表現は，現在ニュートンの運動方程式と呼ばれるもので与えられ，その式は，

　　　力 =（慣性）質量 × 加速度

という形に表現されます。式中のイコールが原因と結果を結びつけています。物理的な概念の異なるもの（力と加速度）同士を結びつけているという意味で，（例えば 3 = 1 + 2 のような）単純な算術に現れるイコールとは異なる意味合い

を持つことに注意してください。

　注目する物体に力が作用すると，その結果物体には，慣性質量に反比例する加速度が生じると読み取ることができます。

　一方，運動の原因となる万有引力は作用する物体の重力質量（慣性質量と区別して呼ばれます）に比例します。ここで慣性質量と重力質量が等しいと，運動方程式の両辺から質量が相殺して，結果として運動を記述しようと着目している物体の加速度は，その物体固有の質量に依存しないことになります。この慣性質量と重力質量が等しいという事実は，後にアインシュタイン（Albert Einstein, 1879-1955）が彼の重力理論を構築する際に非常に大きな影響を与えました。

　同じ位置で同じ速度を持つ物体が，同じ加速度を持つ場合，刻一刻と変化する物体の位置と速度は同じように変化します。すなわち一緒に動くことになります。ニュートンの万有引力と運動方程式を用いて，慣性質量と重力質量が等しいとすると，空飛ぶ鳥も地球もともに等しい加速度を持つことになり，なぜ鳥が吹飛ばされないかが説明されます。

　ところで，そもそも空飛ぶ鳥も地球も，（太陽の静止系で）なぜ同じ速度を持っていたのでしょうか。これは，太陽系の惑星として地球および地球とともに運動することになるすべてのものが形成されていった時点まで遡って説明されます。

　約45億年前の原始の地球は，太陽を回転する宇宙のちりが集まって地球を形成していきます。そのような大昔から，将来空飛ぶ鳥を形成することになる原子群と地球を形成することになる原子群は，地球の公転軌道付近を地球の公転速度に近い速度で，生まれたばかりの太陽のまわりを周回していました。

　部分的にちりの密度がわずかに大きな部分があると，その部分の重力は他の場所に比べて大きいので，より多くのちりを集めることになります。この様にちりの塊は成長を繰り返し，軌道を周回する岩石群になり，それらが成長して……といったことを繰り返しつつ，原始の地球が形成されていきました。

　私たちを含めすべて万物は原子からできています。これらの原子は，宇宙線や隕石などとして地球の外から入ってくるもの，また探査機など地球から出て

行ったものなど，きわめてわずかな例外を別にすると，地球が誕生した46億年前からその数を変えていません。それらの原子は，ある時は岩石中に含まれ，ある時には植物，ある時は大気，そして現在は私たちの体の一部を構成しているものもあるでしょう。基本的に原子の組み換えで，万物が構成されますので，当たり前の事実と言ってしまえばそれまでですが，地球を孤立系と捉えて，原子論的な観点で考えると，人類もまさに地球の一部であることは紛れもない事実です。仏教にある輪廻転生の考えと美しい一致を見るのですが，環境問題など人類に様々な問題が突きつけられている現代において，この事実は，色々考えさせられます。

　話が少し逸れましたが，まとめると，このように地球上の物体（物理学では，何もかもこのような言葉で，存在しているものを一くくりにしてしまいます。この冷たく無機的な言葉遣いで物理学に嫌悪感を抱く人もいるかもしれませんが，極力汎用性を持たせることを目的として使われます）は，初めに同じ速度を持ち，万有引力により同じ加速度を持つことで，一緒に運動すると理解することができます。また，大気や地上，海洋の万物をすべて引っくるめて地球と考えることもできます。

ニュートンの宇宙観

　ニュートンの提唱する運動方程式＋万有引力という考えは物理学の汎用性を武器に宇宙の隅々にまで適用されます。実際，現代物理学の観点でニュートン力学に修正が迫られるのは，量子力学が必要となる原子や分子以下のスケールを取り扱う場合や，相対論的な修正が必要な，光の速度に比較的近い速度で運動する物体の記述などの場合に限られます。

　宇宙のような大きなスケールで，その構造を決める主要な役割を果たす力は重力以外ありません。ニュートンの宇宙モデルは，万有引力を取り入れた運動方程式で，宇宙に含まれるすべての物体の運動が記述されます。この場合，宇宙に含まれる全物質に対する初期条件が与えられれば，それ以降の宇宙の時間的発展，すなわち進化は完全に決まることになります。また，運動方程式の時間を逆転させて，現在の状態から過去の状態を調べることも原理的に可能です。

例えば、「現在」の宇宙の全物質に対して、その位置と速度に関する情報がすべて与えられると、この宇宙の過去の姿も、未来の姿も完全に決定します。このように、ニュートンの宇宙模型で結論されるのは、いわゆる決定論的な宇宙です。

ただ、決定論的に決まる未来や過去の宇宙を正確に求めることは、「絶望的」なほど困難であると言わざるをえません。言うまでもなく宇宙はきわめて複雑なシステムです。全物質の位置と速度を正確にすべて指定することはまず不可能ですし、加えてわずかな位置や速度のズレは、その後の未来の宇宙の状態や、推定しようとする過去の宇宙の状態に大きな影響を与えることが知られています。このように物理的な機構は決定論的にもかかわらず、初期条件のわずかな差異に大きく影響を受ける現象は、カオス（混沌）と呼ばれます。カオスは、天気予報や、経済活動の予測の難しさなどを説明される際にも、たびたび登場します。

カオスに関しては、「混沌」にまつわる話や、自然現象に対してより小さな要素に分解と単純化を繰り返してアプローチしてきた物理的な手法の限界など、話題は尽きないのですが省略して、話を本題に戻します。

2　アインシュタインが考えた時空

絶対時間と絶対空間の概念の打破

物理学史上の数々の巨人が現れた20世紀初頭の物理学者群の中でも、アインシュタインは異彩を放ちます。アインシュタインは、約250年続いてきたニュートン力学を修正して、力学の適用範囲をさらに大きく押し広げました。それには、それまでの時間や空間に対する考え方を大きく変更する必要がありました。1つは絶対時間の概念です。

ニュートンは、彼の力学を構築する際に、時間は、宇宙のどこでも一様に同じように進むと考えました。この地球上で時を刻む時計が示す時間も、宇宙の遠くのどこか、例えば私たちの銀河系から大きな速度で遠ざかる銀河に含まれる、ある恒星を周回している惑星上の時計が刻む時間も、同じように進むと考

えていました。これらの時計は，どこでも同じように進むので，何らかの方法で互いの時計を合わせることができれば，宇宙のどの地点でも1つの時計が刻む時間で，時の流れを示すことができます。唯一の時計が示す時間ですので，「絶対時間」と呼ばれます。「ニュートンの宇宙観」の最後の部分で，宇宙全体の状態の指定に，この条件が必要であったことに注意してください。

　ニュートンは，空間に対しても，同様の仮定に基づいて力学を構築しています。時間は"特別扱い"にして，空間座標は，時間とはまったく関係なく（もちろん，その空間中にある物質とも関わり合いなく）どこまでも存在すると仮定します。

　互いに異なる慣性系同士の時間と空間の変換則はガリレイ変換で与えられます。少し難しい表現を使いましたが，簡単に言えば，静止している観測者が自分を原点に考える空間座標と，一定の速度で運動する観測者の空間座標の間の関係に関する，ある意味，「当たり前」の関係を要請するということになります。また，慣性系とは，一定の速度で運動する観測者が張る座標系だと考えてください。

　2車線の道路で，走行車線を時速40kmで走る車から，追い越し車線を時速60kmで走る車を眺めると，時速60 − 40 = 20 kmで走っているように見えます。これは，状況が多少異なることがあっても，誰でも日常経験する，自明とも言える事実です。

　先ほど述べたガリレイ変換とは，このような速度の足し算，引き算が成立するということに対応します。250年間もの長きにわたり君臨してきたニュートン力学は，この「当たり前」の事実を，もちろん説明することができるように，絶対空間と絶対時間の概念を使って構築されています。

運動方程式とその変換性

　アインシュタイは，この絶対時間と絶対空間の考えを否定して，時間と空間を対等に取り扱う時空間の概念を掲げました。その新しい概念を獲得するために突破口を与えたのは，光は電磁波であると結論を与えた，力学より歴史の浅い電磁気学でした。アインシュタインにまつわる逸話の1つに，彼が子どもの

頃に抱いた「光と同じ速度で運動しながら光を眺めたら，光はいったいどのように見えるか？」という疑問があります。

　光は，電場と磁場が絡み合う波動現象として，電磁気学で説明されます。この電磁気学とニュートンの力学で保障されているガリレイ変換性の間に親和性がありません。というのも，電磁気学によれば，光速は真空の電気的，磁気的な性質のみで決まってしまうからです。すなわち，速度の合成則を保障するガリレイ変換に対する不変性が，電磁気学の基本方程式群であるマクスウェル（James Clerk Maxwell, 1831-79）方程式に対しては満足しません。これはアインシュタインが抱いた疑問に対して，「光の進む速さで運動しても，光は止まって見えない」という答えを，電磁気学は与えるということを意味しています。

　どのような波動現象においても，波を伝えるために存在する媒質は，もちろん非常に重要な役割を果たします。私たちの身近な波に関する現象で言うと，例えば，私たちの声は空気という媒質を伝播する縦波の振動現象です。また，地震波や津波は，地球の地殻や海洋を伝わる波ですが，それぞれ地盤や海水といった媒質が当然必要です。それらがなければ，波は伝わっていきません。

　それでは，光が波動現象と言うならば，その媒質は一体何でしょうか？　エーテルと呼ばれたこの光の媒質の問題は，光の波動論を唱えたホイヘンス（Chistiaan Huygens, 1629-95）以来，マイケルソン（Albert Abraham Michelson, 1852-1931）とモーレー（Morley, Edward Williams 1828-1923）の実験でその存在が決定的に否定されるまで，物理学者たちに多くの混乱をもたらしました。光の媒質ですので，光が通る場所には必ず，そのエーテルが存在しなくてはなりません。

　光は，遠い星からもやって来ます。したがって，この宇宙空間にはエーテルで充たされている必要があります。また光は水中でも通ることができます（そうでないと，水族館に行っても魚を見ることができません）ので，水の中も，このエーテルと呼ばれる摩訶不思議な物質で充たされていることが要求されます。私たちの誰もが，一度もその存在を，物理的にも，化学的にも検出したことがないのにもかかわらず，光の伝播の説明に必要なために，その存在が予言されているという事態が長きにわたり続きました。

しかし，私たちはこのような混乱した時代を，現代から振り返って笑い飛ばすことなどできません。現在，私たちがまだ一度も検出したことのない物質やエネルギー（暗黒物質や暗黒エネルギーと呼ばれています）で，この宇宙の大部分が占められていると多くの物理学者は考えているからです。これらの物質の導入の経緯や物理的意味合いは，エーテルとは異なりますが，どことなくエーテルの歴史を想起させる事態にも受け取れないことはありません。エーテルの否定によって，大きな束縛から解き放たれて，時間や空間の認識が一歩前進したように，現代の私たちも，何か大きな科学的な変革の前夜にいるのかもしれません。話がやや脇に逸れましたが，ここで相対性に関して，簡単な例をもとに考えて見ましょう。

相　対　性

　サイレンを鳴らす自動車が近づいてくる場合と，近くを通過して遠ざかる場合では，サイレンの音の高さが変化する現象を，日常の中でもよく経験するかと思います。いわゆるドップラー効果です。ここで，次の2つの場合を考えてみましょう（**図Ⅱ-4-1**参照）。

　実験①　静止している音源に観測者が一定の速さで近づく。
　実験②　静止している観測者に①と同じ一定の速さで音源が近づく。
　まず，媒質としての空気の存在を考えず，宇宙のような真空中（この時音は伝わりません）で2つの物体（音源と観測者）の運動だけに注目すると，これらの物体の運動は互いに「相対的」となります。すなわち，観測者は自分が一定の速さで音源に近づいているのか，それとも音源が一定の速さで近づいてきているのか，原理的に区別できません。
　これは，ニュートン力学の運動方程式がガリレイ変換に対して不変であるからです。停車中の列車に乗って，同じく停車中の隣の列車を眺めている時，列車が動き始めたとします。この時，脇で停車していた列車が動き出したのか，それとも自分の列車が動き出したのか，一瞬分からなくなった経験はないでしょうか？　このような場合は，列車の加速度が小さいので，どちらが動き出したか区別がつきにくくなっているのです。相対的に等速（加速度がゼロ）運動

図Ⅱ-4-1　ドップラー効果の思考実験

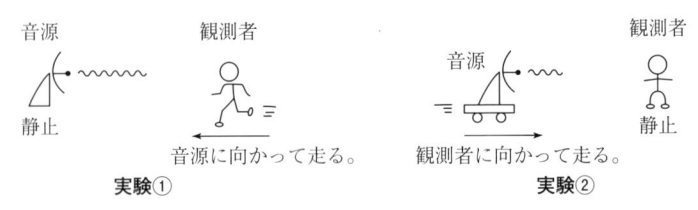

音源　静止　　　観測者　音源に向かって走る。
実験①

音源　観測者に向かって走る。　　　観測者　静止
実験②

の場合，原理的に自分が運動しているのか，そうでないのか区別は不可能です（のちにアインシュタインはこれを相対性原理として，この考えを原理まで昇華させ，理論を構築する際の大きな柱としました）。

　しかし，空気（媒質）があるとどうでしょう。高校で使った物理の教科書のドップラー効果のページを見直してみると，実験①と実験②の場合で，観測者が聞く音の高さは異なります。この場合，音源が観測者に近づく実験②で観測される音の方が，観測者が音源に近づく実験①よりも高い音になります。すると観測者は，聞こえる音の高さを判断材料に，自分が動いているのか，それとも相手が動いているのか，原理的に判別できることになります。すなわち，媒質である空気の存在により，2つの物体の運動の相対性が崩れたことになります。

　これは，ある意味当たり前の事実かもしれません。音源と観測者の他に，この場合は空気という媒質が存在することにより，空気に対して物体がどう運動しているのか，空気の静止系に対する（相対的ではなく）絶対的な運動として，音源や観測者の運動を捉えることになるからです。

　この思考実験を光の場合に応用してみましょう。音源を光源に，空気をエーテルに置き換えてみればよいのです。光に媒質（エーテル）があるとすると，音の場合同様，光の場合もエーテルの静止系が存在することになり，原理的に観測者が運動しているのか，光源が運動しているのかを検出することができてしまいます。

　マイケルソンとモーレーの実験は，本質的にエーテルに対して運動している地球の運動が検出可能か否かを試みた実験です。結果は，先に述べたように，エーテルは存在しないことが，彼らの実験によって確実なものとなりました。

特殊相対性理論

　アインシュタイは，マイケルソン‐モーレーのエーテルの存在否定の実験とは独立に，相対性原理と光速不変の原理の2つの原理を柱として，特殊相対性理論を1905年に完成させました。アインシュタインは電磁気学が予言する真空中の光速は，どのような慣性系で観測しても不変な定数であり，これは何からも導き出すことができない事実，すなわち原理であるとしました。電磁気学はガリレイ変換に対して不変ではありません。光を追いかけても，光の速度が遅くなって見えることはありません。これは，約250年にわたり修正点が見出されなかったニュートン力学が満足するガリレイ変換の不変性を放棄することを同時に意味します。

　この光速不変の原理に加えて，先の相対性原理に立脚した理論が特殊相対性理論です。ここで，先に挙げたドップラー効果の例の中で，媒質（空気）がある場合，音の現象において相対性原理が崩れると説明しました。これは，アインシュタインの相対性原理と逆説的に感じられるかもしれませんが，この場合実際に物理的に存在する空気と観測者との相対性を考えると，相対性原理と矛盾がないことに注意してください。無風の状態で（音源に対して）観測者が運動する場合と，観測者が（音源に対して）静止し，音源から観測者の向きへ風が吹いている場合では，同じ結果を与えます。

　光速不変と矛盾しない，時間と空間の変換則は，ローレンツ（Hendrik Antoon Lorentz, 1853-1928）変換と呼ばれる変換で与えられます。ニュートン力学における，ガリレイ変換はアインシュタインの修正で，ローレンツ変換に置き換えられることになりました。この変換では，ガリレイ変換が絶対時間と絶対空間を基礎にしていたのに対して，その前提を取り外すことになります。その結果，ローレンツ変換は，時間と空間が互いに入り混じった変換となりました。アインシュタインは，互いに異なる慣性系同士，時間の流れや空間の性質は一様であると考えました。ただ，その一様な時間の流れを特徴づける時間の間隔や，空間のスケールを決める距離の間隔は，慣性系ごとに，相対性原理と光速不変の原理を破ることなく決められると考えました。すると，慣性系ごとに時間の進み方，距離を定義するものさしの長さは一般に慣性系ごとに異なってき

ますので，ニュートンが主張したような絶対時間や絶対空間のような概念は確かに打破されています。

その結果，私たちの日常の「常識的な」感覚とは異なる不思議な事実が，いくつも明らかになりました。例えば，光の速さ（1秒間で東京—大阪間を約300往復，地球を7周半）の半分の速さで地球に対して運動しているロケット内の時計が刻む時計は，地球上の時計の進み方と比較して約14％程度ゆっくり進むことなどです。

3　アインシュタインが考えた宇宙

一般相対性理論

このように，時間と空間の認識に大きな変革をもたらしたアインシュタインですが，彼には彼自身が構築した特殊相対性理論に対しても，また，ニュートンの宇宙モデルの骨格にあたる万有引力に対しても不満を持っていました。

まず，特殊相対性理論は，慣性系という互いに一定の速度で進む座標系同士という「特殊」な場合のみにしか適用できないという点です。また，ニュートンの万有引力に対する不満は，その力の性質が遠隔作用であるという点でした。すなわち，重力という引力が宇宙の中どれだけ離れていても，瞬間的に伝わる力のように取り扱われる点です。アインシュタインは，光速を超えて物理的な情報を伝達することはできないと考えていましたし，特殊相対性理論もその考えと矛盾ありません。しかし，ニュートンの万有引力は明らかにこれを破っています。

この2つの不満が一般相対性理論の構築へと駆り立てました。「特殊」な場合となる慣性系から，より「一般」的な場合に対して拡張を行うには，系の相対運動を等速直線運動に限定していた条件を外して，加速度を導入することに他なりません。この加速度ともう1つの不満の要素である重力は，重力場中での自由落下の思考実験で結びつきます。アインシュタイン自身，後に，これを最良のアイデアと振り返った，いわゆる等価原理です。

図Ⅱ-4-2　自由落下するエレベーターの思考実験

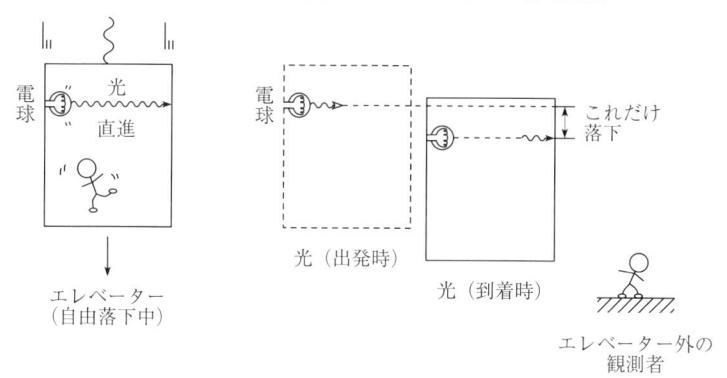

（図中ラベル：電球／光 直進／エレベーター（自由落下中）／電球／光（出発時）／光（到着時）／これだけ落下／エレベーター外の観測者）

等価原理

　等価原理とは，観測者は加速度運動することで，作用している重力を局所的に消し去ることができるという主張です。観測者は自分が重力場中にいるのか，加速度運動しているのか原理的に区別不可能であるとも言い換えることができます。少し怖い想像ですが，乗っているエレベーターを引き上げている綱が切れて，（空気抵抗は無視できるとして）落下する場面を考えてみましょう（図Ⅱ-4-2参照）。

　地球の重力により自由落下（等加速度運動）するエレベーター内では，無重力状態となります。これは，先に述べた慣性質量と重力質量が等しいからです。少し説明を付け加えるなら，加速度運動をしているエレベーター内は非慣性系ですので，エレベーター内の物体に作用する力は，重力に加えて慣性力を付け加える必要があります。この（慣性質量に比例する）慣性力が，（重力質量に比例する）重力と正確に打ち消し合い，エレベーター内の物体に作用する合力がゼロになるのですが，この時慣性質量と重力質量が完全に等しいという条件（この条件は等価原理の別の表現でもあります）のもとで，無重力状態は実現されます。

光が重力で落ちる？

　さてここで，この落下するエレベーターに乗り込み，エレベーター内で電灯

を点灯させる思考実験を考えてみましょう。電灯の光をエレベーターの壁に向かって水平に当てるようにします。光は無重力の空間をまっすぐに突き進み（まっすぐとならない要因は何もありません），観測者はエレベーター内を水平に突き進む光を観測するでしょう。

　この様子を今度は，重力が存在するエレベーターの外から眺めてみましょう。光がエレベーターの壁に到達するまでには，光速度は無限大ではないので，わずかですが時間がかかります。そのわずかな時間にも，エレベーターの一部である壁はもちろん下方に運動していきます。するとエレベーター内の人から見て水平に進む光は，外の観測者から眺めると，光の経路が下に曲げられたような形とならなければ，互いの観測者の主張に整合性が得られません。

　アインシュタインは，この結果を，光も重力の作用により落下するのだと解釈しました。しかしながら，特殊相対性理論は光の質量をゼロと要請するので，ニュートンが主張する万有引力のような，地球と光の重力質量の相互作用によって，光が落下すると説明するわけにはいきません。

　アインシュタインは，先にも触れましたように，ニュートンの万有引力の遠隔相互作用的な側面に不満を持っており，因果律に抵触しないかたちの物理法則を求めていました。そこで，重力を近接作用として取り扱うべきであると考え，光が何の媒質もないところを伝播していくように，力も周辺の空間に，有限の速度で伝播していくべきであると考えました。重力は，この後すぐ説明するように空間の幾何学的性質で表現できるとも考えることができることに気がついたアインシュタインは，重力の伝播は，空間の幾何学的な性質が周囲に伝播する形で表現できると考えました。

　皆さんも，平坦なユークリッド空間の幾何学は，馴染みのあるものかと思います。平行線は，決して交わらないとか，3角形の3つの角の和は180度などの性質があります。しかし，このような関係は，例えば地球儀の球面上などの，一般的な曲面上においては，もはや成立しないことに注意してください。赤道上のケニヤと，同じく赤道上のパプアニューギニアで，ともに北を向く「平行線」は，曲面上の北極ではほぼ直交します。また，この地球儀の曲面上では，ケニヤ，パプアニューギニア，北極を結ぶ，3つの「角」からなる「3角形」

の内角の和は，明らかに180度を超えています。ただ，この空間の幾何学と，重力のような『力』の概念とが，一体どのようなかたちで結びつくのでしょうか。

そこで，赤道上を北に進路を取る2隻の船を考えてみます。この2隻の船は，平行線が交わるべく，北極に近づくにつれて互いに近づいていきます。どちらの船の乗組員も，それぞれ北に向かって「まっすぐ」に（地球の曲率が人間のスケールに比べて非常に大きいので）平坦な海上を進んでいると主張しますが，2隻の船の間には見かけ上，あたかも"引力"が作用しているかのごとく，互いに接近します。このように，曲面上の幾何学と，2隻の船の接近させる作用との間の密接な関係が推察されます。

もちろん，この例では片方の船が相手の船が進む曲面を作り出しているわけではありませんので，この見かけ上の力は，重力ではありません。しかし，これらの2隻の船の質量を夜空に輝く星の程度まで大きくし，宇宙空間に離して浮かべて，同じ向きに運動させたとしましょう。すると，海上の船と似たようなことになります。このときは，2隻「船」の間には大きな重力が存在しますが，これは一方の「船」が，相手の「船」の進む時空を曲げて，互いに接近することになります。両方の「船」の乗組員は，互いに「まっすぐ」に進んでいただけであると主張することでしょう。

先ほどのエレベーター内の懐中電灯の光に話を戻します。光それ自身は「まっすぐに」進むのですが，質量の大きな地球の存在により，時空が平坦ではなく「曲がった時空」となることで，光が「落下」すると解釈することができるのです。光はあくまでも「まっすぐ」に運動しているだけです。ただ，進んでいる空間が曲がったということになります。平らなスポンジの上に，小さい鉄球を置くと，その鉄球の周りのスポンジは，凹んで変形します。質量を持った物体の周りの時空は，あたかもこのスポンジのように「変形」して，曲がるのだと考えられるわけです。ちょうど，重い大きな鉄球を，初めの小鉄球のそばに置くと，スポンジは大きく変形して，重い鉄球の方に小鉄球は転がり，その位置を変えます。あたかも2つの鉄球間に「重力」が働くかのように，です。

実際，この例で変形するのは「空間」部分に限られますが，実際にスポンジ

の役割を，時間まで含めた時空が果たして重力が説明されます。

曲がった時空を「まっすぐ」進む光

　一般相対性理論は，自由落下しているエレベーター内の，力が作用してない物体の運動を出発点とすることができます。物体に力が作用していませんので，等速直線運動を行います。この運動は，特殊相対性理論の枠組み内で，運動を記述することができます。これをエレベーターの外から眺めるために，視点を変えるのですが，これは座標変換を行うことで数学的に実行することができます。すなわち，平坦な空間の座標系から曲がった空間への座標変換を施すことで，重力場中の物体の運動の表現を求めました。特殊相対性理論でガリレイ変換から置き換えられたローレンツ変換が，重力が現れる非慣性系への変換，一般座標変換でさらに置き換えられることになりました。

　さて，曲がった空間を光は「まっすぐ」に進むと説明しましたが，光にとって「まっすぐ」とは，自身が置かれている中（曲がった空間内）で，決められた 2 点間を結ぶ最短距離となる経路を選ぶことに他なりません（平坦な空間では，2 点間を結ぶ最短経路は直線ですが，平坦ではない場合は，2 点間を結ぶ直線が最短経路になるとは限りません。経路の始点と終点の間に高い「山」があるような，「平坦ではない」場合，山のふもとを迂回した方が，ずっと近道という場合もありうるということは，容易に想像できます）。

　某酒造メーカーが「始まりと終わりを直線で結べない道がこの世にはあります」と語る，味わい深いテレビコマーシャルがありました。私たちの人生も突っ走ったつもりが振り返るとだいぶ遠回りした気がすることがあります。また，すぐ手が届きそうなのに，どうしても遠回りしなければならぬこともあります。人生も，曲がった時空を旅する光も，同じということでしょうか？　光が選ぶ，この経路は測地線と呼ばれ，これが重力場中の光の経路を与えます。

　万有引力理論は，遠隔相互作用等の問題がありますが，地球を周回する人工衛星の運動や太陽系内の惑星の運動を記述できる優れた理論です。したがって，ある特殊な場合には，一般相対性理論に基づく重力理論は，万有引力理論と同等となる必要があります。

その特殊な場合とは，弱い重力場内を物体が光速より十分遅く運動する場合です。この時，一般相対性理論は，ニュートンの引力理論と運動方程式を組み合わせた方程式（ニュートンの宇宙模型に用いられる式そのもの！）と一致するようになっています。ただその際導入される，重力場を作る源となる質量は，特殊相対性理論で見出された，質量とエネルギーの等価性を使って，エネルギーに置き換えられます。

　このようにしてアインシュタインは，物質存在（エネルギー）と時空間の曲がりを結びつけた一般相対性理論を1915年に発表しました。彼の名前が冠せられた方程式は，理論物理学において，最も美しい方程式の1つであると称されることが多々あります。

アインシュタインの宇宙像

　アインシュタインは，直ちに自分の理論をこの宇宙の記述に適用しました。ところが，予想に反して見出した答えは，宇宙が膨らんだり萎んだりするというダイナミックなものでした。というのも彼は，この宇宙は決して動的なものではなく，静的で過去から未来にわたって定常的なものであるはずだし，またそうでなければならないと考えました。

　そこで，宇宙を記述する自分が導出した方程式に自ら手を加え（現在，宇宙項と呼ばれる項を方程式に加えて），定常的な宇宙が得られるように，いわゆるアインシュタインの定常宇宙モデルを提案しました。この宇宙項の導入はのちに，アインシュタイン自身が人生最大の失敗と振り返ったことでもよく知られます。のちにハッブル（Edwin Powell Hubble, 1889-1953）により宇宙の膨張が発見され，宇宙は過去から未来永劫まで安定で静的なものではなく，動的なものであることが，実際に宇宙の観測から明らかになりました。

暗黒エネルギーの謎

　私たちの宇宙は，現在その膨張速度が時間とともに増大する加速膨張にあることが，今世紀初頭，天文学の観測結果から明らかになりました。宇宙内の物質の重力により，膨張速度が減速することは想像に難くないですが，逆に加速

しているという観測結果を説明することは難題です。

　この宇宙の加速膨張の謎はアインシュタイン方程式に一度は導入され，その後誤りだったと撤回された宇宙項の再導入を促すかのような観測結果とも言えます。現在この宇宙項を与える物理は何かを説明することは，現代物理学の1つの大きな挑戦問題となっています。動的な宇宙の，その始まり（ビッグバンと呼ばれる火の玉の爆発的膨張）は現在ほぼ137億年前であることが確定しつつあります。そして，そしてこの膨張を支えるエネルギーは（これまで物理的に観測されたことが一度もないことから「暗黒」エネルギーと呼ばれています），全宇宙の質量に換算して約73％の程度を占めるということまで，分かってきました。しかし，その実体などは依然として謎のままです。1つ理解が進んで，そこからもっと謎が深まるということは，科学においてよくあることですが，まだ自分たちがいるこの宇宙を，まだよく理解してないということは，確実なようです。

4　おわりに

　宇宙への理解から，人類の成長を眺めることができるかもしれないと，この話を始めました。ここでは主に2人の偉大な物理学者の時空に対する認識とそこから生み出された宇宙観を取り上げました。もちろん，現代の宇宙観は，この2人の物理学者だけで語ることはできません。この宇宙や自然を何とか理解したいという情熱を持った多くの物理学者や天文学者らが，時間をかけて共同で作り上げてきた自然科学のリテラシーによって獲得したものであることを，ここでは詳しく紹介できませんでしたが，心に留めていただきたいと思います。

　私たちの宇宙への理解を人間の成長にたとえると，一体どの程度のものなのでしょうか？　恐らく確実に現在言えるのは，（長く険しい道のりを，もうだいぶ歩んできましたが）何もかも悟りの境地にいる老人では少なくともない，ということです。まだまだ，好奇心旺盛の，分からないことだらけの，子どもといったところかもしれません。ただ，ひょっとすると，暗黒エネルギーの謎が解ければ，玉手箱を開けたように，一気に老人になれる（なってしまう）の

かもしれません。この玉手箱のふたに手をかけるのは,宇宙を読み解く物理学のリテラシーの新しい担い手に託されています。

(長田　剛)

第5講

化　学——生活の中にあふれる化学

1　化学が苦手な方へ

　今この文章を読み始めたあなたは，化学にどのような印象を持っているでしょうか？　化学が苦手だと思っている人は，「化学なんて化学記号と計算の連続で面白さなんて微塵も感じない」というのが率直なところだと思います。モルと聞いただけで身震いするという人も多いでしょう。あるいは，受験勉強で化学に取り組んできた人は，「化学なんて教科書に出てくる数多くの物質や化学反応について覚えるだけの単なる暗記科目だ」と思っているかもしれません。
　確かに化学には，記号や計算を駆使して自然を理解するという側面もあります。また，受験で出題される化学の問題の中には，難解な計算や膨大な暗記を必要とするものもあります。したがって，暗記はともかくとして，記号や計算を駆使する力は化学のリテラシーの1つであると言えなくもありません。しかし，化学を敬遠したくなるこれらの厄介なあれこれも，実は，化学の本質を理解する上では重要ではありません。高校化学でお馴染みの計算やら暗記事項やらも，化学を理解しやすくするための1つの方便，といった程度の，取るに足らないものだと私は思います。言い方を変えれば，たとえ計算や暗記ができなくても化学的なものの見方を体得することは十分可能なのです。あらゆる読者に化学の面白さを味わってもらうために，この章では数式や化学記号を一切使

わないことを，ここに宣言しておきます。たとえ化学に好印象を抱いていない人であっても，容易に内容が理解できるはずです。そして，この章を読み終わった時に，化学に対する見方が少し変わった，と思っていただけると，この文を書くことを任された私の役割が果たせたのではないかと思います。

2　自然科学としての化学

学問から技術へ

　では，そもそも化学とは，どのような学問なのでしょうか？　その学問としての起源はギリシャ時代にまで遡ります。「この世の中にあるすべてのものは一体何でできているのだろうか」という素朴な，しかし根源的な問いに対して，ギリシャの哲学者たちからは様々な考え方が提示されました。その中で，アリストテレス（Aristoteles, B. C. 384–B. C. 322）は，4大元素（火・空気・水・土）の組み合わせで万物が構成されるという考え方を唱えました。実は，それよりも前にデモクリトス（Demokritos, B. C. 460–B. C. 370）が，万物は原子でできている，という考え方を唱えており，現在の化学はこちらの原子論に立脚していますが，当時のギリシャではどうやらアリストテレスの考え方が支持されたようです。

　アリストテレスの考え方に則れば，高価な貴金属にしろ，塵芥（じんかい）にしろ，この世のいかなるものも4大元素の組み合わせ方次第で決まります。したがって，うまくやれば塵芥から高価な貴金属に作り変えることが可能なはずだ，ということになります。こうして世の様々な物質から金を再構成するあの手この手を開発する取り組みが行われるようになりました。これを錬金術（alchemy）と言います。化学を英語でchemistryと言いますが，この語はalchemyという単語に由来しています。むろん，この試みはすべて失敗に終わりますが，この間に，現在の化学研究でも用いられる多様な分離技術，実験器具などが開発され発展していきました。

技術から科学へ

　つまり，中世から近世に至るまでのしばらくの間，化学は学問としてではなく，技術（あるいは秘術）として伝承されてきたのです。化学の学問としての発達はようやく17世紀になってから，高校の教科書でも太字で記載されている様々な法則の発見が契機となります。例を挙げると，ボイルの法則，シャルルの法則，質量保存の法則，定比例の法則，アボガドロの法則，ファラデーの法則，ヘスの法則……。まだいくらでも挙げることができますが，とにかく，これらの法則が発見されることで，物質についての理解が急速に進んでいきました。こうして，化学という学問は，物質の背後に隠されていた様々な法則を発見していくことで進展します。なお，先ほど列挙した個々の法則がどのようなものか気になる人は各自で教科書・参考書を参照してください。

　化学に限らず，自然科学においては，山のように現れた法則から，より基本となる原理が明らかになることで，学問としての発展を見てきました。自然科学で言う法則とは，自然が示す現象を説明する何らかの規則のことです。この規則がどうして成り立つのかは不明でも，自然現象を説明することができれば，その規則は法則として掲げられるのです。ここで大事なのは，法則発見の時点ではその法則がどうして成り立つのかは不明だ，ということです。

　一例を挙げましょう。天文学の分野において，「ケプラーの法則」という惑星の運動に関する３つの法則が17世紀初頭に発見されました。理由は分からないが，すべての惑星は楕円軌道を周回運動している，太陽に近い軌道上では惑星の運動速度は速くなっている，惑星の公転周期を２乗した値を惑星の軌道半径を３乗した値で割ると一定値になっている，ことがケプラー（Johannes Kepler, 1571-1630）の精密な観測データから明らかになりました。何とも不思議な話です。何か理由がありそうです。しかし，法則発見当時はその理由は謎でした。後年になって，ニュートン（Sir Isaac Newton, 1642-1727）は運動の法則と万有引力の法則とからケプラーの法則を理論的に導き出すことに成功します。しかし，むしろニュートンは，ケプラーの法則を説明するための法則として，新たに万有引力の法則を見出したのです。この例から分かるように，それまでの諸法則を契機として，そこからより基本となる原理・法則が発見されること

により，自然現象についての理解が深まっていくのです。

原子論のリバイバル

　化学においても，発見された様々な法則の検証により，物質についての理解が深まっていきました。その中でも革命的と言えるものが，「物質の究極の姿が原子・分子と呼ばれる粒である」という原子論の進展です。物質はすべて原子でできていることを基本原理に採用すると，化学の分野で発見されてきた法則をすべてうまく説明することができる，と原子論者は主張しました。特に積極的に原子論を支持した者の1人にボルツマン（Ludwig Eduard Boltzmann, 1844-1906）という物理学者がいます。19世紀末から20世紀初頭の学界では，原子論を唱える学者はむしろ少数で，当時の学界の権威として尊敬を集めていた物理学者であるマッハ（Ernst Waldfried Joseph Wenzel Mach, 1838-1916）は原子論を完全に否定します。実験的に観測できない原子などという粒子はただの空想の産物にすぎない，という実証主義の立場です。ボルツマンはマッハらと論争を繰り広げた末，晩年はうつ病を患い，自ら命を絶ちました。

　このような原子論支持者と否定論者との間の論争に終止符が打たれたのは，アインシュタイン（Albert Einstein, 1879-1955）によるブラウン運動の理論とその検証実験が世に出てからです。次第に原子・分子の存在が学界に認められるようになりました。今の高校化学の教科書には当然のように書かれている原子・分子ですが，アインシュタインの論文が提出されたのが1905年ですから，実はその存在が認められるようになってからまだ100年ちょっとしか経過していません。現在の化学は，この原子・分子の存在を認めることを基本として発達してきたのです。

化学の役割

　法則から基本原理を見出すことで自然科学が発展したと書きましたが，基本を見出すことだけが自然科学の役割ではありません。例えば，原子・分子の概念が化学の土台としてあるわけですが，では原子は何から構成されているかというと，1つの原子核とその周囲を運動する電子からできています。さらに原

子核は陽子と中性子からできており、これらの粒子はクォークと呼ばれる素粒子からできています。素粒子の研究は主に物理学者によって行われていますから、ここに化学者の出番はありません。もし、物質を構成する究極の基本粒子を見出すことが自然科学の役割であるならば、原子・分子の概念を見出した時点で化学の役割は終わってしまったことになるでしょう。

　では化学の役割とは何でしょうか？　その答えは「階層性」という考え方で示されるでしょう。例えば、水が100℃で沸騰する理由を説明するのに素粒子が登場することはありません。皆さんもご存知のように、私たちの身近に存在する水は、水分子と呼ばれる小さな粒の集合体であり、これら分子の集合体としての振る舞いから水の沸騰という現象を理解することができます。物事の理解には、それに相応しい階層が存在するのです。これは自然科学全般にとって重要なことです。生物学でも、生物を遺伝子レベルで考察したり、個体レベル、生態系レベルで考察したりと、場合に応じて考察の階層が異なります。化学も同様であり、水という物質の性質を理解するために必要なのは、原子・分子というレベルで水を考えることなのです。原子・分子のレベルを超えて、原子核のレベル、陽子・中性子のレベル、素粒子のレベルと、階層が深まるにつれ、水の性質との関連性が薄くなってしまいます。化学の役割は、私たちの身の周りにあふれる、ありとあらゆる物質の性質を理解することにあり、その理解のためには、物質を原子・分子といったレベルから考えることが必要不可欠なのです。

　実際、原子論が認められてからの100年間で、化学はどれだけ発展したでしょうか？　周囲を見渡せば世の中には100年前にはなかったものばかりがあふれています。例えば、今この文章を読んでいる読者の手近な所には、きっと何らかのプラスチック製品があるはずです。CDやDVD、包装ラップやインスタント食品の容器、これらのほとんどがプラスチックでできています。世界で初めて合成高分子が作られたのが1920年代です。物質を原子・分子の視点で捉える考え方が科学者の間に根づいていたからこそ、人工的に高分子を合成するという偉業に成功したのだと私は思います。現在でも産業界では、新たな機能を備えたプラスチック材料の開発が熱心に執り行われていますが、このような

新規材料の設計にも，原子・分子という視点が欠かせません。

想像力が必要不可欠

このように，化学は身の周りの物質を対象に扱います。水，空気，土，火といったアリストテレスの時代から馴染み深いあれこれも，すべて原子・分子のレベルで考えます。もちろん原子・分子は小さすぎて目視することはできません。生物の細胞を観察するようないわゆる光学顕微鏡を使っても原子を見ることは不可能です（ただし，現在では，走査型プローブ顕微鏡という装置により原子レベルの分解能での観察も可能です）。

化学を学ぶ上で大切なのは，目では見えない原子・分子というものを常に頭の中にイメージする，ということです。グラスの中に注がれた水を見て，数え切れないほどの水分子が自由に運動している姿をイメージする。たった今吸い込んだ空気の中に含まれるたくさんの酸素分子や窒素分子をイメージする。たった今足で踏みしめている地面を見て，地球の内部で高温・高圧でドロドロにとけた無数の鉄原子をイメージする。

このイメージ化を習慣づけることができれば，化学の学習は半ば達成されたも同然，と言ったら言い過ぎかもしれませんが，こんなシンプルな想像から化学の世界に入ってみれば，意外なほど見通しよく化学の世界を俯瞰することができるでしょう。

3　原子と分子の違いとは？

はじめに

これまで原子や分子といった言葉を，何の説明もなく，ただ「小さな粒」として使ってきました。前節までを読み進めることのできた読者であれば，たとえ化学に不慣れであっても，グラスの水の中に小さな粒をイメージできるようになっているはずです。この節では，これら小さな粒のイメージをもう少し具体化していきましょう。そもそも，原子と分子は何が違うのでしょうか？

また，高校化学の入門期に元素や単体という言葉を習いますが，これらの語

はどのように区別すればよいでしょうか？　たとえば化学の教科書に「酸素は……」と記載されている時，この酸素は原子を表すのか，分子を表すのか，それとも元素を表すのか，区別できるでしょうか？（この節と次節の内容は，高校化学に不慣れな読者を想定していますので，高校化学に精通した読者は読み飛ばしてしまって構いません）

水を分ける

　これらの問いに順を追って答えるため，次の思考実験を考察していきましょう。その実験とは，水を半分ずつに分ける，というシンプル極まりないものです。グラスの中に100 mlの水が入っています。これをきっかり50 mlずつ，2つのグラスに移し分けます。この2等分された水は，当然ですがどちらも同じ性質を示します。例えば，1気圧（1013 hPa）の環境下では，どちらの水も100℃で沸騰して気化し，どちらの水も0℃で凝固して氷になります。また，2等分された水を元のグラスに戻し，再び100 mlとした時も，同じく100℃で沸騰し，0℃で凝固します。つまり，「水を2等分しても水の性質は同質に保たれ，元に戻して一体化させても水の性質は不変」です。つまらない結論ですが，実はここに原子と分子の違いを理解する鍵があります。

　実験を続けましょう。今度は50 mlに2等分された水をさらに25 mlずつに2等分します。この4等分された25 mlの水は，元の水と同じ性質を持つでしょうか？　答えはむろんyesですね。また，25 mlずつの水を元に戻して100 mlにしたとすると，100 mlの水は100℃で沸騰し0℃で凝固するでしょうか？　こちらも答えはyesです。この調子で細分を繰り返しましょう。細分はいつまで行うことができるでしょう？　細分は無限に繰り返すことができるのでしょうか？

　この問いは，物質が何からできているか，という哲学的で根源的な疑問なのですが，原子・分子というイメージ化に慣れた読者であれば，この疑問に大まかな解答を示すことができるはずです。つまり，（水分子という）小さな粒になるまでである，という答えです。その通りなのですが，もう少しこの答えに客観性を持たせてみましょう。「水を2等分しても水の性質は同質に保たれ，

元に戻して一体化させても水の性質は不変」という事実は，（分子という）小さな粒にまで細分しても成り立つのでしょうか？

水をどこまで分けるか？

　この問いに対する回答には，慎重な考察が必要です。例えば，沸騰や凝固は多数の分子が集合して初めて見られる現象であり，「一粒の水分子は 100℃ で沸騰する」と言えるのかと問われても，答えようがありません。そこで，「水の性質は細分化しても一体化させても不変である」という事実を解釈し直すことにします。簡単に言えば，先ほどの手続きは，一度細分化しても単純に寄せ集めて元に戻せば元の水に戻った，ということですから，「細分化された水を寄せ集め，元の 100 ml に戻した時に，水の性質を再現できる」ことを水の細分化と考えることにします。例えば，25 ml の水があったら，それと同じものをあと 3 つ準備し，これらを一体化させても水の性質は不変に保たれているか，を考えます。もちろん 25 ml 程度の細分化は水の性質を不変に保ちます。細分化を進め，100 ml の水を（水分子という）小さな粒にまで分割したとします。この 1 粒をたくさん複製化して寄せ集めれば，いつかは 100 ml の水に行き着きます。そしてこの水は 100℃ で沸騰し 0℃ で凝固するという水の性質を保持しています。つまり，小さな粒である水分子 1 粒には水の性質が保持されている，と考えられます。

　ところが，水分子をさらに分断したとしましょう。分断後のかけらをたくさん複製化して寄せ集めたら 100 ml の水に戻ると言えるでしょうか。答えは no です。100℃ で沸騰し 0℃ で凝固するという水の性質は，水分子を分断した時点で失われてしまうのです。このように，物質の性質を保持する最小単位の粒子のことを，私たちは分子と呼んでいるのです。空気中に含まれる酸素という気体も，細分化していくといずれ酸素分子と呼ばれる粒に行き着きます。この粒を分断したら酸素の性質は失われてしまいます。酸素分子を分断したかけらをただ寄せ集めても，私たちの生命維持に必要な酸素という気体の性質はもはや再現されないことになります。

　しかし，着眼点を変えて，たとえ**水の性質が失われてもよいから**，水分子を

図Ⅱ-5-1　分子と原子の境界線

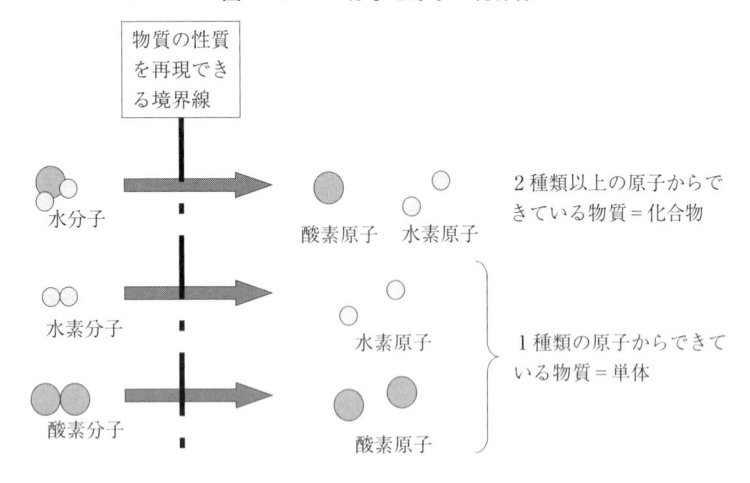

水分子	→	酸素原子　水素原子	2種類以上の原子からできている物質＝化合物
水素分子	→	水素原子	1種類の原子からできている物質＝単体
酸素分子	→	酸素原子	

さらに小さな単位に分割できないか，と考えるなら，答えは yes になります。**図Ⅱ-5-1**にあるように水分子1粒はさらに分断すると，2つの小さな粒（水素原子）と1つのやや大きな粒（酸素原子）に分割できます。ただし，この分割により，水の性質は失われてしまいます。分割後に現れる3粒を単純に複製化して寄せ集めても，もはや水の性質は示しません。水の性質は，**これらの3粒を一度結合させて水分子1粒に組み立て，この分子を複製化**することで再現されます。つまり，「水の性質を保持する最小単位の粒子が水分子であり，水の性質を失う代償を払ってでもさらに分割した場合に現れる最小単位の粒子が原子」です。

酸素の場合

この関係は気体の酸素を考えても同様に成り立ちます。気体の酸素を細分化した場合，酸素の性質を保持する最小単位は酸素分子であり，これを分割すると酸素の性質が失われます。分割の結果現れるのは2粒の酸素原子です。酸素原子と酸素分子は同じ「酸素」という単語が使われていますが，2つの粒子はまったくの別物です。酸素原子をひたすら寄せ集めても気体の酸素の性質は現れません。私たちの生命維持に必要な酸素という気体の性質は，一度酸素原子

2粒を結合させて1粒の酸素分子を構成してから，分子を多数寄せ集めた結果表れるのです。原子と分子の間には厳格な境界線が存在するのです。

また，原子の結合で分子を作り物質を再構成する際にも厳密な規則があります。例えば酸素原子2つの結合から酸素分子が作られますが，酸素原子の数が1つ増えて，3つの酸素原子の結合で分子を作ると，この分子はもはや酸素分子とは呼ばれません。この3原子からなる分子を多数寄せ集めて再構成される物質もまた常温・常圧で気体なのですが，有毒で危険な物質です。私たちはこの物質をオゾンと呼んでいます。

細分化したら同じものだった！

つまり，酸素とオゾンというまったく性質の異なる2種類の物質は，どちらも細分化によって酸素分子とオゾン分子にまで行き着きます。これらの分子は酸素やオゾンの性質を保持しています。ところが，どちらの分子も，物質の性質を失う代償を払えばさらに分割可能であり，分割の結果，まったく同一の粒子（酸素原子）だけが現れることになります。酸素とオゾンという2種類の物質は，原子というレベルまで分割するとどちらも酸素原子だけでできていると言えます。酸素やオゾンのように，原子レベルまで分割した時に単一の原子しか現れないような物質のことを単体と呼んでいます。

単体と呼ばれる物質は多数存在しますが，中には酸素とオゾンのように，同一の原子に行き着くものがあります。例えば，ダイヤモンドと黒鉛は，ともに単体であり，どちらも原子レベルまで分割すると炭素原子が現れます。したがって，単体の中には同一グループとして見なせるもの（酸素とオゾン，ダイヤモンドと黒鉛など）があり，すべての単体をグループで分類した場合，（ほとんどのグループには1種類の単体しか含まれませんが，）そのグループの数は100をやや上回る程度に集約されます。この単体グループのことを元素と呼ぶのです。酸素という単体を含むグループのことを呼称する時，簡単化のために，敢えて誤解を恐れずに，私たちはこの元素を「酸素」と呼んでいます。「酸素」という元素は，酸素とオゾンという2種類の単体からなるグループです。

これまでの議論から，元素の数は原子の種類で決まることは明らかです。酸

素という元素を特徴づける原子には，またもや簡単化のために，敢えて誤解を恐れずに，酸素原子という呼称が与えられているのです。

　ここで少し整理しましょう。一口に「酸素」と言っても，その言葉が指すものは多様です。まず，私たちの呼吸に必要不可欠な「酸素」という気体，あるいは「酸素」という物質があります。この「酸素」という物質を細分化すると，「酸素」分子と呼ばれる小さな粒に行き着きます。「酸素」分子は「酸素」という気体の性質を保持する最小単位です。気体の性質を失う代償を払って分子を分割すると，さらに小さな粒である原子に行き着きます。この粒はオゾンという物質の細分化でも行き着く粒であり，同一の粒に行き着く酸素・オゾンという2種類の単体をまとめたグループが「酸素」という元素です。この「酸素」という元素は，「酸素」原子によって特徴づけられます。

やはり万物は元素からできている

　化学のとっつきにくさには，これらの単語の間の区別がつきづらい点にもあるのではないでしょうか。教科書や参考書には「酸素」という語があふれていますが，それらは酸素原子を指している場合もあれば，酸素分子を指している場合も，酸素という物質を表している場合もあります。これらは文脈から容易に判断できるはずなのですが，不慣れな人では混乱しやすいでしょう。逆に言えば，この区別がつくことで化学の教科書・参考書は見違えるように読みやすくなります。もしかすると，この読解力も化学で必要なリテラシーの1つなのかもしれません。

　ちなみに，水は酸素と異なり，細分化によって現れる水分子をさらに分割すると，酸素原子と水素原子という2種類の原子が現れます。このように，2種類以上の原子が現れる物質のことを化合物と呼び，単体と区別しています。そして，例えば水の場合では，電気分解という手法を取ることで，水という化合物から酸素と水素という2種類の単体に変化させることができます。あらゆる化合物は，分解反応と呼ばれる化学反応を経て2種類以上の単体へと変化させることが（原理上は）できます。その意味で，世の中のすべての物質は最終的にはいずれかの単体へと還元でき，その単体が分類されるグループが元素なの

ですから，元素とは「万物を構成する究極の要素である」と言えます。この元素に対する解釈は，ギリシャ哲学でデモクリトスやアリストテレスらの抱いていたイメージそのものであり，ギリシャ哲学以来の基本命題に対する化学の立場からの回答が原子・分子なのだと言えるでしょう。

最後に，実はすべての物質が分子からできているわけではない，ということも触れておきたいと思います。例えば，鉄やアルミニウムといった金属は金属原子の集合体ですし，食塩（塩化ナトリウム）はイオンと呼ばれる粒子の集合体です。これらの詳細については紙幅の都合上どうしても触れられませんので，各自で化学の教科書を参考にしてください。

4　原子や分子を数えてみる

はじめに

自然科学では，自然現象を理解するために数学を用いることが頻繁に行われます。化学も例外ではなく，物質の理解に数量が必要な時には数学的な計算を積極的に行います。高校化学では，四則演算にせいぜい対数計算が現れる程度ですが，大学以上の化学では微分積分や行列・ベクトルなどが普通に使われています。この節では，化学に特有なモルの考え方について簡単に説明します。多少の四則計算が現れますが，初めに宣言した通り，数式は一切使いませんので，数学嫌いの人も安心して読み進めてください。四則計算すら虫唾が走る方は遠慮せずにこの節を読み飛ばしてしまって構いません。

1円玉の中には…

モルの概念を説明する前に，原子の構造についてもう一度おさらいしましょう。原子は原子核と電子からできており，さらに原子核は陽子と中性子からできています。このうち，陽子と中性子はほぼ同じ質量なのですが，電子は陽子や中性子に比べるとおよそ1/1800の質量しかありません。1つの原子の中には電子は多くても100個程度しかありませんから，原子の質量はほぼ陽子と中性子の数で決まり電子の質量は無視できる，としてよいでしょう。

さてここで問題です。1円玉はアルミニウムという金属で構成されています。アルミニウムはアルミニウム原子が結晶を組んでできており，アルミニウム原子は陽子・中性子・電子からできています。1枚の1円玉の中にはたくさんの陽子や中性子があるはずですが，いったいどのくらいあるのでしょうか？

この問題は1円玉の質量を考えることで解決できます。1円玉は1枚の質量がちょうど1gになるようにデザインされています。先ほども述べたように陽子と中性子はほぼ同じ質量で，その値はおよそ 1.67×10^{-24} g です。したがって，上の問題は，陽子・中性子を何個集めると1gになるでしょうか，という問題に置き換えられます。

簡単な計算ですから，ぜひやってみてください。計算するとおよそ 6×10^{23} 個という数が得られます。正確な計算では，6.02×10^{23} 個という数値が得られます。化学をかじったことのある読者であれば，これは有名なアボガドロ定数と同じ数値であることに気がつくでしょう。この 6.02×10^{23} 個という数値にはどんな意味があるのでしょうか。

同じ数の粒子を集める

世の中のあらゆる物質は究極には原子からできています。原子の種類はせいぜい100種類ちょっとですが，たとえ同種の原子であっても個々の原子の質量は同じではありません。これは含まれる中性子の数が原子ごとに違うからです。しかし，質量の異なる原子の存在比は自然界で一定であり，その比が実験から分かっているので，原子の質量が平均で陽子・中性子何個分に相当するかは分かります。

例えば，酸素原子には中性子が8個のもの，9個のもの，10個のものがある割合で含まれるため，酸素原子の質量は平均すると陽子・中性子16.0個分に当たります。この16.0という数値が原子量と呼ばれるものに対応します（正確に言えば原子量は個数の平均値ではないのですが，大まかな理解であれば同一視しても問題ないでしょう）。

陽子・中性子16.0個分の質量である酸素原子を，先ほどの 6.02×10^{23} 個だけ集めたとすると，全部で何gになると思いますか？　これも簡単な計算です。

図Ⅱ-5-2 原子や分子を同数集める

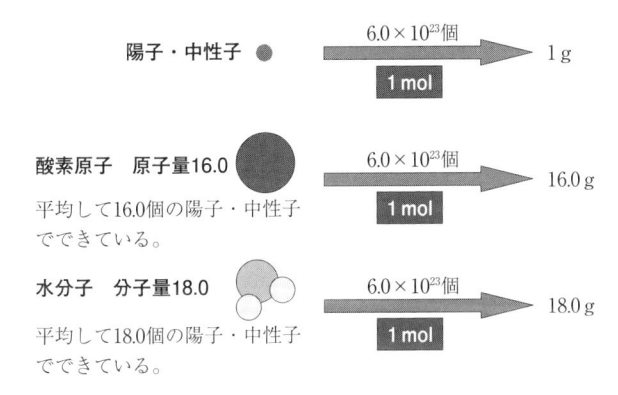

陽子・中性子 ● → 6.0×10^{23}個 1 mol → 1 g

酸素原子 原子量16.0 ● → 6.0×10^{23}個 1 mol → 16.0 g
平均して16.0個の陽子・中性子
でできている。

水分子 分子量18.0 → 6.0×10^{23}個 1 mol → 18.0 g
平均して18.0個の陽子・中性子
でできている。

　陽子・中性子を 6.02×10^{23} 個集めて 1 g だったのですから，陽子・中性子の16.0倍の質量の酸素原子を 6.02×10^{23} 個集めれば，1 g の16.0倍の質量になるはずです。つまり 16.0 g です（図Ⅱ-5-2参照）。

　水分子は水素原子 2 つと酸素原子 1 つからできています。水素原子は平均して陽子・中性子1.0個分の質量であり，酸素原子は16.0個分の質量です。したがって，水分子は平均して陽子・中性子18.0個分の質量だということが分かります。この18.0という数値が分子量に対応します。したがって，水分子を 6.02×10^{23} 個集めると，18.0 g になることが分かります。

　このように，6.02×10^{23} 個という数値は，原子量 A の原子が A g になる原子数であり，分子量 M の分子が M g になる分子数であると言えます。水18.0 g を計量すれば，その中には決まって 6.02×10^{23} 個の水分子が存在しているわけです。別の例を挙げると，酸素分子は酸素原子 2 個からできているので，酸素分子の分子量は酸素原子の原子量16.0の 2 倍の32.0です。ということは，気体の酸素を 32.0 g だけ量り取れば，そこには水 18.0 g と同数の分子が存在していることになります。

　このように，目視すらできない原子や分子を同じ数だけ集める，という作業が，簡単な計量作業で実現できることになります。この時の目安になるのが 6.02×10^{23} 個という数値です。私たちはこの数値と同数だけ集めた粒子数を 1 モルと呼んでいます。例えば水分子を 1 モル集めると全部で 18.0 g になり，

酸素分子を1モル集めると全部で32.0gになる，というわけです。

では，なぜモルという単位を導入する必要があるのでしょうか？　水18.0g，酸素32.0gという計量作業自体には，gという質量の単位があれば十分であり，モルの概念は不要です。大切なことは，この計量作業により，同じ数の分子を集めることができた，ということです。水分子も酸素分子も小さすぎるため，目で確認しながら数えていくことはできません。数えることのできないほど小さな原子・分子の数を揃えるために，モルの考え方が必要なのです。化学の計算問題にはうんざりするほどモルが現れますが，そこで行われている計算の本質は，ただ目に見えない原子・分子の数を数えているだけにすぎないのです。

5　いざ大学の化学の世界へ

まずは化学の世界へ

ここまで読み進めることのできた読者であれば，化学に対するハードルは多少低くなったのではないでしょうか。原子・分子やモルといった化学の基本概念を念頭に置いて周りを見渡せば，あらゆるところに化学があふれていることが分かります。

例えばあなたが今読んでいるこの本は紙でできていますが，紙はセルロースという高分子でできています。セルロースは，何千何万という数のグルコースという分子を数珠つなぎに連結したものです。グルコースは別名ブドウ糖とも呼ばれ，ヒトをはじめとする生物のエネルギー源として重要な物質です。そして，グルコース分子の連結法を変えると，デンプンと呼ばれる別の高分子になり，米や小麦などの食物（いわゆる炭水化物）の主成分になります。私たちはデンプンを体内で分解してグルコースを取り出すことはできますが，セルロースを分解してグルコースにする仕組みは私たちの体内にはありません。したがって，デンプンもセルロースも同じグルコースからできているのにもかかわらず，私たちは紙を食べても栄養源にすることができないのです（図Ⅱ-5-3参照。正確に言えば，セルロースを構成するグルコースとデンプンを構成するグルコースでは，結晶を作った時にはわずかな分子構造の違いがあるのですが，

水溶液中では完全に同一です）。

図Ⅱ-5-3　紙もデンプンもグルコースの集合体

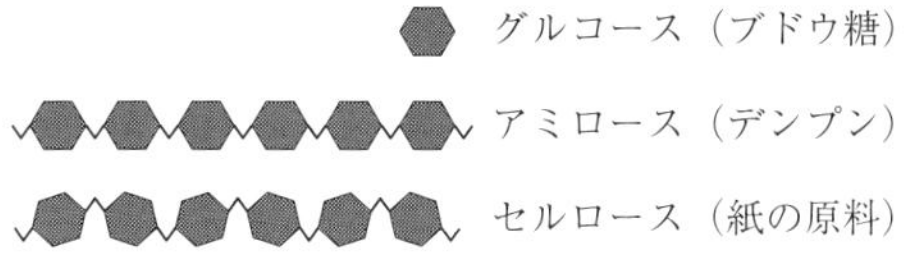

グルコース（ブドウ糖）
アミロース（デンプン）
セルロース（紙の原料）

このように，日頃当たり前のように思っていたことが，原子・分子といった視点に立つと，すんなりと理解することができるようになります。水が100℃で沸騰し，0℃で凝固する理由は，水分子同士に働く引力の性質から理解できます。同じ引力の性質から，氷が水に浮かぶ理由も説明できます。私の担当する授業では，この他にも，富士山頂でインスタントラーメンがおいしく作れない理由，宇宙空間では宇宙服を着なければならない理由（酸素が必要だから，ではありません），ダイバーが潜水病を患う理由，お酒を飲みすぎると二日酔いになる理由，頭髪にパーマがかかる仕組み，充電できる電池とできない電池の違い，太陽電池の仕組み，液晶モニターの仕組み，ゴムが縮む理由，冷蔵庫のない部屋で氷点下を実現する方法（寒剤の話），フェーン現象の起きる仕組み，などを，折に触れて説明しています。これらの現象を説明するのに，原子・分子という概念は必要になりますが，計算はいりません。化学が生活にいかに密着しているかがお分かりいただけたでしょうか。

まずは，常に原子・分子の視点に立つという考え方に慣れること，これが化学を学ぶ上で最も大事なことであり，これこそが化学のリテラシーの核心であると思います。先ほどの様々な現象を説明することは，さほど難しいことではありません。興味を引かれた現象があったら，ぜひ自分で調べてみてください。大学初年級レベルの教科書，参考書あるいは一般書を紐解いてみるとよいでしょう。巻末の「読書案内」も覗いてみてください。また，原子・分子の考え方に慣れたら，次はモルの計算に挑みましょう。「モルの計算」＝「原子・分子の数の勘定」と常に頭の中で置き換えながら計算することが肝心です。

そして大学の化学へ

最後に，大学で学ぶ化学について触れておきたいと思います。多くの理科系学部では，大学初年級で学ぶ化学として物理化学と呼ばれる分野が選ばれてい

ます。この分野では，原子・分子の構造とそれらの結合，物質の状態変化，熱化学，電気化学などを扱います。これらは高校化学でもすでに学習済みの内容ですが，大学の化学ではこれらの内容を学び直すために，量子力学や熱力学・統計力学を用います。これらの学問は非常に難解なので，多くの学生が挫折感を味わっていると思われます。高校までは化学が得意だったのに大学の化学はさっぱり分からない，という学生も少なくありません。これは，化学が難しいから，と言うよりもむしろ，量子力学・統計力学が難しいから，だと言えます。

　この章の初めで触れた「階層性」でたとえるなら，「化学」を理解するための基礎・土台となる学問が「量子力学・統計力学」です。乱暴な言い方かもしれませんが，量子力学が理解できなくても化学はある程度理解できます。しかし，より深いレベルで化学を理解するためには，量子力学が必要になるのです。

　例えば，高校の化学では，原子核の周りに電子殻があり，K殻に2つ，L殻に8つ，M殻に18の電子が収容可能，と習います。これは高校のレベルでは暗記項目であり，生徒たちは理由も分からずに2，8，18といった数を覚えることになります。しかし大学では，量子力学を学ぶことにより，電子殻への，電子の収容定員が順に2，8，18となっていることが説明できるようになります。

　大学初年級で学ぶ化学は，高校で学んだ化学の内容をさらに掘り下げて理解することを目標に，量子力学・統計力学を扱うのです。量子力学や統計力学は，高校化学をより深いレベルで理解するために必要なリテラシーであると言えます。基礎を学んでから応用に進むのがあらゆる学問を修得する王道のはずだとお思いの方も多いかもしれませんが，高校と大学の化学ではこの関係が逆転し，大学では高校化学の基礎となる事項を初めに学びます。そしてこの基礎事項が難解なのです。

　読者の皆さんは，大学の化学を学ぶにあたって，この事実を初めにしっかりと把握しておきましょう。そして難解な基礎事項の理解に挑戦してください。量子力学・統計力学という大きなハードルを越えた暁には，化学に対するより深く幅広い理解が得られることでしょう。身の回りにあふれる種々の化学現象は今よりもさらに馴染み深くなっていることでしょう。

（高木晋作）

第6講
環境学——地球環境と生物の未来

1 誰のための「環境」なのか

「環境問題」って何？

　近年，世界的に環境問題についての関心が高まっています。テレビをつければ「地球温暖化」，「省エネ」，「リサイクル」と，この手のニュースを聞かない日はありません。しかし，少し考えてみてください。この「環境」とは，一体「誰のための環境」なのでしょうか。

　そもそも「環境問題」とは，人間活動による環境の変化を原因として起こる問題の総称です。ヒトは文明を発展させてくる過程で，自然環境からの資源を利用してきました。自然環境には自己修復機能があり，ある程度の負荷であれば短期間で回復することができます。そうやって長い間，私たちの祖先は自然と調和して生活してきました。しかし人口が増え，モノが豊かになり，便利さや利潤を追求するにしたがって，ヒトは自然が耐えうる負荷量を超えた搾取をするようになりました。その結果，自然によって修復しきれなくなった負荷が表面化して，環境問題となったのです。ヒトの生活を維持・向上させるための環境政策ばかりが注目されていますが，地球上には昔から，他にもたくさんの生物たちが共存しているということ，そしてすべての生物の相互作用によって地球のバランスが保たれているということを忘れてはなりません。

「環境学」という独立した学問はありません。なぜなら「環境」とは自分たちを取り巻く社会や自然など外的な事象の総体であり，一面的な視点からのアプローチではそれを本質的に知ることはできないからです。したがって社会学，経済学，倫理学，化学，生物学，地学などの学問を駆使して，それぞれの学問領域が融合して初めて，「環境学」と言えるのです。時々環境問題にとても詳しい人がいるのですが，注意してほしいのは「環境問題」というのはどこかで聞いたことを並べると分かったつもりになり，皆が専門家のように振る舞える危険性があることです。しかしそれは色々な立場の人がそれぞれに発言したことの切り貼りであり，真偽や根拠を自分で判断することはできないはずです。「環境問題に取り組みたい」と思うなら，まずは自分のバックボーン（どの観点から考えるのか）となる専門性を磨くことが重要です。

　本講では生物学の観点から見た「環境学」のリテラシーを示しながら，現在地球上で起きている環境問題について紹介し，私たち生物の未来を読み解いていきます。

生物学者としての視点

　まず，生物学者としての環境の捉え方についてお話しします。地球上に初めて生命が誕生してからずっと，生物は環境の影響を受けて進化してきました。地球の気候もまた，地球ができた時から不変なのではなく，変化を続けています。例えば大気中の二酸化炭素濃度は，火山の噴火や隕石の衝突によって増加し，また海洋への溶解や光合成生物による固定によって減少するなど，様々な自然現象によって常に変動してきました。二酸化炭素は温室効果ガスの一種ですから，この濃度の変化は地球の気温とも連動しています。そしてそれぞれの時代，それぞれの場所の環境に適応した生物が歴史的に繁栄してきたのです。新生代に入ってから大繁栄を遂げた陸上植物の多くは，光合成の限定要因が二酸化炭素濃度となっています。新生代初期の二酸化炭素濃度は約0.08％とされており，現在の濃度（0.038％）では低すぎて十分な光合成能力が発揮できていないのかもしれません。

　このように考えると現在の地球環境を維持しようというのは，単にヒトがこ

の環境に適して進化してきたためであり，環境を守ることがまるでヒトのエゴ
のようにも聴こえてしまいます。ヒトが生態系を構成する一員であると考える
なら，そのヒトが環境を著しく変化させた主因であっても，ヒトを含む現存の
生物種が絶滅したり変化したりすることはきわめて自然な現象だからです。そ
してヒトが絶滅しても，何事もなく地球は回り続けます。そのあとには新たな
環境に対して適応した生物が進化していくことでしょう。生物の進化は環境の
変化によって支えられてきたわけですから，「どうしても今の環境を守り続け
なければいけない」とは思いません。

　しかし一方でヒトは，技術を獲得したことによって生態系の一員としての生
存競争からは隔離された立場にいます。特に産業革命以降の人間活動は，もは
や地球の生態系を構成する一員というには影響が大きすぎます。そしてその結
果生じた環境の急激な変化により，生物の進化が追いつけずに絶滅するものが
増え，地球規模の生態系のバランスを崩すことが懸念されています。あまりに
も急激な環境の変化は好ましくありません。

市民としての視点

　1人の市民としては，ヒトの破壊活動による生態系の消失に強い危機感を感
じています。なぜなら自分とその周りの人が（もっと言えば人類が），少しで
も長く快適に生活していける環境は大事であると思うからです。しかし現段階
では，環境問題はもとより生態系の仕組み自体が複雑で，すべてが解明されて
いるわけではありません。そして問題の規模が大きすぎて何をしていいのか分
からない，自分一人が何かをしたからといって何かが変わるとは思えない，と
多くの人が感じていることでしょう。

　ヒトは誰でも不自由なく生活したい，豊かになりたいという欲望を持つ生き
物です。より豊かに便利に生きるための経済発展と環境保全は，両立すること
ができるのでしょうか。

では，どう生きるのか？

　様々な立場や考え方がありますが，ここでは「環境を守る」という立場で記

述をしていきたいと思います。そうは言ってもまず提起しておきたいのは，「環境のために」とか「環境を守る」という態度は驕りではないのか，ということです。先にも述べたようにヒトが滅びても地球は回り続け，他の生物は進化をしながら生き続けるでしょう。したがって環境を守りたいということはすなわち，自分たち（と現在の環境に適応している他の生物たち）の快適な環境を維持したいということなのです。

　地球上の生態系の構成員であるヒトは，自然環境からの恩恵を今後も受け続けながら生活していく以外にありません。その時，どのような姿勢で恩恵を受けるのか——これまでと同じように欲しいだけ得るのか，それとも他の生物たちとも共存しているという意識を持って，できるだけ環境に負荷をかけないようにおすそわけしてもらうのか——前者はすでにたくさんの環境問題が生じたことから破綻していることは明らかです。では後者の場合，私たちはまず何から始めればいいのでしょうか。

　1つの答えは「知ること」です。皆さんは環境問題について正確に知っていますか？　今，この地球上のどこで，どんなことが起きているのか。何が問題なのか。問題が起きる自然科学的なメカニズムはどうなっているのか。社会や経済，政治の観点からはどうなのか。その問題を解決するためにはどんな知識が必要なのか。——そういった環境学のリテラシーを多面的に知って，徹底的に考え抜くことです。

　生態学者オダム（1913-2002）は言いました。「人間は自然を美しいと感じられる唯一の生物である」。この言葉は，これまで環境を破壊してきた張本人であるヒトだけが，技術的にも倫理的にもこの美しい地球を守ることができる唯一の存在であることを示しています。

2　「現在の環境」に適応した生物たち

生物の多様性

　熱帯林や沙漠，海洋，高山，湿地など，地球上には様々な環境（生態系）が存在し，私たちヒトを含む多種多様な生物がそこで生活しています。その数，

約150万種。これは現在名前のついている生物種のみで，名前のない種や未知種を含めると，推定1000万種から1億種にもなると考えられています。

しかし現在，とんでもないスピードでたくさんの種が絶滅に追いやられています。1975年には1年に約1000種だったのに対し，2000年には1年に約4万種という数の生物が絶滅しました。わずか25年で絶滅のスピードが約40倍に増加したのです。地質時代にも大幅な気候変動や隕石の衝突などによる「大量絶滅」と呼ばれる現象が5回ありましたが，今回はそれを上回るペースです。しかもその原因が自然環境によるものではなく，人間活動による環境の変化にあることが特徴です。

こうした話をすると，「自分には関係ないや」とか「貴重な生物を守るとかの話なら，熱帯林やら海やらで勝手にやっててください」と思う人が大半だと思います。本当にそうなのでしょうか？　生物の多様性は私たちの生活にどのように関係しているのでしょうか。

こうして形成された生物多様性

地球上に生息する推定1000万から1億種もの生物種。なぜこれほどまでにたくさんの生物が生まれたのか——それは地球の歴史と生物の進化で説明することができます。

地球が誕生したのは約46億年前，生命が最初に誕生したのは約38億年前だとされています。その後，時代の変遷に伴って地殻変動や気候変動などが起こり，地球の環境は時々刻々と変化してきました。この時生物は，元々そこにいた種の中で変化した環境に適応した有利な個体が生き残り，形や性質の異なる新しい種に変わったり，環境が合わずに絶滅したりしていきました。これを一般に「進化」と言います。

例えば5000m級の山が連なるアンデス山脈では，木の幹に止まって蜜を吸うハチドリが棲息しています。通常ハチドリの仲間は，空中でホバリングしながら蜜を吸うものなのですが，なぜこのような行動の違いが見られるのでしょうか。それは高地では空気（酸素）が薄いからです。羽ばたき続けるには多量のエネルギーを使うので，酸素を多く必要とします。そこで高地の低い酸素濃

度に適応した結果,「止まって蜜を吸う」という行動が進化してきたのです。このように環境が変わると行動や形態が進化する例はよく知られています。環境の違いが多様性形成のきっかけになっているのです。

　このような進化が約38億年間連綿と繰り返され,さらに生物同士の生存競争を経て,「現在の環境」に適したものだけが「現在の地球」に生息しています。逆に現在の地球上に様々な生物が住めるということは,地球上に多様な環境があり,生物同士が互いに関係しながら「地球」という1つの巨大な生態系を維持していることに他なりません。そしてヒトも現在の環境にたまたま適応して繁栄した生物であるのです。これが前段で「環境を守る」ということは「ヒトにとって快適な現在の環境を維持する」ということだと書いた所以です。生物の進化については今回紙幅の関係でこれ以上触れることができませんので,ぜひ別の書物で発展的な学習をすることをお勧めします。

　このように長い時間をかけて形成された「生物多様性」について,もう少し詳しく見てみましょう。

「生物多様性」の3段階

　生物が多様であること（生物多様性）には3つのステージがあります。1つ目は「種の多様性」,2つ目は「遺伝子の多様性」,3つ目は「生態系の多様性」です。

　まず種の多様性とは何でしょうか。簡潔に言うと,「生物種がたくさんあること」です。生物の種がたくさんあることにどんな意味があるの？　と思うかもしれません。

　では,昨日の晩ご飯には何を食べましたか？——カレーライス,おでん,グラタン,餃子……色々な答えが返ってきそうです。これを「料理の多様性」としましょう。もし「料理の多様性」が失われたら……？　この世に1つの種類の料理しかなくなります。来る日も来る日も3食ずっと,カレーライスしか食べられないことになるのです。これはつまらないですね。栄養も偏ります。では次に,先ほど挙げた料理に含まれるものの中で「生物でないもの」は何でしょうか。——ご飯は稲です。イネは植物なので生物ですね。人参もジャガイモ

図Ⅱ-6-1　生物多様性の3段階

遺伝子の多様性　　種の多様性　　生態系の多様性

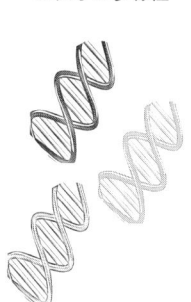

（注）　左：遺伝子の多様性（遺伝子が多様であること），中：種の多様性（種が多様であること），右：生態系の多様性（生態系が多様であること。上から沙漠，熱帯林，海）。

もタマネギも大根も肉も卵も，ルーや餃子の皮に入っている小麦粉だって，みんな生物です。もしもこの世から生物の種の多様性が失われたらどうなるでしょう？　とても困ったことになりませんか？　実は種の多様性とは，私たちの生活にこれほどまでに身近なことだったのです。

　では，「料理の多様性」を維持するために必要なことは何でしょうか。答えはたくさんの種類の食材があることと，たくさんの文化があることです。まず食材の多様性は，特定の食材がない時に他のもので代用したり，より合うものを選択していくのに必要です。文化の多様性は，同じ食材を使っても別の料理になるように，食べ物の幅を広げてくれます。

　種の多様性においても同じことが言えます。たくさんのパターンの遺伝子は，仮に環境が変化しても種が絶滅しないよう，新たな環境に適応して進化していくための原動力となります。これを「遺伝子の多様性」と言います。また色々な生態系は，その生態系でしか生活できない多くの生物を維持しています。これを「生態系の多様性」と言います。生物の多くは熱帯林に棲むオランウータンや北極に棲むホッキョクグマなどのように，住む場所が限定されているので，

その生態系がなければ絶滅してしまうのです。

　このように種の多様性を維持するためには，1つの種の中で様々な環境変化に対応できる遺伝子が豊富であること（＝遺伝子の多様性）と同時に，色々な生物が棲息する生態系のバラエティが豊富であること（＝生態系の多様性）が重要です（図Ⅱ-6-1）。これら3つのステージの多様性が密接に絡み合って，ようやく生物多様性が維持できるということになるのです。

生物多様性を維持する意味

　ではヒトにとって，生物多様性が重要である理由を具体的に考えてみましょう。

　まずは前述のように食べ物をはじめとして，ヒトが生活するのに必要な物資は生物から得ています。綿や羊毛などは着る物に，木や葉は建材や燃料になります。また現在は化学合成している薬であっても，元々は天然物に含まれる成分を抽出して用いていました。小児ガンに効果のある薬も，マダガスカル島固有種のバライロニチニチソウから抽出された成分です。これらはヒトが生きる上で，直接的になくてはならないものです。

　次に生態系によって環境が緩和されている例を挙げましょう。大雨が降った時，地表に植生がまったくなかったら，雨は地表面を猛烈な勢いで流れ下ります。このとき同時に土壌を侵食したり，地滑りを起こしたりするのです。もしそこに植生があれば，このようなことは起こりません。植物の根は土壌を固定し，雨は直接地表をたたくこともなく，緩やかに地面に吸収されます。その後長い時間をかけて地下に浸み込み，また湧き出るため，生態系は天然のダムのように機能して急激な洪水を起こすことはないのです。他にも生態系は急激な温度変化の防止，降水量の安定化，酸素の供給や水・空気の浄化など，様々な機能を担っています。

　自然のものを由来とする色の名前や造形は多くあり，文化や芸術を創造する源になっています。例えば日本には「若草色」，「山吹色」，「茜色」など，生物由来の色が豊富にあります。また桐や竹，梅などをモチーフにした伝統的な柄の和紙や着物などはよく知られています。これは日本人が古くから自然と密接

に関係して生活してきた証です。芸術は画一的では何の価値もなく，独創性や多様性そのものに価値があることは皆が認めるところでしょう。その源である生物も，まさに多様性そのものに価値があると私は考えます。他にも脱着に便利なマジックテープは「ひっつきむし」と呼ばれているオナモミという植物の種子にヒントを得たものですし，グライダーもアルソミトラという植物の風によって空を飛ぶ種子をモデルに作り出されたものです。また森林浴やハイキングは気分転換や情操教育にも効果があると言われていますが，これも自然からの恩恵の1つと言えるでしょう。

　現在急激なスピードで，未発見の生物たちもまた絶滅を続けています。このことは，ヒトが気づく前に大切な薬や食料となる可能性を持つ生物資源が絶滅しているかもしれないということを意味しています。現在の医療では治らない病気に効く成分を持つ生物が，実は発見されぬまま絶滅していたとしたら……ヒトにとって多大な損失ともなるのです。

　このように生物多様性は様々な分野で私たちの生活を支えています。生物の多様性がどんなに大事なことか，理解してもらえたことでしょう。

3　生物界で今起きていること

様々な「破壊」

　地球上で動物・植物の生物多様性が高い地域の代表格は，熱帯林です。熱帯林では生物間の相互作用や複雑な環境要因からたくさんの生物が進化し，種多様性を作り上げてきました。ところが近年，この熱帯林が次々と消滅しています。木材資源としての不法な伐採，商品価値の高い農作物を栽培するためのプランテーションの開拓，リゾートや道路の建設などがその主な理由です。それに伴って過剰な農薬や肥料が使われ化学的な汚染が進んだり，さらに生物の「食う─食われる関係」を通して有害物質が濃縮され，高次消費者の体内に蓄積される例もあります（生物濃縮）。また効率重視の緑化対策や物資の移動，飼えなくなったペットを捨てたりすることによって外来種が持ち込まれ，その地域独特の生態系が破壊されることもあります。しかし日本で生活していると

図Ⅱ-6-2　整然と並ぶアブラヤシのプランテーション

（注）　単一な種で埋め尽くされて種多様性が低下した。元は多様な種が共生していた熱帯林である。

それらは遠い外国で起きている話のように感じられ、実感が湧かないというのが現状です。世界では何が起きているのか、いくつかの事例を見てみましょう。

事例(1)──ボルネオのプランテーション

「環境に優しい」と謳われているパームオイル（ヤシ油）の洗剤。化石資源を使わず生物由来であること、合成洗剤に比べて分解しやすいことから環境に配慮した商品として私たちの生活に浸透しています。しかしこの原料となるアブラヤシがどのような場所で作られているか知っていますか？

　主な生産地はボルネオ島（マレーシアとインドネシア）です。そこはアジア最大級の森林で、世界的にも珍しいオランウータンやボルネオゾウ、サイチョウ、ラフレシアやウツボカズラなどの稀少な生物が棲息しており、種の多様性はアマゾンに匹敵するとも言われています。

　ここでは1950年代後半から森林伐採が本格化し、伐採された木の7割が日本へと輸出されていました。1993年に政府は丸太の輸出を全面禁止しましたが、「エコブーム」が到来すると今度は森林を切り開いてアブラヤシのプランテーションを作るようになったのです。

　プランテーションは森を皆伐した後にヤシの木を植えるので、一見緑で、何

の問題もないように見えるかもしれません。しかしここは本来，たくさんの生物たちが複雑な相互関係を持ちながら生活していた熱帯林だった場所です。それが「ヤシの木」という単一な生物種に置き換えられてしまったのです（図Ⅱ-6-2）。当然種の多様性は低下します。そこで生活していた大型の動物は，熱帯林がなくなったことによって食べるものや棲む場所を奪われ，結果的に死んでしまうのです。

　またプランテーションを開拓している途中でも，大きな問題があります。熱帯ではほぼ毎日，スコールと呼ばれる強烈な降雨があります。一旦植生が失われた地域では，スコールのたびに土壌が流出し，堅い岩盤が露出してしまいます。このような場所では植物が根を張ることができないため，二度と植生が回復しないことが多いのです。一度破壊された生態系を元に戻すことはほとんど不可能です。

　このような破壊の末に作られた「環境に優しい」洗剤は，本当に「環境に優しい」と言えるでしょうか。私たちは商品を選択する時に，よく考える必要があります。

事例(2)──ニューカレドニアのニッケル鉱山

　皆さんの財布の中の100円硬貨は銅とニッケルの合金です。耐蝕性に富んだステンレスやクロムめっきにもニッケルが使われています。日本ではほとんど産出しないニッケルはどこからやって来るのでしょうか。

　南太平洋のフランス領ニューカレドニアは観光産業が発達しており，日本からもきれいな海を求めてたくさんの観光客が訪れます。一方で世界有数のニッケルの産地でもあり，山を削って大規模な採掘がなされています。

　ここもまた，生物種多様性が非常に高い地域です。この島は地殻変動によって海底から押し上げられた重金属を多く含む特殊な土壌に覆われており，この土壌が生物にとって苛酷な環境を作り出し，生物を進化させてきたからです。ニッケルを露天掘りするためには，現在ある植生をはがしたり，運搬用の道路を作ったりする必要があります。ところが重金属を多く含む土壌には元々植物が生育しにくいため，植生が非常に脆く，ちょっとした開発でもあっという間

に崩壊し，土砂が流出してしまいました。もちろん回復には多大な時間がかかります。

ところが問題はそれだけに留まりませんでした。山から川へ，さらに海へ流れ込んだ赤土は，河口近くに広がっていたサンゴ礁を埋め尽くし，死滅させてしまいました。海の生態系の中できわめて種多様性が高いと言われているサンゴ礁が，山の生態系の破壊に伴って破壊されてしまったのです。このように生物種同士だけでなく，生態系同士も互いに強くつながっており，一度壊れ始めると連鎖的に壊れていってしまうのです。

事例(3)——外来種問題

飼っていたミドリガメが大きくなりすぎて飼えなくなったとしましょう。どうしますか？——「それでも死ぬまで飼う」これが模範解答です。間違っても「自然に放しに行く」などと考えてはいけません。なぜでしょうか。

それはミドリガメがアメリカ原産の「外来生物」だからです。生物には，元々その生物が棲息している，適した生態系があります。その生態系には同時に天敵となる生物がいます。それによって個体数が調節され，バランスが成り立っているのです。しかしよそから移入した生物には新しい生態系で天敵がいない場合や，より生育条件が適合している場合があります。すると個体数が調節されずに爆発的に増え，結果的にその生態系全体のバランスを崩してしまうことがあるのです。また，その生態系に元々棲息していた生物（在来種）を追い出したり捕食したりして絶滅させてしまったり，交雑して遺伝子浸透が起きることもあります。

ペットや観賞用に移入した生物だけでなく，物資や靴底についていたり，バラスト水（空の貨物船のバランスを取るために積む海水）に含まれていたりと，あらゆる手段で生物は移動しています。金魚鉢に入れるホテイアオイやハブ退治のために導入されたマングースなど，このようにして野生に広がっていってしまったものは枚挙に暇がありません。本来自然状態であれば500万年以上かかる移動を，ヒトはたった数時間に短縮してしまいました。その分，外来種の侵入はますます加速しています。

このように外来種は，在来種の減少や絶滅を促進し，地域生態系のバランスを変化させてしまいます。特に在来種に深刻な影響を与えるものを「侵略的外来種」と呼び，警戒を強めています。外来種問題は，生態系の中にある限られた生態的地位をめぐって起こる競争であり，何かが入れば代わりに何かがはじき出されるイス取りゲームのようなものです。他の物理的・化学的な破壊の例と異なるのは，原因に気がついてその行為を止めても自然界で広がり続けること，そして一度広がってしまったら収束させるのがきわめて困難であることです。

4　生物の未来

絶滅のスパイラル

　これまで見てきたような環境の破壊が進むと，生物多様性にとってどのような不都合が生じるのでしょうか。

　世界各地で起こっている環境の破壊は，すなわち「生態系の多様性」が低下することを意味しています。このうち1つの環境（＝地域生態系）について見てみましょう。環境の破壊は，生物の食べ物や棲処を奪います。するとその生態系で暮らしていた生物種のうち，生態的地位の高いもの，すなわち大型の高次消費者から絶滅していきます。これは高次消費者の方が低次消費者と比べて，1個体を維持するのに必要な食べ物や生活空間が多いためです。こうして絶滅していく種が増えると，「種の多様性」が低下します。またある種はたとえ絶滅は免れたとしても，以前のように多くの個体数を維持することができなくなります。すると環境変化に対応できる様々な遺伝子を持っていた個体が減少するので，「遺伝子の多様性」が低下します。こうなると直接的な生態系の破壊では絶滅を免れた種も，絶滅のスパイラルに巻き込まれていきます（図Ⅱ-6-3）。

　生物多様性にとって重要な3つのステージの多様性が減少すると何が起こるのか——それは加速度的・連鎖的に生じる生物の絶滅。もちろんヒトもその大きな地球生態系の構成員であり，しかもかなりの高次の生態的地位にいる生物

図Ⅱ-6-3　絶滅のスパイラル

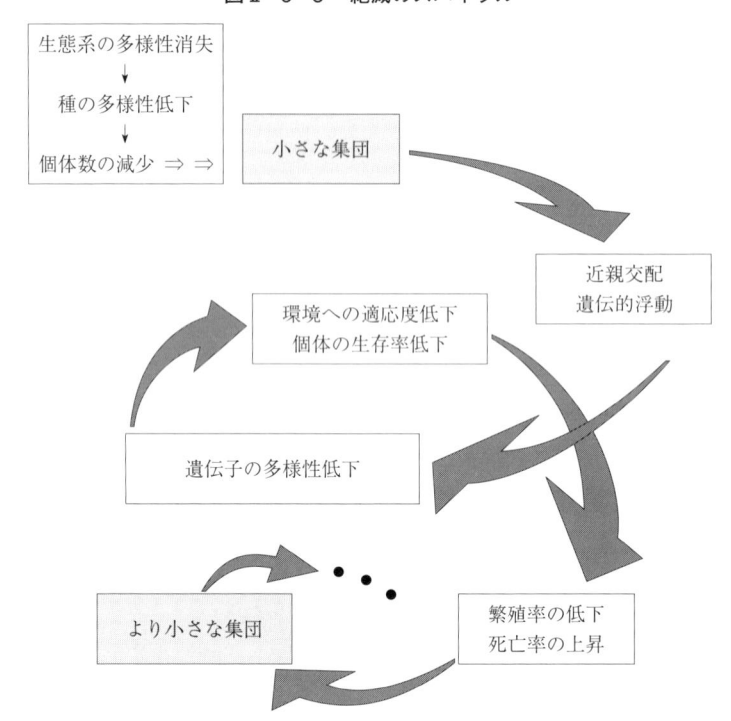

```
生態系の多様性消失
    ↓
種の多様性低下
    ↓
個体数の減少 ⇒ ⇒
```

小さな集団 → 近親交配・遺伝的浮動 → 繁殖率の低下・死亡率の上昇 → より小さな集団 → 遺伝子の多様性低下 → 環境への適応度低下・個体の生存率低下 →（ループ）

（注）　個体数が減少し集団が小さくなると，近親交配や遺伝的浮動（遺伝子型が1つに偏ってしまうこと）によって遺伝子の多様性が低下する。すると環境への適応度や個体の生存率が著しく低下する。この結果，死亡率の上昇や繁殖率の低下が起こり，より小さな集団となっていく。

です。ヒトの起こした破壊が，ヒトに返ってくるのも時間の問題と言えるでしょう。

種の保全・遺伝子の保全・生態系の保全

　生物多様性を保全するためには，3つのステージの多様性（種の多様性・遺伝子の多様性・生態系の多様性）を維持すればいいということは分かりました。ではそのためには，どうすればいいのでしょうか。ヒトの生活を産業革命以前のライフスタイルに戻す？——それは不可能です。さらに人口は現在約68億人，

図Ⅱ-6-4　緊急かつ戦略的に保全すべき地域として制定された世界34箇所の「生物多様性ホットスポット」

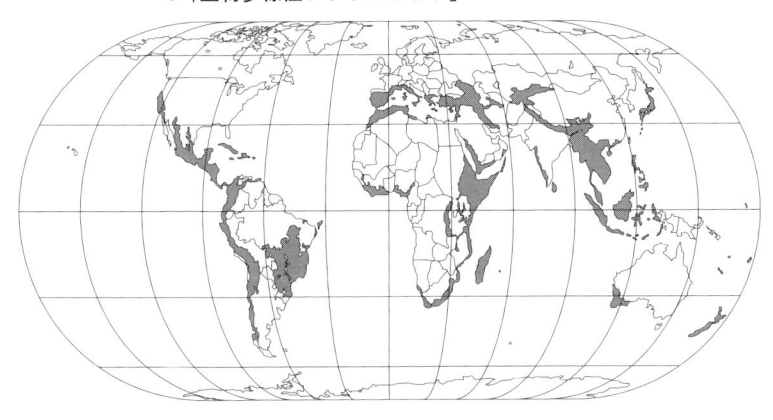

(注)　多くのホットスポット（地図上のアミかけ部分）では，生態系の破壊，外来種，各種の自然資源取引や気候変動により，危機に直面している。
(資料)　CONSERVATON INTERNATIONAL のホームページ（www.conservation.or.jp）上の「陸域ホットスポット」を簡略化。

産業革命以前の11倍以上に増えました。

　個別の事例は色々と取り組まれています。野生絶滅したトキやコウノトリを野生に戻す試み，サクラソウやアサザの蘇った山や沼。最近では遺伝子型の解析も短時間で行えるようになり，遺伝子の多様性保全の研究は飛躍的に進歩しています。仙台市では2009年11月，街路樹の樹種選定に際し「外来種ではなく在来種，しかも他県のものではなく仙台周辺の遺伝子を持つ樹木を植えて欲しい」という提言がなされました。このように社会全体の意識が少しずつ変わり，本来そこにあるべき生態系を尊重するようになりつつあることは高く評価できるでしょう。

　世界的な取り組みでは，コンサバーション　インターナショナルによる「生物多様性ホットスポット」があります（図Ⅱ-6-4参照）。生物多様性は地球上に均一に分布しているのではなく，一部の地域に集中しています。具体的に言うと，地球上の全陸地面積のわずか2.3％に，最も絶滅が危惧されている哺乳類，鳥類，両生類の4分の3が生息しているのです。つまり，ホットスポット

を中心に保全していけば，効率的に生物種を保全できるわけです。ホットスポットの認定条件は，(1)種の多様性が高い地域（固有の維管束植物が1500種以上）であること，(2)すでに原生の自然の7割以上が失われていること，の2点です。そして2005年に約400人の科学者によって改訂された世界で34箇所あるホットスポットに，日本も入っているのです。

生物多様性問題の難しさ

　これだけのことが分かっているのになぜ抜本的な対策を取らないのか——疑問を感じる人は多いと思います。それは環境問題には簡単には解決しない多くの課題が絡んでおり，様々な観点からの検討が必要だからです。まず自然科学の立場から見ると，現状の把握が十分にできていないこと，長期的かつ要因の複雑化のため予測が困難であることが挙げられます。一口に「環境」と言ってもそれを構成する要素は生物・非生物ともにたくさんあり，それぞれの挙動が複雑なので，絶対的な解を導き出すことができないのです。

　一方で社会科学の立場から見ると，大きな利権が絡んでいることが分かります。例えば二酸化炭素の排出削減目標1つとっても，各国の利害関係でけん制しあったり，国内でも立場の違う人同士では目標値に大きな違いが出たりしています。生産性の維持・向上と環境保全は，相反する命題とも言えます。生活をかけて森林を伐採し農業を営む人を，その農作物を食べている私たちが非難できるでしょうか。あるいは環境を大いに破壊して発展してきた先進国が，後進国の発展を止める権利があるでしょうか。結局，環境問題を解決しがたい複雑な問題にしているのは，政治・経済の問題なのです。

　一度手にした豊かさ・便利さは，手放せるものではありません。これからは生物資源を消費しながらも，それでも生物多様性を維持する道を考えていく以外にないのです。

未来のために個人ができること

　「環境のために気をつけていることは何ですか？」とよく訊かれます。自分のできることなんてちっぽけで，とても環境のためになっているなんて思えな

い……誰しもが心のどこかでそう思っているはずです。

　近頃，環境保全に関する共通理念として国際的に認識されているのは「sustainability（持続可能性）」という言葉です。修復不可能なまでに行ってきたこれまでの開発に対して，自然の修復力の範囲内で，もしくは破壊に見合うだけの修復を行いながら，自然資源を長持ちさせていこうという考え方です。この考え方に基づいて，日常的に個人にできることを見直してみましょう。例えば余分な需要がなければ，破壊の程度を下げることができるかもしれません。誰もいない部屋の電気は必要ないから消す，レジ袋は家に溜まるだけなのでもらわない。必要なものは必要なので仕方がありませんが，必要ではないものは積極的に削減すればいいのです。「無駄を省く」──ありきたりで直接的な成果は目に見えませんが，これが未来のために毎日できることと言えそうです。

　最初にも述べたように，環境に対してすぐにできることがもう1つあります。それは「関心を持つこと」「知ること」です。自分にとってどれだけ身近であるかということが分からなければ，積極的に何かをしようという気にはなりません。本当は皆がその現場を見られればいいのですが，そういうわけにもいきません。そこでできるだけ客観的に，ニュースや本，テレビや大学の講義などで情報を収集しましょう。そして多くの人と情報を交換して議論しましょう。そうして蓄積する環境学のリテラシーが，今後の地球環境を考えていく手段となることは間違いありません。

　時々刻々変化していく環境問題に，正解はありません。また立場によっても答えは変わってしまいます。未来永劫，万人のための「正解」はなくとも，ほんの少しの知識と関心が，ヒトにとって住みやすい現在の地球の環境を少しでも長く維持できると私は信じています。そしてこの問題に取り組んでいかなければならないのは，地球の生態系の一員である私たち自身なのです。今回お話しした「環境学」のリテラシーを元に，人に知識をつけ，悩んでください。それが唯一の，「私たちにできること」なのですから。

（倉田薫子）

第7講

地　学──土地の成り立ちを読む

　地形の起伏には秘密があります。私たちの周りに広がる風景の中には，そうなった理由が隠れていて，それをきちんと読み解くことで，土地の特性を知ることができます。それは，その土地特有の様々な自然現象を理解し，そこで起こりうる自然災害を予測するのに役立ちます。

　私たちの先祖は，厳しい自然条件の中で生き抜き，文明を起こし，文化を伝えてきました。人類の歴史の背後には自然の大きな流れがあり，何度も大きな災害に見舞われながらも，自然をうまく利用して生き抜くすべを編み出して，現代の都市や文明社会が成立しています。

　日本は自然の恵みと災害とが集中している場所です。私たちが土地の上に住み，水を飲み，大気を呼吸して，生物を食べて生きていく以上，自然の仕組みと無関係ではありえません。健康で安全な生活を送る上で，自然の仕組みを知ることには本質的な価値があります。

　地学のリテラシーとは，つきつめてしまえば目の前に広がる風景，様々な地球の姿から，巨大な時空間スケールで生起する現象をイメージする能力と言えます。ここでは，身近な土地の風景から何が読み取れるのか，動かないように見える大地の動き，地球の変動がどのように地形に反映されているのかを見ていきましょう。

1 　地球が球であること

　私たちは地球の上で暮らしています。地球が球であることは今から2000年以上前のギリシャ時代には，すでに夏至の日の太陽高度の場所による違いから確かめられていました。今では，気象衛星の画像で毎日地球の形を確認できますし，アポロ計画で宇宙飛行士が撮った，月面からの地球の写真でも，確かに丸くなっています。

　地球が丸い形を取るのは，万有引力によるものです。地球の中心に向かって一様に力が働くので，表面に凸凹があったとしても，中心からの距離が一様になるように，力が加わります。出っ張りの部分は，その重みでつぶれやすく，へこみの部分は，浮き上がりやすいわけです。地球ができた頃は表面が融けていて，真ん丸の形になりやすかったものと想像されますし，固い岩石でできている現在の地球も，何万年もの時間をかけるとゆっくり変形します。その結果，現在の地球は半径 6370 km の球に非常に近いなめらかな形をしていて，高いところ，低いところを取っても 10 km 程度の凸凹しかありません。直径 1.2 m の地球儀で表すと，ヒマラヤ山脈も，シャープペンシルの芯 2 本分，1 mm 以下の出っ張りにしかならないのです。

　どこまでも続く大平原，砂漠，そして海洋。私たちは地球表面に対して，平らなイメージを持ちますが，それは実際には地球という天体が作る球面の一部であるわけです。しかし，私たちの日常生活では，大地は平面であると思って特に差し支えはありません。私たちの生活空間に対して地球は十分に大きいので，球面の一部であることを地上で肉眼的に認識するのは非常に難しいのです。

地球の層構造

　地球は中心部分を金属鉄の核，その周りを岩石でできたマントルが囲み，表層部分は地殻と呼ばれる，マントルよりも密度の小さい岩石でできています。その地殻の上に，海水が載っていて，さらには大気が覆っています。

　地球の表面は，7 割が海洋，3 割が陸地です。ですから，地球の表面の大半は海水で覆われていることになります。水は低い所にたまりますから，地球の

表面のへこんだところ，窪地の部分を海洋が埋めていることになります。海洋を作る海水は，平均4kmほどの厚み（深さ）があります。

　海洋が覆っていない，陸地部分は，地球表面の高い所です。地球に陸地が存在することは，大陸地殻の存在と関係があります。固体地球の表層を作る地殻には，海洋地殻と大陸地殻の2種類があり，海洋地殻は密度の大きい岩石が5—10kmと薄くできていて，一方，大陸地殻は平均35kmほどの厚みの密度の小さい岩石でできています。大陸地殻も，海洋地殻も，その下の，より密度の大きいマントルの上に浮いた構造になっています。大陸地殻の方が厚く，密度が小さいので，より高い位置に上面を浮かばせることになります。そのため，海水の上に大陸地殻の表面が顔を出すことができます。これが，主要な大陸や島々が海の上に存在する理由です。もし大陸地殻がなければ，地球の表面は平均2800mの水深で海洋が表面を覆ってしまい，陸地はほとんどない，水惑星になってしまいます。

　地球表面の凸凹は，海洋の中も議論すべきなのですが，海水に隠されているので，私たちからは，地形の様子や，そこで何が起きているかを容易には見ることができません。へこみが埋められ，出っ張りが削られるというのは，海の中でも同じなのですが，ここでは，陸地に見られる地形に絞って話を進めましょう。

山脈のでき方

　ヒマラヤ山脈やアルプス山脈に見るように，大規模な山脈が陸域には存在します。日本列島にも3000m以上の急峻な山脈が存在します。また，富士山のように孤立した高い峰もあります。孤立した山々の多くは火山ですが，火山には様々な形態のものがあります。

　陸地に山脈が生じる理由の1つには，大陸同士の衝突があります。ヒマラヤはインドとユーラシアの衝突，アルプスはヨーロッパとアフリカの衝突で生まれました。地球の表面はプレートと呼ばれる単位でゆっくり動いていますが，プレートの境界で互いに押し合う所には，地殻が押されて変形し，分厚くなって山脈ができることもあります。日本列島は4枚のプレートの押し合う場にあ

り，その結果，国土面積の8割が山地になっています。

2　山から海へ

　山地のように，高い所にあるものは不安定です。きっかけがあれば，低い所に転がり落ちようとします。岩山のままでは落ちることは難しいですが，長い時間をかけて風雨にさらされて岩石を作る鉱物の一部が分解・溶解したり，温度変化による膨張収縮を受けたり，さらには植物の作用などにより，岩石は破片になっていきます。破片になった岩石は，雨や風で転がり落ちることができます。そうして，岩石の破片は川の水で下流に運ばれていきます。大陸の内部では風によって砂が運ばれたり，寒冷な土地では氷河によって運ばれることもあります。

　こうしてできた岩石の破片は，大きさによって分類されます。直径が2 mm以上のつぶを礫（れき），2 mm～1/16 mmの粒子を砂，1/16～1/256 mmの粒子をシルト，1/256 mm以下の粒子を粘土と呼びます。また，これらが集まり固まってできた岩石は，それぞれ礫岩，砂岩，シルト岩，粘土岩と呼びます。シルト岩と粘土岩はまとめて泥岩と呼ばれる場合もあります。

　川の上流には礫が多く，下流には砂やシルト，粘土が多くなります。これは，川の流速が速いほど大きな粒子を運べるからです。また，通常の川と，増水時の川では流速が異なるので，ふだん河原にある礫は安定していて，見ている前で動くことはありませんが，増水時には下流に向かって押し流され，移動し，また互いにぶつかって摩耗していきます。こうして運ばれた様々な大きさの粒子は，最終的に低い所にたまって，安定します。多くの場合，それは海の底です。なぜなら，地球の低いところには海水がたまっているからです。地層が海の底で形成されることが多いのは，そういう理由があります。

　何億年も経つと，山々は雨風で風化し，川の水に削り尽くされ，低く平らになってしまいます。そしてその分の土砂が海底を埋めます。そうすると，地球は凸凹の少ない，平らな表面になってしまいそうです。けれども，地球には新しい山脈が生まれ，火山が生じて，また高いところができていきます。それは

地球が内部に熱を持ち，活動し続けている天体だからです。

　日本列島は，そのような地球の活動の最前線に当たるところです。関東地方の南西部，東京や横浜の大都市も，多摩川や相模川の上流の山々から運ばれた，礫や砂，シルトや粘土が土台を作っています。そして，富士や箱根といった火山からの噴出物などが，赤土として表面を覆っています。

　私たちが生活する土地は，このような大規模な地球の営みの中で作られ，維持されています。地球による，高い所を削り，低い所を埋める作業は，今この現在も黙々と続いているのです。

3　平らな地形は水が作る

　砂浜の海岸で，砂のお城を作ったり，砂の壁を作ってみた経験はありませんか？　砂は乾いた状態か，少し濡れた状態では，高く積み上げて固めることができます。けれども海の波が来て濡れると，それだけでぐずぐずと崩れてしまいます。あるいは，海水の中で砂を積み上げようとしても，さらさらと崩れてしまって，積み上げることができません。

　砂などを積み上げて，安定にたまることのできる限界の角度を安息角と言います。それは粒子の大きさや形状，質によりますが，空気中では多くの場合 $30°〜45°$ くらいと考えられます。それに対し，水中では粒子に浮力が働いたり，摩擦が小さくなるため，安息角が低下します。

　さらに，海岸や河床では常に水が動いているので，運ばれてきた砂などの粒子がたまる時に，低い所を埋めて，高い所は削られ，ならされることが起きます。そうすると平坦面が広範囲に作られます。

　今陸上になっている所でも，平らな地形が広がっている場合は，それはかつて河川あるいは海によって平らにならされた痕跡であることが多いのです。

海の作る平坦面

　海の波が当たる岩場では，波の力によって岩が削られ，長い間に崖ができます。これを海食崖と言います。一方，波の力は水面下にはあまり及びません。

そのため，一定の水深以下では浸食が進まず，岩が残されます。こうして岩場が平らに削られて残っていることが多く見られます。これを海食台（波食台）と言います。海面が低下したり，土地が隆起したりすることで，このようにしてできた海の平坦面が陸上に露出して，広く平らな地形が現れることがあります。これを海岸段丘（面）と言います。関東地方の広い範囲で，海岸段丘面が台地面として発達しています。大宮台地，下総台地，常総台地などがその例です。横浜周辺や三浦半島に発達する台地も，かつての海底で作られた平坦面の跡で，海岸段丘であると言えます。

川の作る平坦面

　川は上流から下流に水が流れるだけでなく，砂やレキ，シルトや粘土など，大きさが異なる粒子を下流に運んでいきます。川の水が澄んでいる時には，このような運搬はほとんど行われていません。川の水が濁っている時に，粒子の移動が起きています。ふだんは河床や河原にたまっている粒子が，洪水の際に，一気に移動していきます。流速が大きいほど大きな粒子を運ぶことができるので，洪水の際の速い流速が，粒子を運ぶのには好都合なのです。洪水のたびに川は流路を変えて，レキや砂を堆積し，あるいは，より下流に運んでいきます。ふだんは水の流れていない河原も，増水時には濁流が埋めつくし，レキや砂を運んでいきます。こうして河原はならされ，広い範囲に平坦な土地が作られます。

　もし，河川の周りの土地が隆起したり，海面が低下すると，河原を深く掘りこんで川が流れるようになり，それまで河原であった土地が，高台となって残ることになります。これを河岸段丘（面）と言います。後で述べますが，東京の武蔵野台地と呼ばれる高台の大半は，多摩川の河岸段丘としての性格を持っています。

河口にできる土地

　川が洪水の際に運んでくる砂などの粒子は，川が海に出るあたりで流速が低下し，運びきれなくなって置き去られ，そこにたまることになります。そのた

め，川の河口付近には三角州や海岸平野のような土地ができて，自然の埋め立てが進行します。人工の埋め立て地の是非はともかく，人間が埋め立て地を作る以前から，河口部では自然の埋め立てが進行していたのです。

海面が上昇すると，それまで河川の流路だった谷に，海水が進入することになります。それまでずっと下流の方で堆積していた粒子が，海面の上昇で河口の位置が遡ってきたことにより，もっと上流側でたまるようになり，それまでの川の流路を埋め尽くしていきます。こうして，海面が上昇する時には，それまでに形成されていた谷が埋め立てられて，おぼれ谷という構造を作ります。また，それまで川の流路だった広い範囲に平坦な土地が作られます。東京の下町の低地（東京低地，荒川低地，多摩川低地など）は，このようにして作られた土地です。いわゆる軟弱地盤というのは，このような土地のでき方と関係があります。

4　東京の地形の成り立ち

東京の土地は，海と川が，ここ数十万年にわたる氷期―間氷期の海面変動の中で，その土台の形を作ってきました。そして近隣の火山群からの火山灰や，遠く大陸からの黄砂が，仕上げの赤土をまぶし，私たちの住む土地を形成しています。その仕組みを地形から読み取り，また実際に目にすることのできる証拠を探してみましょう。

まず，東京周辺の地形を大きく眺めてみましょう（図Ⅱ-7-1）。

東京の西部には，奥多摩の険しい山々がそびえています。また，八王子～町田から多摩丘陵が横浜北部に向かって続いていて，多摩川を挟んで狭山丘陵が同じような高度で続いています。奥多摩の山々の南側には丹沢山地が連なり，その西には，箱根火山や富士火山が並んでいます。東京都の面積の大半を占めるのは，奥多摩の山地を抜けて青梅から南側に流れ出す多摩川が作った武蔵野台地です。武蔵野台地は北側と東側を荒川で切られ，南側は多摩川が削っていて，それぞれの川沿いに広がる低地に接しています。横浜の北部は多摩丘陵の一部ですが，横浜駅の周囲の高台も含めて，これらは何段かに分かれた（海

図Ⅱ-7-1　東京周辺の地形分類（10m等高線図）

(注)　色が濃い所ほど，等高線の間隔が狭く，複雑な地形を示す。東京の土地の大半は武蔵野台地の上に存在する。相模川が作った河岸段丘（相模原台地）と多摩川が作った河岸段丘（武蔵野台地）の間，両河川の削り残しが多摩丘陵と横浜周辺の下末吉台地である。
(資料)　国土地理院発行の数値地図50mメッシュおよび5mメッシュのデータをカシミール3Dの日本高密メッシュ標高セットにより加工した。

岸）段丘です。横浜には鶴見川を別にすると，大きな河川がありません。多摩川の削った河岸段丘と，相模川が削って作った河岸段丘に挟まれた，削り残しの土地が，横浜の高台の地域だと考えることができます。横浜の海岸段丘はそのまま三浦半島に続いています。

　海岸段丘や河岸段丘の段丘面は，河原や海岸から離れて時間が経つと，湧き

水が作る小さな川が谷を刻み，平坦だった面に次第に複雑な谷が入って，元々の平坦面が切れ切れになっていきます。多摩丘陵は数十万年前の平坦面が陸化しているので，谷も深く複雑に入り組んでいます。それに対して，数万年前まで河原だった，多摩川や相模川の河岸段丘は，なだらかな地形を示しています。1万年前からの海面上昇で埋め立てられた低地は，標高が低いこともありますが，ほとんど起伏がなく，まっさらな平坦面を形作っています。

等々力渓谷で台地の断面を見る

　東京の武蔵野台地の成り立ちを，等々力渓谷で探ってみましょう。等々力渓谷は，東京都世田谷区の南部にある，全長1kmほどの谷沢川が作った谷です。深く削られた谷の斜面には樹木が鬱蒼と茂り，また斜面の崖の各所から湧き水が見られます。「等々力」の地名も，この湧き水が落ちる音が「とどろく」ことに由来すると言われています。

　等々力渓谷では，本来は現在の東急大井町線に沿って東に流れていた谷沢川が，南の多摩川に向かって流路を変えて，その高度差が大きかったために，急速に河床を削り，深い谷ができたという事情があります。まだ谷ができてから間もない（数千年〜数万年）ので，谷の幅が狭く，急な崖や斜面に囲まれています。その崖を観察することで，通常は地下にあって目にすることのできない，台地の断面を見ることができます。ここは東京の武蔵野台地の成り立ちを学ぶには貴重な場所です。

武蔵野台地の3層構造

　等々力渓谷に見られる地層は，大きく分けて，下から海成の泥岩層，武蔵野礫層，関東ローム層の3つがあります。地層がたまった順番もこの順で，一番下の海成泥岩は百数十万年前の上総層群の地層と，12万年ほど前の東京層（渋谷粘土層）の2つがありますが，いずれも武蔵野台地を作る基盤となる固い地層です。その上位に，多摩川が運んだ川砂利の層である，武蔵野礫層が見られ，さらにその上位に，赤土として知られる関東ローム層が堆積しています。関東ローム層は，風化した火山灰を主とする，陸上で堆積した地層です。等々力渓

図Ⅱ-7-2　等々力渓谷周辺の地形

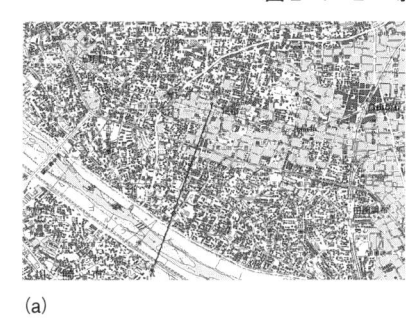

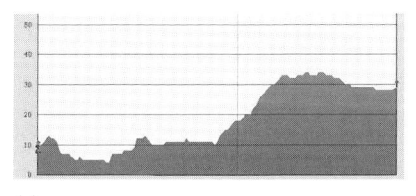

(a)　　　　　　　　　　　　　(b)

(c)

（注）（a）2万5000分の1地形図，（b）2m等高線図，（c）断面図（(a)，(b)図中の直線部分）。
多摩川低地と武蔵野台地の標高の違いが分かる。等々力渓谷は上野毛から等々力方面に流れてきた谷沢川が急に南に流路を変え，多摩川に注いでいる。線路や道路の切り割りもあるが，等々力渓谷以外に，複数の湧き水が作る谷が台地に食い込んでいる様子が分かる。
（資料）　国土地理院の「うぉっちず」25000，および，カシミール3Dの日本高密メッシュ標高セットを使用した。

　谷では，この関東ローム層の中に，約6万年前の箱根火山の噴出物である，箱根—東京軽石層（TP）が観察できます。このことから6万年前にはこの場所は河原ではなく段丘として陸化していたことが分かります。もし河原だとすれば，洪水の際にたまった軽石層が流されてしまいます。関東地方に堆積した火山噴出物は，堆積した時代が多くの研究によりかなりよく分かっていますので，地層の堆積した時代を知る，時計のような役割を果たしています。箱根—東京軽石層は関東地方南部の関東ローム層の中に広く分布していて，段丘の形成時代を比較する際の良い指標になります。
　この泥岩層（基盤岩），礫層，赤土（関東ローム層）の3層構造は，東京の，特に武蔵野台地で共通のセットです。場所によって，礫層を欠いていたり，砂

層を挟む場合もありますが，基本的にはこの組み合わせが東京のどこでも見られます。泥岩層が海でできた海成層である証拠は，この中に海に生息する二枚貝などの化石が見つかることで分かります。礫層は，礫となっている岩石の種類を調べると，それが現在の多摩川の河原に見られる岩石と共通であることから，昔の多摩川が運んだものであろうと推定できます。赤土の中には，箱根—東京軽石層のような，火山噴出物が含まれており，水で流されていないことから陸上の地層であると推定できます。

地層と段丘形成の歴史

　東京を含む関東南部の地下の地層は，ボーリングにより，ある程度の構造が分かっています。奥多摩や荒川上流域に露出している，1億年〜2億年前の古い地層や岩石が，関東平野の一番深いところに存在していて，その上に，約2000万年前以降の地層が，上位に行くほど新しく，順番に堆積しています。

　東京の23区の地表で見られる，もっとも古い地層は，上総層群と呼ばれるいまから百数十万年前の海の地層です。等々力渓谷の上流側の川底や，多摩川の河原などで観察できます。この地層がたまった後，12〜13万年前に，関東平野の大半を海が覆う時代があり，海成層が堆積しました。

　地球はここ数百万年の間，およそ十数万年の周期で，寒冷な時期と，温暖な時期を繰り返しており，それぞれを氷期，間氷期と呼びます。現在は温暖な間氷期に当たり，それは約1万年前から継続しています。それより昔は寒冷な氷期で，場所にもよりますが，年間の平均気温が5度〜10度，寒かったと推定されます。今より1つ前の間氷期が，12〜13万年前にあったと推定されています。この時期に海面が上昇し，その後低下したことで，関東各地に海岸段丘が形成されました。東京では，新宿のあたりや港区の六本木周辺，自由が丘や田園調布のあたりが，当時の海底の平坦面の跡です。東京周辺はここ十数万年，土地がやや隆起する傾向があり，当時の海水面は現在とほぼ同じ高さと考えられていますが，これらの土地では，当時の海の地層が地下の標高10〜20ｍ相当の所まで上昇して見られます。

　地球全体が温暖化すると，陸地の上にあった氷河の氷が融けて，海水の量が

増えます。そのため海面が上昇します。逆に氷期の寒冷な状態では，陸域に降った雪が融けずに残り，氷として陸上にたまります。その雪は主に海水が蒸発して供給していますから，海水の水位が下がります。2万年前には氷期の最も寒冷な時期を迎えて，海面は今より130mも低かったと推定されています。そうすると，現在の標高30mの土地は，当時は標高160mの丘陵地帯になってしまうわけです。河川が深く谷を刻み，その痕跡は例えば今も東京湾の海底に水深70m前後の深く広い海底谷として残っています。12万年前以降，この時期までに多摩川の河原だったところが，東京都の広い範囲を占める，武蔵野台地を作っています。

　約1万年前に，地球表面は急速に温暖化して，陸地を覆っていた氷はどんどん融けて，海面が上昇しました。約6000年前のピーク時には，海面は今より3mほど高かったという推定もあります。氷期に川が削った深い谷に海が進入し，川が運んだ土砂が河口を埋めて，低地の土地が作られました。海が進入した証拠は，関東平野の各地に残る，縄文人の遺跡である貝塚の分布によっても知ることができます。荒川，江戸川沿いの低地や，二子玉川より下流の多摩川沿いの低地は，この時期に自然に埋め立てられてできた土地です。これらの土地は，地層が武蔵野台地と異なっていて，新しい堆積物がまだ固まっていなくて水を多く含んでいるので，地盤沈下や地震の際の液状化など，地盤災害に弱い特徴があります。

湧き水と台地を刻む谷

　武蔵野台地に降る雨水は，表土（黒土），赤土を浸透し，礫層に達します。礫層の下位の海成層は緻密で水を通しにくいので，それより下に雨水がしみこむのは難しく，多くの場合，地下水は海成層の上位，礫層の中にたまっています。礫層は隙間が多く水をよく通すので，地下水は礫層を通って下流側にゆっくりと移動します。そして，等々力渓谷のように崖になって露出する所があれば，そこから湧き出て，地表の川の流れの一部になって，海に戻っていきます。

　湧き水は，等々力渓谷だけに見られるのでしょうか。実は，等々力渓谷の周辺でも，湧き水が見られます。湧き水のある所は台地（段丘）の境界の崖に沿

図Ⅱ-7-3　渋谷周辺の地形

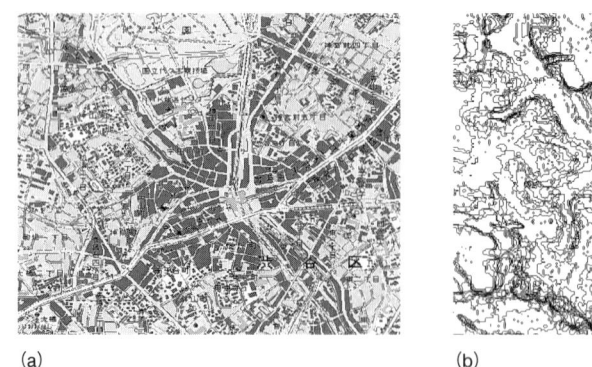

(a)　(b)

(注)　(a) 2万5000分の1地形図，(b) 2m等高線図。渋谷は複数の小河川が集まっている谷であることが分かる。それぞれの小河川の先端は，湧き水の作った谷として台地に食い込んでいる。
(資料)　図Ⅱ-7-2に同じ。

って並んでいることが多いのです。さらに，台地を刻んで，小さな谷ができていることも多く見られます。湧き水が常に湧き出す所では，水を通す礫層が少しずつ崩れ，その上部の赤土も流されて，土地の浸食が進み，谷ができていきます。これを谷頭浸食と言います。

武蔵野台地には，南北の多摩川や荒川ほど大きくはありませんが，いくつかの小河川があります。それらはほとんどが湧き水を水源として流れ出しています。神田川や石神井川，仙川，野川，渋谷川や目黒川，立会川などがその例です。これらの川の上流をたどっていくと，小さな湧き水の谷に行き着きます。湧き水の谷は，台地（段丘）が作られて時間が経つにつれ，複雑になり，深く広く入っていきます。

渋谷は，渋谷川が作った深い谷に発達した街です。渋谷駅は，地下鉄やJR線，複数の私鉄が接続する，大きな駅です。それらの路線の中でも，不思議なことに「地下鉄」であるはずの地下鉄銀座線は渋谷の地上3階にありますし，京王井の頭線は2階から出てすぐにトンネルに入り，地下を走ります。それだけ渋谷の谷が深いということを表しています。渋谷は，いくつかの小河川の合流点に当たります。その1つは，センター街に沿って北西方向にかつて存在し

た川ですし，他にも山の手線に沿った北～北東方向と，東急本店のある西方向に谷が入っています。これらの谷も，湧き水の川が刻んだものです。例えば渋谷の西側，鍋島松濤公園に小さな池がありますが，ここに谷頭浸食の地形の名残を見ることができます。

　東京は，坂の多い土地です。坂ができるのには必ず理由があります。武蔵野台地の段丘の境界を道路が横切る時に，坂ができます。また，台地内を刻む小河川によって谷が作られ，そこに道路を通すと，やはり坂ができます。新しい段丘では坂が少なく，古い段丘では坂が多くなります。例えば六本木や麻布のあたり，あるいは田園調布の台地に坂が多いのは，その土地が周囲より古い時代（約12万年前）に平坦化され，陸化し，その後は河川（昔の多摩川）による浸食を受けなかったことを意味しています。

5　おわりに

　あなたの住む土地は，平らな土地でしょうか。平らだとすると，それは川が作った地形でしょうか。海が作った地形でしょうか。坂道はどうしてできたのでしょうか。その答えは，周囲を見渡した風景，道ばたの小さな崖の地層や，湧き水，そして崖からこぼれた小さな石ころに隠れています。現在の地形図や，古い地図の中にもヒントがあります。

　池袋，渋谷，代官山，自由が丘，荻窪，日比谷，青山，赤坂，四谷……。東京の地名には，地形に由来を持つものが多くあります。都市化により高層ビルが建ち並んだり，河川が埋められたり，元の地形が分かりにくくなっている所も多くありますが，注意してみると，かつての地形の痕跡を読み取れるものです。

　毎日の通学路の途中にも，地形の変化があります。電車の車窓からのぞく切り割りやトンネル，高架の変化，あるいはいつも歩く道筋に，地形の起伏が感じられることもあるでしょう。それらの地形の変化には必ず理由があります。

　地学の講義では，地形の中に隠された秘密を読み解くために，地球の歴史と

ともに，基本的な自然界の仕組みを学びます。それらは，この土地で暮らす私たちにとって，災害から身を守るために必要な基礎知識・リテラシーでもあります。私たちが目にするのは，地球の曲面のほんの一部ではありますが，土地を作る仕組みが分かると，毎日眺める周囲の風景が，少し違って見えるようになることでしょう。また，地球上の様々な土地の成り立ちを読み取れるようになれば，少しだけ，人生が豊かなものになるのではないでしょうか。

(萩谷　宏)

読書案内

第Ⅰ部 人文社会系

▶ 第1講 教育学

小沢有作編『識字をとおして人びとはつながる』明石書店，1991年
　1990年の「国際識字年」に開催された「かながわ識字国際フォーラム」の記録。「当事者の生の声をそのまま紹介するものは，たぶんこの本が唯一のもの」（あとがき）で，識字の現状と課題が体験に即して語られています。識字の「現場」を知るために，ぜひ，読んでほしい本です。

パウロ・フレイレ著，小沢有作他訳『被抑圧者の教育学』亜紀書房，1979年
　ユネスコの識字活動にも大きな影響を与えたフレイレの主著です。彼の教育理論の特色は，識字の学習と現実世界を知ることを同時に行うこと（意識化）にあります。知識のつめ込みではなく，世界を認識し，現実を変革していくことが目指されています。

菊池久一『〈識字〉の構造——思考を抑圧する文字文化——』勁草書房，2005年
　識字力は必要なもの・良いものと思いがちですが，「制度としての識字」は，時として人々を抑圧する「暴力」ともなるのです。この本は，識字を通して社会を見ることで，私たち自身の識字観を問い直すことの重要性を教えてくれます。

森田伸子『文字の経験——読むことと書くことの思想史——』勁草書房，2005年
　「リテラシーが何を意味するかという問いは，おそらく生きることが何を意味するかという問いそのものかもしれない」。文字をめぐる様々な思索と経験が記されたテクストを追体験しながら，著者ならではの豊かな思索が展開されていきます。

R. ルビンジャー著，川村肇訳『日本人のリテラシー——1600-1900年——』柏書房，2008年
　西洋のリテラシー研究を踏まえ，17世紀から20世紀初頭までの日本の民衆のリテラシー（読み書き能力）を通史的に著した書物です。華押・日記・農書・家訓・入札など

様々な史料を駆使して，いつ，誰が，なぜ読み書き能力を獲得したのかを明らかにしています。

▶ 第2講　語　学

マーク・ピーターセン『日本人の英語』岩波新書，1988年
　英語のリテラシーとは何かを考えたい人には一読の書。日本人特有の英語の問題点を数々の事例をもとに解説している。英語の論理を理解するヒントを見つけることができます。

原口真紀子『伝わる英語習得術』朝日新書，2009年
　日本を代表する理系の巨匠へのインタビューを通して，識者がいかに英語の習得を成しえたかという本質に迫ります。学校英語では学べない「英語の素養」（＝リテラシー）の必要性を実感できます。

浦出善文『不惑の楽々英語術』集英社新書，2006年
　自称「ソニーの英語屋」である著者が，長年のビジネス現場で英語を使用してきた経験から，英語を楽しく身につけるコツを伝授しています。

野口悠紀雄『超英語法』講談社，2004年
　英語教育専門家とは異なる斬新な英語習得法の提案は，興味深い。どのような学習法が自分に合っているか，分からない人には薦めたい一冊です。既存のスタイルにこだわらず，「自分流でやれそう」を感じさせてくれます。

津田幸男編『英語支配への異論』第三書籍，1994年
　「日本人にとって英語とは何か」を真面目に考える人向けの良書。英語至上主義を負の側面と捉えて，異文化コミュニケーションにおける英語支配に警鐘を鳴らす一方で，著者は，いかに英語コンプレックスを打破して，健全に英語と付き合えるかという難題を解く手掛かりを与えてくれます。

▶ 第3講　文　学

バーナード・マラマッド著，加島祥造訳『マラマッド短編集』，新潮文庫，1971年
　マラマッドの『魔法の樽』の邦訳で「最初の7年間」が訳されています。小さなお菓子屋の店主の心もとない心境を描く「牢獄」，結婚仲買業者に依頼して相手を探す「魔法の樽」など13の短編が含まれています。どの物語も読んで物悲しくも楽しい作品です。

『ニューヨーカー短編集Ⅱ』早川書房，1986年
　ジョン・チーヴァーの「非常識なラジオ」の邦訳が含まれています。
　38篇の作品が集められています。50年代から70年代の都会人の日常生活が現代の代表的な作家による洗練されたスタイルで描かれています。J.D.サリンジャーやアーウィン・ショーの短編も含まれています。有名な『ニューヨーカー』誌に掲載された作品で構成されているのも大きな特徴です。

ジョン・チーヴァー著，川本三郎訳『橋の上の天使』河出書房新社，1992年
　訳者の川本三郎が書いたあとがき「サバービアの陰鬱」には50年代の生活風景が丁寧に紹介されています。都会でもなく，田舎でもない「郊外」には独特な雰囲気があり，映画や文学のテーマとして利用されているのが分かります。

ジョン・アップダイク著，岩元巌訳『アップダイク自選短編集』新潮文庫，1995年
　日本の読者に宛てたジョン・アップダイクの貴重な解説を読みながら，それぞれの短編を読むと小さな背景等が分かります。少年の目を通して見た微妙な心境を描いた「鳩の羽根」など14編の短編が含まれています。「A＆P」の邦訳も含まれています。

ニコラス・レイ『理由なき反抗』ワーナー・ホーム・ビデオ，1955年
　カラー作品で観る50年代のビバリーヒルズの風景が美しく描かれています。特に後半，夜の撮影を得意にした映画監督ニコラス・レイの映像も注目。皮のジャンパーにジーンズという50年代のティーンファッションにも注目してください。映画のメイキングが約10分間ついています。その白黒画面の解説が50年代の雰囲気を感じさせてくれます。

▶ 第4講　芸術学

馬淵晴子『ジャポニスム　幻想の日本』ブリュッケ，1997年
　今回のキーワードとした「ジャポニスム」について，その背景が分かりやすく書かれています。「ジャポニスム」を主に絵画の分野で考察し，まとめられています。

ジャポニスム学会編『ジャポニスム入門』思文閣出版，2000年
　欧米における「ジャポニスム」について，それぞれの国別にまとめてあるので特徴の比較がしやすくなっています。

『カラー版　西洋美術史』監修＝高階秀爾，美術出版社，1990年
　視覚芸術が具体的にどのようなものなのかを知るには，その歴史から入るのがよいと思います。そこで視覚芸術史の入門書としてまずこれを挙げておきます。コンパクトで

すがカラー図版が多く視覚的に捉えやすいです。視覚芸術史は，理論もむろん大事ですが，まずは「もの」（作品，物理的現存在などと言い換えられます）が中心です。

『カラー版　世界デザイン史』監修＝阿部公正，美術出版社，1995年
　上記と同じ理由で挙げておきます。

藤枝晃雄編『美術の理論』東信堂，2002年
　芸術の諸媒体（絵画，彫刻，建築ほか），芸術表現とその受容，芸術と社会について簡潔に書かれていますので，美術理論の入門書としてよいでしょう。

▶ 第5講　倫理学

デカルト／落合太郎訳『方法序説』岩波文庫，1953年
　哲学／倫理学を学ぶ上で欠かせない基礎的な文献を読んでみましょう。分量も100ページ足らずで，文体も思うほど難しくありません。「我思う，ゆえに我あり」登場のスリリングな思考過程をぜひ楽しんでみてください。

寺山修司・谷川俊太郎『ビデオ・レター』アートデイズ，2003年
　独創的な二人が家庭用ビデオで次々と難問を投げかけてきます。時に感服し，時に退屈する，かなり実験的な内容です。寺山の死とともにビデオは中断されますが，谷川が最後に映す追悼映像がとても印象的で記憶に残ります。

和辻哲郎『人間の学としての倫理学』岩波文庫，2007年
　日本を代表する倫理学者である和辻が，倫理学の本質を論じた書。内容は学術的でありながらも，すらすらと読まされてしまうのは，和辻が希代の名文家だからです。論文を書く際のお手本にもなります。

大庭健『私はどうして私なのか　分析哲学による自我論入門』岩波現代文庫，2009年
　言語の詳細な分析を通して哲学／倫理学の問題を探る「分析哲学」という分野があります。その手法を存分に用いて「私とは何か」の核心に迫ります。文章は平易ながらも本質を突く思考はとても鮮やかで，哲学／倫理学の醍醐味を味わえます。

永井均『〈私〉のメタフィジックス』勁草書房，1986年
　とにかく独創的な問題提起をし続け，日本の哲学／倫理学界を挑発，牽引してきた著者のデビュー作。「メタフィジックス」とは「自然学（物理学）を超えた学問＝形而上学」のこと。「私」は本当に自然科学では解明できないのか，考えてみてください。

▶ 第6講　心理学

鎌原雅彦・竹綱誠一郎『やさしい教育心理学〔改訂版〕』有斐閣アルマ，2005年
　教育心理学のテキストですが，心理学的な考え方や理論と実践をつなぐものの見方などが分かりやすく書かれていますので，教職関係以外の人にも面白く読めると思います。

池谷裕二『進化しすぎた脳』ブルーバックス，2007年
　著者が高校生に対して行った脳科学の講義が元なので，分かりやすく説明されていますので，とても読みやすくなっています。「こころ」と脳の関わりなど，刺激的な内容が面白いと思います。

伊藤隆一・千田茂博・渡辺昭彦『現代の心理学』金子書房，2003年
　心理学の教科書ですが，読み物として読んでも意外に面白いのではないかと思っています。手前味噌になりますのでこの辺でやめておきます。

上淵寿『動機づけ研究の最前線』北大路書房，2004年
　ここで紹介した他の本に比べるとちょっと専門的ではありますが，動機づけに興味を持たれた方にとっては非常に参考になる本ですのでぜひ挑戦していただきたいと思います。

東山紘久『プロカウンセラーの聞く技術』創元社，2000年
　実際のカウンセリングを元にして，普段の人間関係でも聞き上手になるための方法を具体的に述べている本です。しかも単なるテクニックには終わっていないところがすばらしいと思います。

▶ 第7講　情報学

川合慧監修，駒谷昇一編著『情報と社会』オーム社，2004年
　情報処理学会で提言された，理系・文系の区別無く学ぶべき一般情報処理教育科目の1つ，「情報とコミュニケーション」のために執筆された教科書です。情報とは何かや通信（コミュニケーション）技術について広く学ぶことができます。

森達也『世界を信じるためのメソッド——ぼくらの時代のメディア・リテラシー——』理論社，2006年
　元テレビ番組のディレクターによるメディアリテラシー入門書です。読者層を中学生以上としているように，平易な表現で読み物的にマスメディアの特性について説明して

います。

東京大学情報学環メルプロジェクト，日本民間放送連盟編『メディアリテラシーの道具箱——テレビを見る・つくる・読む——』東京大学出版会，2005年
　ローカル放送局などで行われた，子どもたちによるメディアリテラシーに関する実践例を通して，メディアの特性と活用スキルについて紹介しています。「世界を信じる～」よりも専門的な内容です。

科学技術の智プロジェクト（代表研究者　北原和夫）「情報学専門部会報告書」http://www.science-for-all.jp/minutes/download/report-jyouhou.pdf，2008年
　日本学術会議「科学技術の智」プロジェクトがまとめた，全ての日本人が身に付けるべき科学的リテラシー「Science Literacy for all Japanese」の情報学に関する報告書です。情報科学を中心に比較的分かりやすくまとめられています。

第Ⅱ部　自然科学系

▶ 第1講　科学論

池内了『疑似科学入門』岩波新書1131，2008年
　疑似科学がはびこる背景を分かりやすく説明しています。疑似科学商品だけでなく，環境科学などの「未科学」に言及しているのが他の類書にない特長です。筆者は宇宙物理学者であり，科学論の著書が多くあります。

左巻健男『水はなんにも知らないよ』ディスカヴァー・トゥエンティワン，2007年
　浄水器，磁化水，波動水など，「水」に関わる疑似科学を紹介しています。著者は高校の教科書なども執筆している理科教育の専門家であり，理科が苦手な人でもよく分かるように書かれています。

村松秀『論文捏造』中央公論新社，中公新書ラクレ226，2006年
　アメリカのベル研究所で起きた論文捏造事件を題材として，論文捏造の背景や捏造防止策の不備などについて論じています。著者はNHKの番組制作者であり，2004年の報道番組が本書のもとになっています。

戸田山和久『科学哲学の冒険』NHKブックス1022，2005年
　自然科学における論理展開の方法について，学生と教授の対話形式を使って，分かり

やすく説明しています。この分野には様々な考え方がありますが，著者の立場は初学者にも理解しやすい穏健なものと言えるでしょう。

内井惣七『科学哲学入門』世界思想社，1995年

　自然科学における仮説の作り方，確かめ方などを詳しく説明しています。特に，確率的な現象に関する論理展開に言及しているのは，他の入門書に見られない特長です。どちらかというと，理科系の人にお薦めします。

▶ 第2講　数学（代数学）

山下正男『思想の中の数学的構造』ちくま学芸文庫，2006年

　今回の私（橋本）の文章は，特にこの本に触発されて書いたものです。文系・理系の垣根を越えて，わくわくしながら読むことができる本です。

遠山啓『無限と連続』岩波新書，1952年

　無限を考えるためのリテラシーである集合論から始めて，群・トポロジーという現代数学の基礎になる概念について分かりやすく解説している本です。

長谷川浩司『線型代数』日本評論社，2004年

　数学を学ぶということは扉を開くこと。普通の教科書には扉のあけ方が書いてありますが，この本は扉の向こう側にある豊饒な世界も垣間見せてくれます。群もその世界の中にいるのです。

山本義隆『力学と微分方程式』数学書房，2008年

　「自然は微分方程式によって記述できる」という17世紀のニュートンの発見は，科学史上最大の出来事の1つ。この本を読むと，私たちがなぜ微積分を学ぶのかを納得できることでしょう。

山内恭彦・杉浦光夫『連続群論入門』培風館，1960年

　量子力学によれば，原子の性質を説明するのはスピンという量。この本は，このスピンという量が群に由来するものであることを解き明かしてくれます。行列と微積分というリテラシーがあれば読めます。

▶ 第3講　数学（幾何学）

川久保勝夫『トポロジーの発想』ブルーバックス，1995年

　トポロジーの問題意識や古典的な定理について分かりやすく軽妙な筆致で書かれてい

るので，数学の専門的知識がない高校生でも無理なく読みこなせます。ケーニヒスベルグの橋の問題などのグラフ理論の解説から始まり，本文では紹介できなかった不動点定理や向き（オリエンテーション）の理論についても入門的解説が試みられています。

瀬山士郎『トポロジー——柔らかい幾何学——』日本評論社，1988年
　大学で学ぶトポロジーの初歩的な内容が丁寧に書かれた本です。1次元のトポロジー（＝グラフ理論）から始めて2次元のトポロジー，特に本文でも少し述べた曲面の分類定理が証明されています。また，代表的な位相不変量であるホモロジー群についての良い入門書でもあります。

本間龍雄『ポアンカレ予想物語』数セミ・ブックス(13)，日本評論社，1985年
　ポアンカレ予想は約100年前にポアンカレによって提示され，20世紀のトポロジーが解決することを目標としていた難問でした。この予想については本文でも少しだけ解説を試みましたが，本書はポアンカレ予想に挑んできた20世紀の数学者たちの思索を追体験することができる名著です。

松本幸夫『トポロジーへの誘い』遊星社，2008年
　本文ではまったく扱わなかった多様体の向きや交点理論について丁寧に解説している本です。ミルナーのエキゾチック球面，ヒルツェブルフの指数定理，フリードマンによる仕事など，20世紀に発展したトポロジーの深遠な結果についてなるべく数式を使わず，かつ正確に記述することに腐心した力作です。ここに述べられている結果を正確に理解するには大学院相当の力量が必要ですが，トポロジーを志す大学生の読み物として大変優れていると思います。

松本幸夫『4次元のトポロジー 増補新版』日本評論社，2009年
　同氏による上の書籍の内容をさらに詳しく解説したものです。1991年に出版されたオリジナル版に加えて，2003年のペレルマンによる3次元ポアンカレ予想の解決などの最近の進展が追加されています。また，群論の良い入門書にもなっています。

▶ 第4講　物理学

R. P. ファインマン／R. B. レイトン／M. L. サンズ，坪井忠二訳『ファインマン物理学Ⅰ力学』岩波書店，1967年
　著者が，学生時代に夢中で読んだ物理学の教科書（邦訳は全5巻）のうちの1巻。物理学者ファインマンにあこがれ，物理学の研究者を目指すきっかけとなった一冊です。

J. オグボーン／M. ホワイトハウス編，笠耐・西川恭治・覧具博義監訳『アドバンシング物理』シュプリンガーフェアラーク東京，2004年
『アドバンシング物理A2』シュプリンガーフェアラーク東京，2006年
　最近，イギリスより刊行された，新しい高校生向け物理学の教科書の邦訳。従来の日本の物理学の教科書とは異なる斬新な切り口で，先端の物理学の内容まで紹介されています。

和田純夫『一般教養としての物理学入門』岩波書店，2001年
　式を使わずに，物理学の諸分野の内容の本質が分りやすく紹介されています。

風間洋一『相対性理論入門講義』培風館，1997年
　数式を使って，きちっと相対性理論を勉強したい方に役立つ教科書の一冊です。

▶ 第5講　化　学

小出直之ほか『ビギナーズ化学』化学同人，2003年
　大学初年級の化学の教科書でありながら，化学の始まりに関する章に大幅なページ数を割いています。

平尾公彦・加藤重樹『化学の基礎——分子論的アプローチ——』講談社サイエンティフィク，1988年
　決してやさしくはありませんが，量子力学・統計力学の視点に立って，大学初年級の化学を論理的かつ明快に説明しています。

長田好弘『近代科学を築いた人々（上・中・下）』新日本出版社，2003年
　三分冊の大著ですが，連載記事を収録したものなので，どの章からでも読み始められます。第2章に原子論，最終章にボルツマンの業績が述べられています。数式も多く初学者には難しい内容も含まれますが，現代科学の歴史が分かる良書ですから，ぜひ挑戦してみてください。

日本化学会編『化学ってそういうこと！——夢が広がる分子の世界——』化学同人，2003年
　最先端の化学や生活の中の化学を豊富な図・写真で易しく解説した一般書が数多く出版されていますが，その中で最も正統派の本だと思います。

▶第6講　環境学

池谷仙之・北里洋『地球生物学——地球と生命の進化——』東京大学出版会，2004年
　地球科学と生物科学の2つの観点から，地球と生物がいかに密接に関わりながら進化・変遷を遂げてきたのかを解説している地球生命史です。地球が誕生してからの歴史と，変化し続ける地球環境の中で進化してきた生物の歴史を，地層や化石などの記録からたどっています。

京都大学総合博物館・京都大学生態学研究センター編『生物の多様性ってなんだろう——生命のジグソーパズル——』京都大学学術出版会，2007年
　生き物の形は他の生き物たちとの関係の中でどのように変化してきたのか，生き物と環境の関係を分子から探ると何が見えてくるのか，人間活動は生態系の中でどのように位置づけられるのかなど，生態学の手法を用いて地球上の多様な生物の暮らしを概説しています。

左巻健男・九里徳泰・平山明彦『地球環境の教科書10講』東京書籍，2007年
　地球環境問題の全体像をつかむため解説書として公害，温暖化，酸性化，オゾン層破壊，生態系の危機などを概説しています。環境問題の入門書として書かれたもので，基本的なデータや知識，考え方を習得できるようになっています。

京都大学地球環境学研究会編『地球環境学へのアプローチ』丸善，2008年
　生態系保全と産業の振興は両立可能なのかなど，人間の生き方に関わる問題を自然科学と社会科学の両面から指摘し，解決策見つける「地球環境学」を概説しています。地球環境学には気候変動，環境政策，環境保全型技術など非常に多様なアプローチがあることを提示しています。

リチャード・B. プリマック著，小堀洋美訳『保全生物学のすすめ〔改訂版〕』文一総合出版，2008年
　1997年の初版を大幅改訂し，保全生物学の新たな内容や進展について紹介しています。生物多様性保全の理論と応用について，包括的に紹介した入門書です。

▶第7講　地　学

貝塚爽平『東京の自然史〔第2版〕』紀伊國屋書店，1976年
　東京の地形の成り立ちについての古典。東京の台地や低地の形成について，第四紀の気候変動との関係を踏まえて豊富な具体例で紹介されています。貝塚爽平氏の著書では，

他に「発達史地形学」(1998年) などがあり，いずれも読みやすいものです。

菅原健二『川の地図辞典　江戸・東京／23区編』之潮，2007年
　都市化が進み，東京23区では本来の地形や，かつて存在した湧水や小河川，水路などが分かりにくくなっていますが，本書では明治初期以降の地形図を豊富に用いて，23区内各地の本来の水系や地形の様子を示し，現在と比較しながら土地の歴史を読み取ることができます。

茅根勇『地下水の世界』ＮＨＫブックス，1992年
　地下の構造は地下水の流れを支配します。武蔵野台地の地下を流れる地下水の動きや，台地内の湧水，小河川の発達，さらには活断層による地下水系への影響など，水をキーワードにして土地の成り立ちをどう読み取るか，基礎的な事柄を学ぶことができます。

米倉伸之他編『日本の地形(1) 総説』東京大学出版会，2001年
　「日本の地形」のシリーズは，7巻にわたる大著ですが，百科辞典的に用いるだけでなく，特に第1巻の総説部分は，教科書としても使いやすいものです。変動帯の中でも日本は世界に例がないほど詳しく調べられており，日本の地形学・第四紀学の成果の集大成と言えます。

Ａ．ホームズ著，上田誠也他訳『一般地質学Ⅰ』東京大学出版会，1983年
　ホームズの『一般地質学Ⅰ・Ⅱ・Ⅲ』は，古典の訳書でやや古くなりましたが，地球規模での地形の成り立ちを理解するにはよい教科書です。英語の原著では最新の研究成果を盛り込んだ改訂版が出ていますが，上記の版でも豊富な写真と解説で分かりやすく読みやすいものです。

おわりに

　「日本の学問はタコツボ化している」とよく批判されますが，いつ頃からそれは言われるようになったのでしょうか。繰り返される決まり文句に，すでに私たちは食傷気味になっている気もします。有名な話ですが，丸山眞男は『日本の思想』（岩波新書，1961年）に収められている講演録「思想のあり方について」で，学問のあり方を「ササラ型」と「タコツボ型」の２種類に分け，タコツボ化している日本の学問状況を批判的に論じました。その講演は1957年に行われていますので，かれこれ半世紀以上も前にタコツボ化は問題視されていたことが分かります。

　「ササラ」とは，今となっては耳慣れない言葉になってしまいましたが，細かく割った竹などを束ねたもので，鍋などを洗うために使う道具のことです。北海道の人ならば，ササラを除雪用に取り付けたササラ電車のことを思い浮かべるかもしれません。「タコツボ」とは，もちろん，蛸を捕まえるための壺のことです。

　ササラは先端こそ様々に分化していますが，根本は１つに束ねられています。つまり，どんなに専門が細かく分化していても，根本には知の共通基盤，文化的伝統があります。一方，タコツボには共通の根っこがありません。あっても縄一本で，それぞれの壺は独立しています。壺の中に専門がすっぽりと収まり，隣の壺との交流はしなくて済む形態になっています。丸山は，壺の中で仲間集団を形成し，そこから出てこようとしない者同士の論争が，いかに困難で，いかに滑稽に映るかを語っています。

　もっとも丸山によれば，日本の学問がタコツボ化してしまったのには歴史的理由があります。日本が西洋の学問を移入した19世紀後半は，ちょうど学問の専門化，個別化が急速に進んだ時代であり，日本はそれをそのまま受け入れてしまいました。結果，学者というのは個別化した狭い領域を研究する専門家で

あるという図式が当たり前のこととされてしまったのです。

　ここでまず考えておかなければならないのは，学者であることと専門家であることは必ずしも一致しないということでしょう。少なくともササラ型の学問が前提とされる西洋社会では，ササラの先端で各自がきわめて専門的な研究をしていても，人類共通の問題や社会全体に関わる問題が起きた時は，その根っこにすぐさま立ち戻り，他の研究者と共通の知に基づいて，共通の言葉で語り合うことが可能です。それができる人が「学者」と呼ばれ，まさに森羅万象（universe）を研究対象にする大学（university）に所属するわけです。ところがその視点に立ってみると，日本の大学の研究者の中で，専門的な知と共通の知の双方を語れる人がどれだけいるか，かなり心もとない気がします。

　しかし，たとえそのような状況であったとしても，専門的な知が社会の信頼を受け，専門家が社会の諸問題を解決できる時代が続いたため，タコツボの欠点はさして露呈しませんでした。その時代の専門家は幸せだったと思います。専門家が言うことが常に正しく，その決定に則っていれば当の問題はどうにか解決できたわけですから。それに解決できれば人から尊敬され，それは自尊心にもつながったことでしょう。

　ところがここ二十数年くらい前からでしょうか，専門的な知だけでは到底解決できないことが続々と起こるようになってきたのです。環境問題がそのいい例でしょう。地球温暖化の主原因が二酸化炭素などのガスであることが科学的に証明されたとしても，それを減らすための方策はいったいどの専門家に相談すればよいのでしょうか。生物学者，化学者，地学者，政治学者，経済学者，社会学者，法律学者，倫理学者，いったい誰に判断を仰げばよいのでしょう。各専門家が各専門領域から解決策をアドバイスしているだけでは環境問題は決して解決できません。知の共通基盤に立ち戻って議論することが求められているのです。

　環境問題だけではありません。情報化がもたらす諸問題，遺伝子操作が人類に与える影響，食の安全性確保，生や死をめぐる生命倫理のあり方など，科学技術全般にわたって，特定の専門家だけでは解決できないことが増えてきました。とともに，改めて専門家には知の共通基盤に立ち返ることが求められ，場

合によっては，非専門家や一般人（layman）までもが問題解決の意志決定に加わるよう要求されてきたのです。

例えば，デンマークで始まった「市民コンセンサス会議」では様々な利害関係者が加わって科学技術について討議します。医学研究の倫理審査委員会では必ず非専門家や一般人の参加が求められます。そして，非専門家や一般人が意志決定に参加する流れは，実を言うと，科学技術の領域だけに留まりません。刑事司法では一般人が判決に参加する裁判員制度が始まったことはご存じの通りでしょう。さらに教育においては，教員以外が校長に採用されたり（民間人校長），地域住民が運営に参加する学校（コミュニティ・スクール）が広がっています。このような傾向は今後も続くことでしょう。現代ほど非専門家や一般人の協力が必要な時代はないかもしれません。

ところが，です。ここで大きな難問が立ちはだかります。それは，非専門家や一般人が問題解決に関与するのはいいのですが，当の問題を彼らが的確に理解していないと，何にもならないということです。遺伝子組み換えであれ，裁判であれ，従来は専門家に任されてきた問題ですから，内容はかなり難しいはずです。専門用語は，読めてもなかなか理解できません。しかし理解できなければ意志決定に関わる意味はありません。理解できないまま参加するのでは，解決案を正当化するための数合わせに利用されるのがオチです。

そう，まさに今リテラシーが鍵となってきているのです。日本では肝腎の専門家でさえ知の共通基盤に立てる人が少ないのですから，専門家に対しても知の共通基盤に立てるようなリテラシー教育が今後必要になってくるでしょう。

＊

本書は，東京都市大学（旧武蔵工業大学）で主に教養教育と基礎教育を担当している教員によって執筆されました。各執筆者はもちろんそれぞれの専門領域を持ち，その領域の研究をし，その内容を学生に教えていますが，と同時に，大学全体のマクロ視点に立ち，放っておけばバラバラになりがちな専門領域の根本を束ねようとしている人たちです。大学という場所は，もちろん専門教育をするところですが，専門教育だけではダメなことはすでに分かっていただ

けたことと思います。

　大学1年生と接しているとその思考の幼さに驚くことがよくありますが，彼（彼女）らは4年も経つとこれまた驚くほど成長していきます。東京都市大学はもともと工学系の大学を土台にしてできた大学であるため，彼（彼女）らの多くは卒業後，大学で学んだ知識を活かせる専門職（技術職）に就いていきます。そしてさらに就職して数年も経てば，もう立派な専門家の顔になるのです。そんな彼（彼女）らに，教養／基礎教育を担う私たち執筆者が何かを伝えられるとすれば，それはいつでもササラの根っこに立ち戻って物事を考えられるリテラシーの大切さを伝えることなのではないかと思っています。

　専門家である以上，もちろんその特定領域については詳しくなければなりません。でも専門家は，裏を返せば，その領域以外については非専門家なのです。誰もが専門家であると同時に非専門家であり，誰もが一般人なのです。ですから本書の目的は，元々は本学のすべての卒業生が最低限修得してほしいリテラシーを提示することでしたが，本学の学生だけではなく，一般人である読者にもぜひ読んでもらいたいと思っています。自分とは直接関係ないと思う分野，自分がなかなか理解できなかった分野こそ何度も読み返してみてください。それがあなたのリテラシーを高め，現在起きている諸問題を解決する糸口を見つけ出すことにつながるのです。そして読者の皆さんが，本書を通じて，少しでも自分の知らなかった世界を読み解けたならば，次は世界を善い方向に変えていってくださることを期待しています。

　最後に，本書の企画を快く引き受けてくださり，粘り強い姿勢で執筆者を励まし，形あるものに仕上げてくださった，萌書房の白石徳浩さんに心から感謝を申し上げます。

　　　2010年3月

　　　　　　　　　　　　　　　　　　　　　　　　　　　　　　山 本 史 華

■執筆者紹介 (執筆順, ＊は編者)

＊井 上　　 健 (いのうえ　たけし)
1962年生まれ。上智大学大学院文学研究科博士後期課程満期退学。現在, 東京都市大学共通教育部教授。専門は教育学。主要業績：『教職のための教育原理』(共著：八千代出版, 2017年),『学びのシラバス―読むオープンキャンパス―』(共著：萌書房, 2009年),「『登場人物の心情理解』と『考え, 議論する道徳』―教師たちは定番教材『手品師』をどのように扱うのか―」(『東京都市大学共通教育部紀要』vol. 12, 2019年),「コミュニティ・スクールで何が変わるのか」(『月刊社会教育』第57巻第10号, 国土社, 2013年),「17世紀オランダ絵画における『近代的な子ども観や家族意識の出現』をめぐって」(『日蘭学会会誌』第29号1号, 2004年) ほか。〔はじめに・第Ⅰ部第1講〕

＊山 本 史 華 (やまもと　ふみか)
1967年生まれ。東北大学大学院文学研究科博士課程単位取得退学。博士(文学)。現在, 東京都市大学共通教育部教授。専門は哲学・倫理学。主要業績：『日常のなかの生命倫理　最後に守るべきものは何か』(梓出版社, 2018年), "In Pursuit of an Ethical Principle for Low-dose Radiation Exposure after 3.11," *Journal of Philosophy and Ethics in Health Care and Medicine*, No. 8, 2014,『無私と人称　二人称生成の倫理へ』(東北大学出版会, 2006年) ほか。〔第Ⅰ部解説, 第Ⅰ部第5講, おわりに〕

日 高 正 司 (ひだか　まさし)
ハワイ州立大学大学院修了 (American Studies MA, Communications MA)。現在, 東京都市大学外国語共通教育センター教授。専門はアメリカ研究・コミュニケーション学。主要業績：「Generation M: The Concerns and Promises of Media-savvy Youth in America」『異文化の諸相』(第27号, 2006年),『アメリカ1920年代―光と影』(共著：金星堂, 2004年),『子供の消滅』(共訳：五月書房, 2003年) ほか。〔第Ⅰ部第2講〕

秋 山 義 典 (あきやま　よしのり)
1960年生まれ。筑波大学大学院文芸言語研究科博士課程満期退学。現在, 東京都市大学共通教育部外国語共通教育センター教授。専門は英米文学。主要著作：『日米映像文学に見る家族』(共著：金星堂出版, 2002年),『現代イギリスの素顔』(共著：南雲堂, 2010年),「成熟のレトリックと新しい経済活動―ジョージ・エリオット『フロス河の水車場』」(『文学研究論集』第38号, 筑波大学比較・理論文学会, 2020年) ほか。〔第Ⅰ部第3講〕

岡 山 理 香 (おかやま　りか)
早稲田大学第一文学部, 武蔵野美術大学大学院修了。修士 (芸術学)。現在, 現在東京都市大学共通教育部教授。専門は建築・デザイン史および理論。主要業績：『現代芸術論』(共著：武蔵野美術大学出版, 2002年),『美術の理論』(共著：東信堂, 2002年),『パラレル―建築史・東西―』(共著：本の友社, 2003年),『現代アート10講』(共著：武蔵野美術大学出版局, 2017年), 展覧会図録『中間が生んだ茶人　仰木魯堂と仰木政斎』(中間市教育委員会, 2019年) ほか。また「蔵田周忠文庫展 (2009年, 東京都市大大学図書館)」を企画。〔第Ⅰ部第4講〕

千田 茂博（せんだ しげひろ）
1953年生まれ。慶應義塾大学大学院社会学研究科博士課程満期退学。元東京都市大学共通教育部准教授。専門は心理学。主要業績：『現代の心理学』（共著：金子書房，2003年），『運動表現療法の実際』（共著：星和書店，1998年），『コミュニティ心理学の実際』（共著：新曜社，1984年）ほか。〔第Ⅰ部第6講〕

安井 浩之（やすい ひろゆき）
1968年生まれ。明治大学大学院理工学研究科博士課程修了。博士（理学）。現在，東京都市大学共通教育部専任講師。専門は情報セキュリティ。主要業績：『ファジィとソフトコンピューティングハンドブック』（共著：共立出版，2000年），Logic Programming and Soft Computing（共著：Research Studies Press，1998年）ほか。〔第Ⅰ部第7講〕

＊中井 洋史（なかい ひろふみ）
1970年生まれ。大阪市立大学理学研究科数学専攻博士課程修了。博士（理学）。現在，東京都市大学理工学部准教授。専門は位相幾何学。主要業績："An Algebraic generalization of Image J," Homology, Homotopy and Applications, Vol. 10, Num. 3（2008年）ほか。〔第Ⅱ部解説，第Ⅱ部第3講〕

吉田 真史（よしだ まさふみ）
1962年生まれ。東京大学大学院総合文化研究科博士課程修了。博士（学術）。現在，東京都市大学理工学部教授。専門は物理化学。主要業績：『建築・都市環境論』（共著：鹿島出版会，2009年）ほか。〔第Ⅱ部第1講〕

橋本 義武（はしもと よしたけ）
1962年生まれ。東京大学大学院理学系研究科博士課程修了。博士（理学）。現在，東京都市大学理工学部教授。専門は数学。主要業績："On localization of D-modules," Contemporary Mathematics, vol. 413, 2006（共著），"New infinite series of Einstein metrics on sphere bundles from AdS black holes," Communications in Mathematical Physics, vol. 257, 2005（共著），"Sasaki-Einstein twist of Kerr-AdS black holes," Physics Letters B600, 2004（共著）ほか。〔第Ⅱ部第2講〕

長田 剛（おさだ たけし）
1967年生まれ。東北大学大学院理学研究科博士後期課程修了。博士（理学）。現在，東京都市大学理工学部教授。専門は理論物理学。主要業績："Nonextensive hydrodynamics for relativistic heavy-ion collisions," Phys. Rev. C77, 044903, 2008, "Event by event fluctuations in hydrodynamical description of heavy ion cokkisions," Nucl. Phys. A698, 639-642, 2002; "What information can we obtain from the yield ratio $\pi-/\pi+$ in heavy-ion collisions?" Phys. Rev. C54, 2167-2170, 1996 ほか。〔第Ⅱ部第4講〕

高木 晋作（たかぎ しんさく）

1972年生まれ。東京大学大学院工学系研究科博士課程修了。博士（工学）。現在東京都市大学理工学部専任講師。専門はソフトマターの物理化学ほか。主要業績："Multiple-scattering-free light scattering spectroscopy with mode selectivity," *Phys. Rev.* E81, 021401, 2010; "Phase-coherent Rayleigh scattering method: Application to thermal diffusion mode," *Review of Scientific Instruments* 73, 3337, 2002, "Phase-coherent light scattering spectroscopy. Part I and II," *Journal of Chemical Physics* 114, 6286, 2001 ほか。〔第Ⅱ部第5講〕

倉田 薫子（くらた かおるこ）

1977年生まれ。京都大学大学院人間・環境学研究科博士課程修了。博士（人間・環境学）。東京都市大学知識工学部専任講師を経て，現在，横浜国立大学教育学部准教授。専門は植物系統進化学，植物地理学。主要業績："Genetic diversity and geographical structure of pitcher plant in New Caledonia: a chloroplast DNA haplotype analysis," *American Journal of Botany*, 95: 1632-1644, 2008（共著），「ニューカレドニアにおけるNepenthes vieillardii Hook. f. の変異を探る」『食虫植物研究会誌』（5回連載）2006-2007年，「ウツボカズラの捕虫葉はなぜ多様なのか？―種内分化の要因を探る―」『生物の科学 遺伝』第59巻第4号（共著：裳華房，2005年）ほか。〔第Ⅱ部第6講〕

萩谷 宏（はぎや ひろし）

1967年生まれ。東京大学大学院理学系研究科地質学専攻博士課程単位取得退学。現在，東京都市大学理工学部准教授。専門は地質学，岩石学，地球史。主要著作：『理科年表ジュニア〔第二版〕』（共著：丸善，2002年），『新しい高校地学の教科書』（共著：講談社，2006年），「地球大紀行DVD特典映像」（監修・共同制作：NHKソフトウェア，2002年）ほか。〔第Ⅱ部第7講〕

世界を読み解くリテラシー

2010 年 5 月 10 日　初版第 1 刷発行
2020 年 7 月 25 日　初版第 3 刷発行

編　者　井上健・山本史華・中井洋史
発行者　白石徳浩
発行所　有限会社 萌　書　房
　　　　〒630-1242　奈良市大柳生町3619-1
　　　　TEL（0742）93-2234 ／ FAX 93-2235
　　　　［URL］http://www.3.kcn.ne.jp/˜kizasu-s
　　　　振替　00940-7-53629
印刷・製本　共同印刷工業・新生製本

© Takeshi INOUE, 2010（代表）　　　　Printed in Japan

ISBN978-4-86065-054-4

―――― 姉妹篇好評発売中 ――――

壷内慎二・小葉武史・石黒義昭・山本史華編
学びのシラバス ―読むオープン・キャンパス―
Ａ５判・並製・204ページ・定価2100円（本体2000円）

■実際に大学で教鞭を執る若手執筆陣が，不覚にも（？）自らがハマってしまった学問分野の魅力やエッセンスを，ときに経験談も交えながらやさしく語り，「よく生きること」としての「学び」へと誘うバーチャル講義。大学入学後にどの専門分野に進もうかと悩んでいる人，未知の分野をもう一度で学び直したい人はもちろん，大学編入を考えている人にお薦めの一冊。　ISBN978-4-86505-047-6　2009年5月刊

● 内容目次 ●

第Ⅰ部　社会科学系
第１講　経済学(1)――ワーキングプアについて考える
第２講　経済学(2)――市場取引とルール
第３講　経営学――マッチ売りの少女をしあわせにする方法
第４講　政治学――民主主義を改めて考えてみる
第５講　国際関係論――国際社会における対立と協調

第Ⅱ部　人文科学系
第１講　文芸学――読書のカタルシス
第２講　思想史――啓蒙の光と闇
第３講　社会学――社会における異常とは
第４講　教育学――「考える－学ぶ」を多角的に考える
第５講　医学・医療倫理学――命の価値判断を人任せにしないということ
第６講　美学――美や芸術という謎を哲学する